後 房雄・坂本治也 編
Fusao Ushiro & Haruya Sakamoto

現代日本の市民社会

サードセクター調査による実証分析

CHANGING JAPAN'S
CIVIL SOCIETY

法律文化社

はじめに

　本書は，現代日本の市民社会（≒サードセクター）について独自の調査データにもとづく実証的な分析を行ったものである。日本で初めて試みられた各種法人格の横断的比較を可能にする包括的調査にもとづいて，市民社会の"レントゲン写真"を提供するものと思ってもらえればよい。調査は2010年から2017年にかけて，ほぼ隔年で4回実施された。

　永らく官僚主導や中央集権で特徴づけられてきた日本の政府行政は，1990年代以降の政治改革，分権改革，統治機構改革，小泉政権の下での構造改革，政権交代などの一連の動向によって相当の変貌を遂げてきた。数多くの官僚不祥事によって行政への信頼も大きく損なわれた。

　日本の市場や企業は，グローバル化の進展やIT，AIなどのテクノロジーの進化を背景に，政府規制からも解放されつつ新たな飛躍のチャンスに直面しているはずであるが，バブル崩壊以降の長期停滞から依然として脱却したとは言い切れない状況である。

　こうした政府行政，企業という二大セクターと並べて，NPOセクターないし市民社会という第三のセクターが位置づけられ論じられるようになったのは，日本ではごく最近のことである。それまでは，行政の主務官庁制の下にあった各種公益法人とさまざまな市民団体，任意団体を1つのセクターとみなすという議論にリアリティはまったくなかっただろう。

　その転機となったのは，1995年の阪神・淡路大震災後のボランティアやNPOへの注目であり，それを背景とした1998年の特定非営利活動促進法の可決・施行であった。それによって通称NPO法人，特定非営利活動法人の急増が起こり，NPOバブルともいうべき時期が2000年代半ばまで続いた。震災の復興過程における政府行政の活動が失望を招いたことが，NPOへの過剰ともいえる期待につながったと思われる。

　われわれが本書の基礎になっている「サードセクター調査」を企画した2010年は，こうしたNPOバブルが一段落し，NPOに対してより冷静ないし懐疑的

な視線が注がれるようになりつつあった時期であった。過剰な期待や少数の成功事例にもとづく美化とは距離を置いて，NPOの現状，特に経営実態を実証的に把握したいと考えたのである。

また，NPOを政府行政や企業と並ぶセクターとして位置づけるのであれば，それまでのNPOへの期待の枠外に置かれていた各種公益法人もまた調査対象とすべきだと考えた。2006年可決，2008年施行の公益法人制度改革などによって公益法人を縛ってきた主務官庁制の撤廃や緩和が進行していたことや，公益法人のなかにも本来の民間非営利団体として活動している団体も多いことが認識されつつあったことがその背景にあった。なお，こうした対象の拡大にともない，特定非営利活動法人（以下，略す場合は特活法人）だけをNPO法人と呼ぶ用語法は修正することが不可欠となる。

さらに，アメリカと異なり，日本においてはヨーロッパ諸国と同様に協同組合が大きな存在感をもっており，日本においてサードセクターを語るのであれば協同組合を含めることは不可欠であると考えた。これには，アメリカのNPO論の影響が強かった当時の議論の，日本に即した修正という意味もあった。実際に，消費生活協同組合等と特活法人との連携の事例は増えつつあった。

こうして，特活法人，各種公益法人，一般法人（非営利型），各種協同組合などを包括するためにあえて「サードセクター」という用語を採用し，それらを対象とする包括的な調査を企画するに至ったわけである（概念的には，任意団体，社会的企業，労働者協同組合なども当然含まれるが，制度的，技術的理由から調査の対象とはできなかった）。

その準備の過程で再認識したことは，主務官庁制という独特の制度のために，個別法人格についてはそれぞれの主務官庁によるある程度の調査データは存在するものの，横断的比較を可能にするような包括的な調査が皆無であるという実態であった。また，個別法人格についての主務官庁による調査では，事業所（学校，病院，保育所，老人ホームなど）への関心が中心で，それらを経営する法人についての関心が著しく弱いという問題点も浮かび上がった。

こうした調査データの分断的状況は，日本のサードセクター自体の分断的状況の反映であったと同時に，セクター意識の形成を阻害する一因でもあったと思われる。

それゆえ，われわれのサードセクター調査は，現に存在するサードセクターの調査ではなく，構築されるべきサードセクターの主要な構成要素に関する調査というべきである。それによって日本のサードセクターが想像以上に分断的で異質な要素の寄せ集めにすぎないという現状が浮かび上がったのは事実であるが，同時に，主務官庁制を脱却した10万団体を超える非営利法人の登場を中心として，1つのセクター形成へと向かう動きもまた萌芽として確実に存在しているということが確認できたことは貴重な収穫であった。

　本書が執筆された2018年は，特定非営利活動促進法施行から20年，公益法人制度改革3法の施行から10年という節目に当たる。本書の分析結果が示すのは，これら2つの制度改革が，少なくとも非営利セクターが1つのセクターとして構築されることを促進する大きなインパクトを与えたということである。

　具体的内容は本書の各章に譲るとして，こうした本書の分析が日本における市民社会論とサードセクター組織の実務や政策との双方に多少とも貢献できることを期待したい。なお，本書に掲載している図・表のうち，出所を記載していないものはすべて担当執筆者が作成したものである。

　2018年は，休眠預金等活用法が施行され，桁違いに巨額の公的資金がサードセクターに投入される準備が進んでいる年でもある。そうした資金が有効に活用されるためには，サードセクター組織の現状と課題をふまえることが必須である。本書がその参考になれば幸いである。

　本書の上梓にあたって，日本初のサードセクター調査を可能にし，8年にわたる研究会を支え，出版助成も与えてくださった独立行政法人経済産業研究所（RIETI）とその関係者に心からの感謝を表したい。本当に貴重な機会を頂き，ありがとうございました。

　また，この研究会に参加して頂いたメンバーの方々，ゲストとして報告して頂いた方々にもこの場を借りてお礼を申し上げる。なかでも，公益社団法人日本サードセクター経営者協会（JACEVO）からは，研究会の運営や調査票の作成などにあたって貴重な支援を受けた。

　なお，本書の一部は，JSPS科研費26780098，2018年度関西大学研修員研究費の助成を受けて行った研究の成果から成っている。

本書の姉妹編ともいうべきテキストとして，坂本治也編『市民社会論——理論と実証の最前線』（法律文化社，2017年）がある。同書は，市民社会やNPOに関するさまざまな理論と実証研究を体系的に整理した教科書であり，本書の執筆メンバーの多くも参加したものである。本書は，『市民社会論』における先行研究の体系的把握をふまえたうえで，日本の市民社会の現状把握により力点を置きつつ，実証的な分析を多角的に行ったものといえる。市民社会に関する先行研究をより詳しく知りたい読者は，本書と併せて『市民社会論』に目を通して頂ければ幸いである。

　最後に，『市民社会論』に引き続いて，編集業務を担当して頂いた法律文化社の上田哲平氏に心より感謝を申し上げたい。9名の執筆者による130点以上の図・表を含む原稿の整理と点検の作業を，上田氏は粛々と進めてくださった。彼の辣腕のおかげで，研究者が伝えたい学術的内容が無事に書物というかたちで世に問われることになった。そのことを今は素直に喜びたいと思う。

2018年12月

編者　後房雄・坂本治也

　法律文化社ウェブサイトにおける本書のページ（下記のアドレス）で，「関連資料」として本書内には掲載していない図・表を公開しています。
　https://www.hou-bun.com/13other/03991-0_mt.pdf
　このページでは「はじめに」「目次」「編者・執筆者紹介」のPDF版も公開しており，自由に閲覧・ダウンロードしていただくことが可能です。

目　次

はじめに

序　章　日本の市民社会の実態分析　〔後房雄・坂本治也〕 1

1 なぜ市民社会が重要なのか ……………………………………………………………… 1
 (1) 市民社会とは何か／(2) 市民社会の存在意義／(3) 新自由主義的改革と市民社会

2 用語の定義 …………………………………………………………………………………… 6
 (1) 定義をめぐる混乱状況／(2) 本書における用語の定義

3 日本における市民社会研究の現状と課題 ………………………………………… 11
 (1) 既存研究の到達点／(2) 残された研究課題

4 サードセクター調査の意義と概要 …………………………………………………… 13
 (1) サードセクター調査の意義／(2) 第4回サードセクター調査の概要

5 本書の構成と概要 ………………………………………………………………………… 20
 (1) 第Ⅰ部：サードセクター調査でみる市民社会の実態／(2) 第Ⅱ部：市民社会と政治・行政の相互作用／(3) 第Ⅲ部：市民社会が直面する困難

第Ⅰ部　サードセクター調査でみる市民社会の実態

第1章　サードセクター組織の基本属性　〔後房雄・坂本治也〕 30

1 サードセクター組織の多様性 ………………………………………………………… 30
 (1) サードセクター組織の分類／(2) 主務官庁制と法人制度分立の歴史／(3) 2つの制度改革と主務官庁制の部分的解体／(4) サードセクターの「三重構造」／(5) その他の分類基準

2 活動開始時に関する基本属性 ………………………………………………………… 37
 (1) 活動開始年──「アソシエーション革命」は起こったのか／(2) 法人格取得までにかかった年数──法人格は取得しやすくなったのか／(3) 組織設立時の経緯──ボランタリーか，行政主導か

3 現在の活動に関する基本属性 ………………………………………………………… 43
 (1) 活動分野／(2) 活動の地理的範囲／(3) 各種活動・事業へのエフォート率／(4) 情報公開の水準

4 知見と含意 ………………………………………………………………………………… 53

第 2 章　サードセクター組織の人的資源　〔後房雄・山本英弘〕58

1 サードセクター組織における人的資源の重要性 ……………………… 58
2 役　員 …………………………………………………………………… 60
　(1) 役員の数／(2) 役員の経歴
3 職員とボランティア …………………………………………………… 62
　(1) 職員の数／(2) ボランティアの数／(3) 職員の構成／(4) 専門的知識・技能
4 職員の待遇と採用 ……………………………………………………… 68
　(1) 報酬／(2) 雇用・労働制度／(3) 職員の採用
5 知見と含意 ……………………………………………………………… 70

第 3 章　サードセクター組織の財務状況　〔後房雄・坂本治也〕74

1 サードセクター組織の財務の特徴 …………………………………… 74
2 財政規模の分析 ………………………………………………………… 75
　(1) 年間収入総額／(2) 財政規模と組織ガバナンスの関係／(3) 財政規模と各種活動・事業へのエフォート率の関係
3 収入内訳の分析 ………………………………………………………… 80
　(1) 「もらった収入」と「稼いだ収入」の内訳／(2) 法人格ごとの収入構造の違い／(3) セクターごとのマクロな収入構造の違い／(4) 寄付・民間助成金収入の多さが公益的活動に与える影響
4 知見と含意 ……………………………………………………………… 91

第 4 章　サードセクター組織の政治・行政との関係性　〔後房雄・坂本治也〕95

1 サードセクター組織と政府 …………………………………………… 95
2 政治・行政との日常的関係の構造 …………………………………… 97
　(1) 政治・行政との日常的関わり／(2) 政治・行政セクター出身の人材の流入とその影響力／(3) 行政によるサードセクター組織の統制
3 アドボカシー活動の実態 ……………………………………………… 105
　(1) 行政への直接的働きかけ，政策・方針への影響力行使成功経験／(2) アドボカシー活動の 4 類型／(3) 政策への影響力行使に成功しているのはどのような組織か
4 知見と含意 ……………………………………………………………… 112

第 5 章　サードセクター組織の持続と変容　〔後房雄・山本英弘・小田切康彦〕117

1 はじめに——制度変革期のサードセクター …………………………… 117
2 サードセクター組織数の推移 ………………………………………… 119

3 サードセクター組織の活動分野 …………………………………… 120
4 サードセクター組織の雇用 ……………………………………… 122
　(1) 常勤職員数／(2) 常勤職員の待遇
5 サードセクター組織の財務状況 ………………………………… 125
　(1) 年間収入総額／(2) 民間からの社会的支援収入比率／(3) 政府からの事業収入比率／(4) 管理費（間接費）比率
6 サードセクター組織の情報公開 ………………………………… 130
7 知見と含意 ……………………………………………………… 131

第Ⅱ部　市民社会と政治・行政の相互作用

第6章　2つの制度改革は非営利社団法人をどう変えたか　〔岡本仁宏〕136

1 はじめに ………………………………………………………… 136
　(1) 本章の目的と社団への限定／(2) 一般類型の公益的社団法人
2 各類型の概要 …………………………………………………… 137
　(1) 一般社団法人（普通法人型，非営利型）／(2) 特定非営利活動法人／(3) 認定特定非営利活動法人／(4) 公益社団法人
3 公益社団法人の構成と特徴 …………………………………… 145
　(1) 改革による移行の概要／(2) 現状の断面
4 むすび——非営利社団法人の3領域への展開 ………………… 151

第7章　「主務官庁制下の非営利法人」の課題——職業訓練法人と更生保護法人　〔初谷 勇〕156

1 はじめに ………………………………………………………… 156
2 官民関係と「主務官庁制下の非営利法人」 …………………… 157
　(1) 官民関係，サードセクター組織，主務官庁制／(2) 非営利法人制度改革の趣旨と趨勢
3 職業訓練法人と更生保護法人の課題 ………………………… 160
　(1) 職業訓練法人と更生保護法人の概況／(2) 職業訓練法人と更生保護法人の課題
4 「主務官庁制下の非営利法人」の課題 ………………………… 164
　(1) 問題状況／(2) 主務官庁と非営利法人の選択肢

第8章　政府への財政的依存とサードセクター組織のアドボカシー　〔坂本治也〕169

1 問題状況と先行研究 …………………………………………… 169
　(1) 政府への財政的依存とアドボカシーの関係／(2) 「抑制」説／(3) 「促進」説／(4) 実証分析の知見

2 理論枠組みと検証データ ………………………………………………… 172
 (1) 「逆U字型」モデル／(2) 検証データと変数の操作化
3 データ分析 ………………………………………………………………… 175
 (1) 二変数間の関係／(2) 回帰分析による「逆U字型」モデルの検証
4 結論と含意 ………………………………………………………………… 180

第Ⅲ部　市民社会が直面する困難

第9章　サードセクター組織のビジネスライク化と雇用　　〔仁平典宏〕184

1 はじめに …………………………………………………………………… 184
2 サードセクター組織の変化 ……………………………………………… 185
 (1) 二重構造の打破をめざして／(2) 非営利組織のビジネスライク化
3 指標と分析枠組 …………………………………………………………… 188
4 分　析 ……………………………………………………………………… 190
 (1) 結果の示し方について／(2) 職員数・採用／(3) 常勤職員の年収／
 (4) 雇用維持の見通し
5 結　語 ……………………………………………………………………… 195

第10章　非営利組織の財源とミッション・ドリフト　　〔小田切康彦〕200

1 ミッション・ドリフトとは何か ………………………………………… 200
2 ミッション・ドリフトをめぐる言説 …………………………………… 201
 (1) 商業的活動への依存がミッション・ドリフトを引き起こす／(2) 政
 府委託への依存がミッション・ドリフトを引き起こす／(3) 財源多様性が
 ミッション・ドリフトを抑制する
3 データからみるミッション・ドリフト ………………………………… 203
 (1) ミッション・ドリフトの全体像／(2) 商業的活動とミッション・ド
 リフトとの関係／(3) 政府委託とミッション・ドリフトとの関係／(4) 財
 源多様性とミッション・ドリフトとの関係／(5) 分析結果の頑健性について
4 非営利組織のミッションと自律性 ……………………………………… 209

第11章　協同組合の現状と課題——ビジビリティとアイデンティティを高めるために　　〔栗本　昭〕212

1 問題状況 …………………………………………………………………… 212
 (1) サードセクター調査の結果にみる協同組合の実情／(2) 統計にみる
 日本の協同組合の規模／(3) 協同組合のビジビリティの低さ
2 分析の枠組 ………………………………………………………………… 216
 (1) 法制度による協同組合の分岐／(2) 公共政策による協同組合の分岐
 ／(3) 協同組合セクターとしてのアイデンティティの弱さ

3	サードセクターにおける協同組合の課題	221
4	結論と含意	223

第12章　社会運動を受容する政治文化──社会運動に対する態度の国際比較　〔山本英弘〕226

1 市民社会と社会運動 226
(1) 市民社会における社会運動／(2) 日本における運動参加／(3) 社会運動を受容する政治文化

2 分析の方針とデータ 229
(1) 国際比較分析／(2) データ

3 社会運動への参加経験と態度 230
(1) 社会運動に対する態度／(2) 参加と受容度の分布／(3) 社会運動に対する態度と参加経験・受容度

4 まとめと考察 235

第13章　市民社会への参加の衰退？　〔善教将大〕239

1 課題としての日本の「組織離れ」 239
(1) 日本人の団体加入率の推移／(2) 団体加入はなぜ重要なのか

2 脱組織化論・再考 242
(1) 測定尺度の信頼性と妥当性／(2) 国際比較という視点

3 組織加入の規定要因の分析 245
(1) 組織加入を説明する諸要因／(2) 団体ごとの推定結果／(3) 考察

4 結　論 249

終　章　現代日本の市民社会の課題と展望──セクター形成の視点から　〔後 房雄〕253

1 日本の非営利セクターの規模と構成 253
2 脱主務官庁制の改革 255
3 セクター意識 259
4 政府からの自律性 260
5 セクター形成への見通し 264
6 参加の衰退，忌避 265

付録 1 ：各章の元となった RIETI ディスカッションペーパーの一覧
付録 2 ：RIETI ウェブサイト上で公開中のサードセクター調査の概要と関連研究
索　引
編者・執筆者紹介

序章 日本の市民社会の実態分析

後房雄・坂本治也

> 本章は，本書全体のイントロダクションとしての位置づけの章である。本章では，本書全体に関係する前提知識や基本内容の確認を行う。
> 　具体的には，市民社会，NPO，サードセクターなどの主要概念の定義，市民社会の存在意義，新自由主義的改革と市民社会の関係，日本における市民社会研究の現状と課題，サードセクター調査の意義と概要，本書の構成と概要などについて説明を行っていく。
> 　本章を読むことによって，本書が何を分析対象としているのかが理解できる。

1　なぜ市民社会が重要なのか

(1) 市民社会とは何か

　世の中には，さまざまな種類の団体・組織が存在する。私たちの身の回りに存在するものをいくつか挙げてみると，たとえば居住地域には，自治会・町内会，子供会，老人クラブなどの地縁組織がある。また，PTA，ロータリークラブ，スポーツ・文化団体，宗教団体，政治団体，環境保護団体，福祉ボランティア団体などのテーマ別団体もある。他方，経団連に代表される経済団体，経営者団体，医師会・薬剤師会のような同業者団体，農協・漁協，労働組合などのように特定の職業利益と密接に関連した団体・組織もあれば，学校法人，医療法人，社会福祉法人，職業訓練法人，消費生活協同組合（生協）のように何らかのサービス提供事業を行うことを主たる目的とする団体・組織もある。これらの団体・組織は，NPO法人，一般社団法人，一般財団法人などのように特定の法律にもとづいた法人格を有する場合もあれば，法人格を有さない，いわゆる任意団体の場合もある。

　以上のような私たちの社会に存在する多種多様な団体・組織およびその活動領域を包括的に表現する学術用語として，市民社会（civil society）がある。市

民社会は，公権力の行使をともなわないという点において政府・行政機関とは異なる。同時に，利潤（金銭）追求を主目的にしないという点において営利企業とも異なる。さらには，プライベートかつインフォーマルな人間関係が構築される親密圏（家族，友人，親友関係）とも一線を画す存在である。非政府（non-governmental），非営利（not-for-profit），人間関係としての公式性（formal）という3つの基準を満たすのが市民社会であり，それは政府，営利企業，家族とともに，世の中を構成する主要なセクターの1つである（坂本2017）。

市民社会概念の詳細およびNPO，NGO，サードセクターなどの隣接諸概念との異同は後述するとして，以下ではまず，市民社会の存在意義と市民社会が注目されるようになった政治的コンテキストについて確認しよう。

（2）市民社会の存在意義

一般の人々にとって，雑多な団体・組織で構成される市民社会は，1つのセクターとして認識されにくい。セクターとしての存在感が明瞭な政府や営利企業に比べると対照的である。特に日本では歴史的な経緯から法人制度が複雑に分岐しており，法人格の違いによる市民社会内の分断状況が伝統的に強くみられる。それゆえ，市民社会の存在感はより一層希薄である。

現状では市民社会が政府，営利企業，家族と並んで世の中を構成する主要なセクターの1つだと認識されていないがゆえに，市民社会の存在意義についても十分な理解が広まっているとはいえない状況にある。

市民社会には，どのような存在意義があるのだろうか。なぜ政府，営利企業，家族だけでは，世の中はうまく回っていかないのだろうか。この点を考える際に押さえなければならないのは，市民社会が果たす諸機能である。

市民社会は政治的，経済的，社会的な影響を及ぼす3つの機能を有する。

第1に，アドボカシー機能である。アドボカシー（advocacy）とは，「公共政策や世論，人々の意識や行動などに一定の影響を与えるために，政府や社会に対して行われる団体・組織の働きかけ」の総称である。具体的な形態としては，①議員や行政官僚に対する直接的ロビイング（direct lobbying），②デモや署名活動などの草の根ロビイング（grassroots lobbying），③新聞・テレビへの情報提供や記者会見などのメディアでのアピール，④シンポジウムやセミナーの開催，

書籍出版などの一般向け啓発活動，⑤他団体との連合形成，⑥裁判闘争，などを挙げることができる（Reid 1999＝2007；Avner 2013）。市民社会はこういったアドボカシーの諸活動を行うことにより，世間ではいまだ十分知られていない社会問題やニーズを発見し，公論を提起し，人々に問題状況を知らしめ，人々の意識や行動を変える。さらには，政府に対する抗議活動や政策提言により，時には議員や行政官僚を動かして公共政策を変える。市民社会のアドボカシーは，政治，経済，社会を変革する原動力となるのである（Truman 1951；辻中 1988；Habermas 1992＝2002/2003；Jenkins 2006；坂本 2010）。

　第2に，サービス供給機能である。市民社会は福祉，介護，医療，環境保護，教育，文化，スポーツ，芸術などの領域において，さまざまなサービスを有償ないし無償で供給する。もちろん，政府や営利企業も社会的に広範囲なサービスを供給する主体である。しかし，市民社会のサービス供給には，それらとは異なる独自の特徴がある。市民社会のサービス供給は，公平性，平等性，前例を重視する政府のサービス供給に比べて，個別のニーズに応じたより多様かつ柔軟なもの，より新奇性に富んだ先駆的なものになりやすい。また，市民社会は利潤追求が主目的ではないために，採算が重視される営利企業ではなかなか取り組まないような収益性に欠くサービス提供事業が行われたり，質が保たれた適正な価格でのサービス提供が行われたりもしやすい。このように，政府や営利企業だけでは十分満たされないニーズを，市民社会が提供する有償・無償のサービスによって満たしている部分がある（Weisbrod 1977；Hansmann 1980；Salamon 1995＝2007；Young 1999＝2007；塚本 2004；早瀬・松原 2004）。以上のようなサービス供給事業を行う市民社会は，生産や労働の場としても無視できない存在となっている。サラモンらによる世界36か国（日本を含む）の市民社会セクターの経済規模推計によると，1990年代末時点で市民社会セクターの経済規模は36か国合計で1.3兆ドル（当時のフランスのGDPに匹敵），有償労働者数は2,530万人にも及ぶという（Salamon et al. 2004）。

　第3に，市民育成機能である。市民社会は多様かつ自発的（voluntary）な人間関係が形成される場を提供する。そこへの参加を通じて，人々は民主主義の維持・発展に寄与する一定の政治的・社会的な意識やスキルを身につけることができる，とされる。具体的には，政治に対する関心，政治的有効性感覚，政

治に対する信頼，先鋭的ではない穏健な政治的態度，組織運営術，交渉術，異なる価値観をもつ他者への寛容精神，他者への信頼，互酬性の規範（norms of reciprocity）などである。[1] ソーシャル・キャピタル論が強調したのは，市民社会への参加を通じて，まさにこういった意識やスキルが広まっていくことにより，社会に豊かなソーシャル・キャピタルが育まれ，その結果自発的な協調の文化が形成され，集合行為問題はソフトに解決されて，政治・経済・社会のパフォーマンスは向上する，という点であった。（Truman 1951；Almond and Verba 1963＝1974；Verba et al. 1995；Putnam 1993＝2001, 2000＝2006；坂本 2010）。以上に加えて，市民社会は熟議（deliberation）を行う場としても適しているとされる。つまり，人々に熟慮と反省の契機を与え，より理性的な判断にもとづいた方向へと意見の変容を促す場にもなっているのである（Fung 2003；Öberg and Svensson 2012）。

以上のように，市民社会はアドボカシー機能，サービス供給機能，市民育成機能という3つの機能を果たしている。それらが与える政治的，経済的，社会的インパクトは無視できないほどの大きさをもつことは明らかであろう。[2]

（3）新自由主義的改革と市民社会

一般の人々の間での認知の低さとは対照的に，世界中の政府関係者や社会科学者の間では，市民社会への注目はここ30年間でかつてないほど高まっている。これにはいくつかの背景要因がある。たとえば，旧共産圏や権威主義体制下での「市民社会」を標榜した民主化運動の成功，国際政治の場におけるNGOの活躍，企業内福祉の削減，企業の社会貢献意識の高まり，個人化の進展，家族関係の流動化，脱物質主義的価値観の広まり，インターネットやSNSの発達，情報公開制度の普及，世界各国でのNPO・NGOの増加，学術的な市民社会論の発展などが挙げられる（坂本 2017）。

市民社会への注目にはこういった多様な背景要因があるものの，そのなかで最も重要なものは1970年代以降続いている，先進国を中心とした政治の世界における新自由主義的改革のトレンドであろう。

第二次世界大戦後，民主主義と市場経済を重視する米国を中心とした西側諸国では，高度経済成長期を迎え，ケインズ主義的な福祉国家体制が発達した。そこでは政府による積極的な公共サービス提供，市場規制，社会福祉政策が展

図序-1　GDPに占める全政府支出の割合

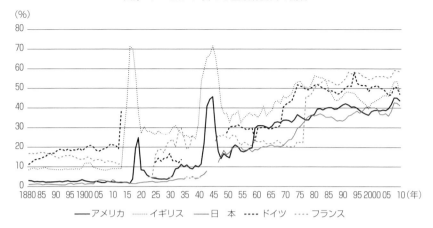

出所：Our World in Data (https://ourworldindata.org/public-spending#data-sources (2018年10月25日アクセス)) のデータを用いて筆者作成。

開されていた。

　しかし，石油危機を経て低成長時代を迎えた1970年代以降，しだいに福祉国家体制は行き詰まりをみせるようになった。政策課題の複雑化，ニーズの多様化，経済のグローバル化，少子高齢化などの諸課題が山積するなか，政府の財政赤字は急速に拡大していった。

　そのようななか，西側諸国で台頭してきた政治的トレンドが新自由主義である。1980年代のサッチャー，レーガン，中曽根の各政権を嚆矢として，各国の新自由主義を志向する政権下では，政策の効率性や市場原理が重視され，従来政府が直接的に行ってきた公共サービスの民営化や市場化，補助金やサービス提供の廃止などの公的支出抑制，「顧客」志向の強調，規制緩和などのさまざまな行財政改革が行われた。実際に図序-1にうかがえるように，新自由主義的改革によって日米英独仏の5か国では1980年代以降GDPに占める全政府支出の割合は横ばい，または縮小するようになっている。新自由主義的改革は，20世紀初頭から続いてきた福祉国家体制下での政府支出増大のトレンドに歯止めをかける役割を果たしたのである（Osborne and Gaebler 1992＝1995；Harvey 2005＝2007；大嶽 1994；坂井・岩永編 2011；八代 2011）。

　新自由主義やその下での諸改革の成果をどう評価するかについては，論者に

よってさまざまな立場がある。しかし，いずれの立場であれ，新自由主義的改革の進展によって，市民社会の存在に注目が集まり，その活用が政府関係者によって強調されるようになった，という事実認識の点ではかなりの程度意見の一致がみられる。

政府が福祉や医療などの公共サービスの供給から撤退したからといって，福祉や医療に関する人々のニーズがなくなるわけではない。よって，政府の撤退によって生じた「空白」を埋めるために，市民社会の活用が叫ばれるようになるのは，ある意味自然な流れといえる。また，政府が公共サービス供給から完全に撤退しない場合においても，新自由主義の下では効率性の観点から政府サービスの委託化・市場化が積極的に進められるために，その受け皿として営利企業と並んで市民社会が重視されるようになる。

このように市民社会への注目が高まる背景として，新自由主義的改革という政治的コンテキストの存在はきわめて重要といえる（仁平2017；後2017）。

2 用語の定義

(1) 定義をめぐる混乱状況

本書は日本の市民社会の実態を分析することを目的としている。実態を分析していくうえでは，分析対象を確定するために，市民社会という概念の明確な定義，およびNPO，NGO，サードセクターなどの隣接諸概念との異同の整理が不可欠である。

市民社会は西洋社会において長い歴史を有する概念である。市民社会は，古代では「政治的・軍事的共同体である都市国家（ポリス）」の意味で用いられ，近代では「文明化された社会」「国家から自立した市場経済社会」「物質的・利己的な欲望の体系」などの意味でも用いられた。現代においても，論者によって多様な意味合いで用いられる傾向があり，「個人が自立しつつ連帯する理想的な良き民主社会」「自由で開かれたコミュニケーション空間（市民的公共圏）」などと定義されることもあり，「市民社会」の境界線がどこに引かれるのかについては，常に論争が絶えない（Cohen and Arato 1992；Ehrenberg 1999＝2001；Edwards 2004＝2008；岡本2004；植村2010）。

しかし，1990年代以降，急速に発展していった，いわゆる「新しい市民社会論」と呼ばれる研究潮流においては，市民社会の定義はおおむね1つの方向性に収斂していった。すなわち，市民社会を「政府でも市場でもない親密圏でもない社会領域（セクター）」および「非政府かつ非営利の団体・組織の総称」として定義するのが一般的となった。とりわけ，市民社会を実証的に分析する場合には，市民社会の操作的定義として「非政府かつ非営利の団体・組織」が採用され，団体・組織数やその財政規模，職員・ボランティア数，経営実態などを分析する，という方法がとられることが多くなった[3]。

他方，市民社会と重なる部分が大きいNPO（nonprofit organization）概念についても，少なくとも日本では混乱がみられる。NPOの定義としては，サラモンらによる非営利セクター国際比較研究プロジェクトでの定義（以下，国際的定義）が世界的には普及している。国際的定義では，①組織化されており（organized），②民間であり（private），③事業などによって得た利潤を利害関係者間で分配しない（non-profit-distributing：利潤の非分配制約と呼ばれる），④自己統治がなされた（self-governing），⑤自発的な（voluntary）組織をNPOとしている（Salamon and Anheier 1997）。

ところが，この国際的定義とは別に，日本では特有の意味合いで日本のみで通用する特殊な「NPO」概念（狭義のNPO概念とも呼ばれる）が広く普及してしまっている。日本では，歴史的な経緯から特定非営利活動法人や草の根の市民グループといった一部の市民団体のみを「NPO」と呼ぶ習慣が根づいている。この用法の場合，NPO概念から社会福祉法人や学校法人に代表される各種の非営利法人はすべて抜け落ちてしまうことになる。また，何が「NPO」で，何が「NPO」ではないのかの線引きも，この用法ではかなり曖昧でしばしば恣意的に行われている。このように，NPO概念の定義をめぐって日本では混乱がみられる。

NPOと似た概念として，NGO（non-governmental organization）概念もある。NGOは，国連の経済社会理事会と非政府機関代表との協議参加制度について定めた国連憲章71条の規定に由来する概念であり，NPOよりも古い歴史をもつ概念である（辻中 2002；新川 2005）。

NGO概念は，上記でみたNPOの国際的定義とほぼ同一の意味内容で用い

られるのが一般的である。ただし，それとは別に，歴史的経緯から人権擁護，平和，環境保護，国際協力，国際交流，開発政策などの分野における国際的団体または国内団体の一部のみを「NGO」と呼ぶ習慣もあり，一定の混乱がみられる。

そして，サードセクターという概念もまた，市民社会あるいは NPO や NGO と似た概念として用いられることが多い。サードセクターも論者によって多義的に用いられているが，ヨーロッパ諸国においては，米国を中心に発達した NPO 概念との違いを強調するために，サードセクター概念が意識的に用いられることが多い。

ヨーロッパでは，利益の非分配制約という要件を満たさないために NPO には含まれない協同組合，共済組合，（営利企業をも含む）社会的企業（social enterprise）などの存在感が大きい。それらは NPO とともに社会的経済（social economy）ないし社会的連帯経済（social and solidarity economy）という１つのセクターをなすものとして捉えられるのが一般的である。そのようなヨーロッパの実態を背景にして，政府や市場（第１，第２のセクター）との違いを念頭に，NPO，協同組合，共済組合，社会的企業などの事業体の総称として「サードセクター」が用いられている（富沢 1999；ボルザガ・ドゥフルニ編 2004；エバース・ラヴィル編 2007；リピエッツ 2011；向井 2015；廣田 2016）。

日本ではサードセクター概念は一般にはそれほど知られてはいないものの，政府出資の株式会社または政府主導でつくられた「外郭団体」と呼ばれる非営利法人を指して「第三セクター」ないし「三セク」と呼ぶ習慣が広くみられる。しかし，この「第三セクター」は，世界的にみられるサードセクター概念とは大きく異なる，日本特有の特殊な用法であることに留意しなければならない。サードセクター概念もまた，日本では混乱を招きやすい概念となっている。

(2) 本書における用語の定義

以上のように市民社会，NPO，NGO，サードセクターは，それぞれ曖昧に定義され，無節操に用いられる傾向がうかがえる多義的・論争的概念であり，多くの論者が納得する定義が一意的に決まっているものではない。しかし，本書は日本の市民社会を実証的に分析することを目的としており，何らかの明確

図序-2　政府，市場，親密圏と市民社会

出所：Pestoff (1998=2000)，重富 (2002)，坂本・辻中 (2012) などを参考に筆者作成。

で統一的な操作的定義を与える必要がある。

　本書では坂本 (2017) での定義を引き継ぐかたちで，市民社会を以下のように定義する。すなわち，①中央・地方の統治機構による公権力の行使ないし政党による政府内権力の追求が行われる領域としての政府セクター，②営利企業によって利潤追求活動が行われる領域としての市場セクター，③家族や親密な関係にある者同士によってプライベートかつインフォーマルな人間関係が構築される領域としての親密圏セクター，という3つのセクター以外の残余の社会活動領域，およびその領域において，非政府性 (non-governmental)，利潤（金銭）追求を主目的にしないという意味での非営利性 (not-for-profit)，人間関係としての公式性 (formal) という3つの基準を同時に満たす社会活動を行う団体・組織の総称を，本書では市民社会とする（図序-2）。この定義では，市民社会は領域・セクターであると同時に個々の具体的な団体・組織を指す概念となるが，特に後者のみを表現する場合には「市民社会組織 (civil society organizations, CSO)」と呼ぶことにする。

　このように定義される市民社会には，日本の場合であれば，特定非営利活動法人，一般社団法人や一般財団法人といった一般法人，公益社団法人や公益財団法人といった公益法人，宗教法人，法人格を有さない市民団体，スポーツ・

文化団体，ボランティア・グループ，社会運動体など広範囲な団体・組織が含まれる。また，政治団体，行政の外郭団体，社会福祉法人，学校法人などの政府セクター寄りの団体・組織，業界団体，同業者団体，労働組合，医療法人などの市場セクター寄りの団体・組織，自治会・町内会に代表される各種地縁組織などの親密圏セクター寄りの団体・組織，農協，生協，共済組合に代表される協同組合，営利法人ではない社会的企業などもすべて市民社会に含まれる。

　以上のように，本書では市民社会を包括的な概念として規定したうえで，NPO，NGO，サードセクターなどは，その下位概念として用いていく。

　本書では，NPO をサラモンらの国際的定義の意味合いで用いる。また，日本特有の文脈における「NPO」との混同を避けるために，以下では「NPO」という表現は特段の断りがない限り使用せず，「非営利組織」という表現で統一する。なお，「NPO 法人」という言い方も混乱を招く可能性があるので，特定非営利活動法人（特活法人と略記する場合もある）と表現する。

　本書でいう非営利組織には，日本の場合では特定非営利活動法人，一般法人，公益法人，宗教法人，社会福祉法人，学校法人などの非営利法人全般と非営利活動を行う任意団体が含まれる（協同組合は含まれない）。また，本書では NGO という概念は特段の断りがない限り使用せず，NGO は非営利組織と同一の概念だとみなす。

　サードセクター概念については，本書ではほぼ市民社会と互換的な意味で用いる。つまり，サードセクターには，非営利組織も，各種協同組合も，労働組合も，自治会・町内会も含まれる。ただし，具体的な団体・組織の範囲については，市民社会では含まれる少人数で行われる読書サークル，スポーツクラブ，同窓会，社交クラブなどの草の根の任意団体および社会運動組織などは，サードセクターには含めないこととする。つまり，サードセクターは市民社会のなかでも，特に事業体としての実態がある程度明確に把握できるものを指す概念として用いる。

　本章 4 で詳しく説明するように，本書では，一部の章を除き，主として独立行政法人経済産業研究所のサードセクター調査のデータを用いた実証分析を行っていく。それゆえ，本書ではサードセクター組織（とりわけ，法人格を有する組織）の実態を分析することによって，日本の市民社会の現状について一定

の考察を加えることが中心的な課題となる。

3　日本における市民社会研究の現状と課題

(1) 既存研究の到達点

　日本の市民社会の実態を分析する研究は，これまでも多数行われてきた。比較的近年に出版された公刊本を中心とした研究の代表例としては，以下のものを挙げることができる。

　①市民社会のアドボカシーを分析したもの：経団連や連合などの全国レベルの「頂上団体」に対する団体サーベイによって，政治に対するロビイングの実態を分析した村松ほか（1986）および辻中編（2016），職業別電話帳掲載団体に対する包括的な団体サーベイにより政治に対するロビイングの実態を分析した辻中編（2002）および辻中・森編（2010），特定非営利活動法人の政治に対するロビイング実態を団体サーベイにより分析した辻中ほか編（2012），東日本大震災後の脱原発運動を分析した町村・佐藤編（2016），市民社会からのアドボカシーが立法化につながった事例を分析した勝田（2017）など。

　②法制度が市民社会に与える影響を分析したもの：「NPO 政策」という観点から市民社会に関する法制度を体系的に分析した初谷（2001），法制度の観点から日本の市民社会の二重構造性を分析した Pekkanen（2006=2008），公益法人制度改革が市民社会に与えた影響と残された課題を分析した岡本編（2015）など。

　③行政からの事業委託，行政との協働関係を分析したもの：社会福祉サービスの準市場化の実態を描いた佐橋（2006）および狭間（2018），行政からの事業委託により特定非営利活動法人が「行政の下請け化」に陥いる危険性を指摘した田中（2006），「行政の下請け化」論を理論的・実証的に反駁した後（2009），介護保険制度下での行政－営利－非営利の三者による対人サービス供給の実態を分析した須田（2011），行政と特定非営利活動法人の間の協働関係を分析した小田切（2014）など。

　④地域コミュニティを分析したもの：自治会・町内会に対する包括的な団体サーベイにより自治会・町内会の活動実態を分析した辻中ほか（2009），災害

復興とソーシャル・キャピタルの関係を分析したAldrich（2012＝2015），地方政府と自治会・町内会の関係を分析した森（2014）および日高（2018）など。

⑤その他：労働組合による「労働政治」がもたらした成果を分析した久米（1998），日本の市民社会の歴史的展開過程を分析した今田編（2006），市民社会を支えるボランティア参加の規定要因を分析した三谷（2016），市民社会を支える民間寄付の実態を分析した日本ファンドレイジング協会編（2017）など。

（2）残された研究課題

　以上の既存研究は，日本の市民社会の実態についての豊かな知見をもたらした。しかし，依然として残された研究課題も多い。

　第1に，既存研究では特定非営利活動法人，社会福祉法人，自治会・町内会，労働組合など，特定タイプの団体・組織に焦点を絞った研究が多く，市民社会全体の構図を明らかにすることを志向する研究は少ない。

　第2に，市民社会全体の構図を明らかにすることを志向した研究，とりわけ団体サーベイを実施する諸研究においても，調査対象の範囲が特定非営利活動法人のみであったり，一部の「頂上団体」や電話帳掲載団体のみを対象とするものであったりすることが多く，調査対象の包括性という点ではまだまだ改善の余地が残されている。

　第3に，既存研究では日本の市民社会を取り巻くさまざまな法制度の重要性を指摘するものは多いものの，多様な法制度が団体・組織の経営・活動実態に実際どのような影響を及ぼしているのかを実証的に解明しようとするものは少ない。換言すれば，法人制度の違いによって，団体・組織の経営・活動実態がどのように異なるのかを比較分析するものはあまり存在していない。

　しかしながら，第1章で詳しく説明するように，特定非営利活動促進法制定と公益法人制度改革という2つの重大な制度改革を経て，この20年間で日本の非営利法人制度は大きな変貌を遂げた。他方で，学校法人や社会福祉法人のように旧来型の主務官庁制が残存している部分もあり，法人制度ごとの制度的差異が，現状では非常に大きくなっている。それをふまえれば，むしろ今こそ，法人制度の多様性が日本の市民社会のあり方にいかなる影響を及ぼしているのかを比較検証する必要性がある，といえよう。

4 サードセクター調査の意義と概要

(1) サードセクター調査の意義

　以上の既存研究の到達点と残された研究課題をふまえつつ，日本の市民社会の実態を包括的に捉えることを目的に，過去4回にわたって実施されてきたのが独立行政法人経済産業研究所（以下，RIETI）による「日本におけるサードセクターの経営実態に関する調査」（以下，サードセクター調査）である。

　過去4回のサードセクター調査は，共著者の一人，後房雄がプロジェクトリーダーを務めたRIETIにおける一連の研究プロジェクト（第1回調査は「日本におけるサードセクターの全体像とその経営実態に関する調査研究」2010年5月24日～2011年3月31日，第2回調査は「日本におけるサードセクターの経営実態と公共サービス改革に関する調査研究」2011年8月30日～2013年3月31日，第3回調査は「官民関係の自由主義的改革とサードセクターの再構築に関する調査研究」2013年11月5日～2015年3月31日，第4回調査は「官民関係の自由主義的改革とサードセクターの再構築に関する調査研究［第2期］」2015年5月18日～2018年3月31日）の成果である。なお，本書の各章執筆者の多くは，これらの研究プロジェクトに参加していたメンバーでもある。

　サードセクター調査では，「平成18年事業所・企業統計調査」（第1回調査），「平成21年経済センサス－基礎調査」（第2回調査），「平成24年経済センサス－活動調査」（第3回調査），「国税庁法人番号公表サイト」（第4回調査）といった政府が整備・保有する団体・組織のディレクトリを調査対象としている。これらは，事業体としての実態が明確に把握できるサードセクター組織についての最も包括的かつ信頼性が高いディレクトリといえる。

　これらのディレクトリを調査対象とし，各組織に対する質問紙調査を実施することにより，特定非営利活動法人はもとより，一般社団法人，一般財団法人，公益社団法人，公益財団法人，社会福祉法人，学校法人，医療法人，各種協同組合など，広範囲なサードセクター組織の活動・事業実態，組織経営上の基礎情報（人的資源，組織ガバナンス，財務状況など），政府や営利企業との相互作用の諸相などを実証的に把握することが可能となっている。また，法人格ごとに

一定のサンプルが確保できることにより，法人格ごとの特徴を比較分析によって浮かび上がらせることも可能となっている。

過去4回のサードセクター調査のそれぞれの調査概要や調査票・単純集計表，また調査に関連した上記研究プロジェクトの研究成果であるディスカッションペーパー（DP）は，RIETI のウェブサイト上で公開されているので，本書巻末の「付録2：RIETI ウェブサイト上で公開中のサードセクター調査の概要と関連研究」の掲載情報を参照されたい。

本書はサードセクター調査のデータを用いることで，日本の市民社会をできるだけ包括的に捉え，同時に多様な法人制度に分岐した日本の市民社会の特徴がどのような帰結を生んでいるのか，また1990年代以降の非営利法人制度改革が日本の市民社会をいかなる方向に変えたのか（変えなかったのか）を多角的・実証的に分析することを主たるねらいとしている。本書の試みは，既存研究における研究上の欠落を埋めるものとなり，現時点における日本の市民社会の全体像を描き出すものとなる点で，一定の研究上の意義を有するものといえよう。

(2) 第4回サードセクター調査の概要

1　国税庁法人番号公表サイトの利用　本書では，過去4回のサードセクター調査のうち，主に2017年5月に実施された最新の第4回サードセクター調査（平成29年度「日本におけるサードセクターの経営実態に関する調査」）のデータを用いた分析が第Ⅰ部を中心に多数行われる。そこで，以下では第4回調査の概要について，詳しい説明を行っていきたい[5]。なお，以下の記述には，後・坂本（2017）の記述と一部重複する部分があることを予めお断りしておく。

第4回サードセクター調査では，日本に存在する多数の市民社会組織の母集団情報を得るためのディレクトリとして，国税庁がウェブ上で一般公開している「国税庁法人番号公表サイト[6]」を用いている。同サイトには，さまざまな非営利法人，各種協同組合，労働組合などの組織名称と住所の情報が掲載されている。

国税庁法人番号公表サイトを用いることのメリットとして，収録されている法人の包括性を挙げることができる。同サイトは国が把握する税務情報をもとに作成されたものであり，その公的性格からいって，法人格を有する団体・組

織についてかなりの程度包括的に収録されている。ゆえに，ほかのディレクトリに依拠するよりも，同サイトを用いたほうがより正確な団体・組織についての母集団情報が得られるといってよい。とりわけ職業別電話帳や「経済センサス－活動調査」には収録されていないような，零細な法人や事務所の所在が組織外部の者には明確ではない法人を，国税庁法人番号公表サイトでは捕捉することができる。

　他方で，デメリットも考えられる。同サイトには基本的に法人格を有する団体・組織のみが収録されており，法人格がない「人格なき社団」，いわゆる任意団体は対象外である。したがって，法人格がない団体・組織への接近には，同サイトを利用することは明らかに適していない。

　以上のような限界はあるものの，国税庁法人番号公表サイトは誰でもウェブ上からアクセスできる公開性を有し，同時に法人格を有する非営利組織や協同組合については最も包括的なディレクトリであることから，日本におけるサードセクター組織を包括的に調査・把握するうえでは，最良のディレクトリであると考えられる。

2　具体的なサンプル抽出手順と調査方法　第4回調査の具体的な母集団情報入手とサンプル対象団体・組織の決定の手順は，以下のとおりである。

　第1に，国税庁法人番号公表サイトに収録されている全法人のうち，2017年3月31日時点で，「その他の設立法人」または「その他」の法人種別に該当するもの，および「閉鎖登記の情報がない」ものを対象とした。

　第2に，上記の対象から，組織名称に「一般社団法人（または社団法人）」「一般財団法人（または財団法人）」「公益社団法人」「公益財団法人」「社会福祉法人」「学校法人」「社会医療法人」「特定医療法人」「医療法人」「特定非営利活動法人（NPO法人などの表記も含む）」（認定特定非営利活動法人については，別途内閣府ウェブサイト[7]の公開情報から全数（899）を把握した）「職業訓練法人」「更生保護法人」「消費生活協同組合」「農業協同組合」「漁業協同組合」「森林組合」「中小企業等協同組合（事業協同組合や企業組合などの表記も含む）」「信用金庫，信用組合，労働金庫」「共済（協同）組合」「労働組合（ユニオンなどの表記も含む）」などが含まれるものをそれぞれ抽出し，収録件数を法人格別に集計した（**表序-1**のA列）[8]。総件数は228,702件である。なお，以上のような抽出を行ったことからわ

表序-1 法人格ごとの法人総数の母集団情報と調査対象となるサンプル割付数

法人格種別	A 登録数 (登記登録の閉鎖等が生じたものを除く)	B 全数調査対象を除いた構成比	C 仮割付後の調査対象数	D 補正処理	E 補正後の調査対象数
一般社団法人（社団法人712件を含む）	42,679	18.9%	1,858		1,472
一般財団法人（財団法人1,039件を含む）	7,754	3.4%	338	（2倍補正）	676
公益社団法人	4,150	1.8%	181	（2倍補正）	362
公益財団法人	5,318	2.4%	232	（2倍補正）	464
社会福祉法人	20,782	9.2%	905		717
学校法人	8,017	3.5%	349	（1.5倍補正）	523
社会医療法人，特定医療法人	313	（全数）	313		313
医療法人	53,346	23.6%	2,322		1,840
認定特定非営利活動法人	899	（全数）	899		899
特定非営利活動法人	55,342	24.5%	2,409		1,909
職業訓練法人	419	（全数）	419		419
更生保護法人	163	（全数）	163		163
消費生活協同組合	1,534	0.7%	67	（3倍補正）	201
農業協同組合	4,085	1.8%	178	（2倍補正）	356
漁業協同組合	2,052	0.9%	89	（2倍補正）	178
森林組合	3,786	1.7%	165	（2倍補正）	330
中小企業等協同組合	10,069	4.5%	438		347
信用金庫，信用組合，労働金庫	440	（全数）	440		440
共済組合	426	（全数）	426		426
労働組合	7,128	3.2%	310	（1.5倍補正）	465
合　計	228,702	100.0%	12,501		12,500

注：C列の合計値は，端数のため，12,500とならない。

かるように，第4回調査では上記以外の法人格を有する，宗教法人，独立行政法人，国立大学法人，日本銀行や日本赤十字社などの特別法にもとづく認可法人，商工会議所，弁護士法人，自治会・町内会（認可地縁団体）などの団体・組織は，すべて調査対象外となっている。これら除外された団体・組織の多くは，国税庁法人番号公表サイトに収録されているので，原理的には調査対象に含めることは可能であったが，予算の制約などの関係上，第4回調査では除外せざるをえなかった。これら調査対象外となった団体・組織の実態を明らかにすることは，今後に残された課題といえる。

　第3に，収録数が少ないために全数調査にした「社会医療法人」「特定医療

法人」「認定特定非営利活動法人」「職業訓練法人」「更生保護法人」「信用金庫，信用組合，労働金庫」「共済（協同）組合（○○住宅組合は除く）」を除き，各法人格の件数が総件数に占める割合（構成比）を算出した（表序-1のB列）。

第4に，研究予算の関係から，調査票を発送する全サンプル数を12,500サンプルに決定し，上記の全数調査とした法人格の件数を除いた9,840サンプルを表序-1のB列の構成比にしたがって，各法人に仮配分した（表序-1のC列）。

第5に，仮配分ではサンプル数が少なくなる法人格について補正処理を行った。具体的には，仮配分のサンプル数に，「学校法人」と「労働組合」は1.5倍，「一般財団法人」「公益社団法人」「公益財団法人」「農業協同組合」「漁業協同組合」「森林組合」は2倍，「消費生活協同組合」は3倍になるように，それぞれ補正をかけ，その分，上記以外の法人格は構成比にしたがってサンプル数を減らした（表序-1のD列）。

第6に，上記の作業によって法人格別のサンプル数（表序-1のE列）を確定させ，その数にしたがい，法人格ごとの母集団情報から調査票を発送するサンプル対象の団体・組織を無作為抽出した。

こうしてサンプル対象となった12,500の団体・組織の所在地住所宛に，調査票を発送し，記入して返送してもらう，いわゆる「郵送調査」の形式を第4回調査は採用している。ただし，回答組織（回答者）は，調査票記入の手引きにしたがい，ウェブ上での回答を選択することもできる。その意味で，発送自体はすべて郵送に拠ったが，回答形式としては郵送調査とウェブ調査を併用するかたちとなっている。

第4回調査は，2017年5月2日に調査票を発送し，同5月31日までに回答を返信するようお願いするかたちで実施した。調査対象組織には，2017（平成29）年4月1日現在の状況を記入してもらうようお願いした。なお，母集団情報の入手，サンプル割付，調査票の印刷，発送，回収，調査票の回答情報の入力作業などの実査は，すべて委託先の東京商工リサーチ市場調査部が担当した。

3　調査票の回収状況　　第4回調査の調査票の回収状況は以下のとおりである。まず，宛先不明で調査票が戻ってきてしまったものが1,292件（発送数全体の10.3％）あった。やや高い割合で「宛先不明戻り」が発生してしまったが，これは国税庁法人番号公表サイトの包括性が影響してのことであろうと推測され

る。つまり，同サイトには零細な法人や活動実態が不明な法人などもすべて収録されているために，サイト掲載情報が長期間更新されていない場合には，法人所在地が変更ないし法人自体が閉鎖されてしまっているケースが相当数含まれてしまっており，それが宛先不明戻りの多さにつながっている，と考えられる。

次に，返送されて回収された調査票は1,586件（回収率12.7%，「宛先不明戻り」を除いて回収率を算出すれば14.2%）であった。このうち，郵送での回答1,047件（66.0%），ウェブ上での回答536件（33.8%），メールやFAXなど所定外の回答3件（0.2%）であった。

ただし，上記のうち，法人として活動休止中のものが35件，すでに解散している法人のものが44件，その他の理由で活動している状態にない法人10件，未記入など無効回答が17件あった。それらを差し引いた1,480件（配布総数の11.8%，「宛先不明戻り」を除いて算出すれば13.2%）が分析に用いることのできる第4回調査の有効回答数である[10]。

有効回答が得られた組織については，調査票問1で法人格種別を尋ねている[11]。その回答結果を用いて（法人格種別を回答しなかった組織や活動休止中・解散済みなどの組織を除く），法人格別に調査票発送数に対する有効回答回収数および同回収率を示したものが表序-2である。

これをみると，法人格によって回収率には一定のばらつきがあることがわかる。更生保護法人，職業訓練法人，認定特定非営利活動法人，公益社団法人，公益財団法人などでは，回収率が全体よりも高い。他方，医療法人，労働組合，消費生活協同組合，農業協同組合，中小企業等協同組合などでは，回収率が低い。

回収サンプルにおける各法人格の構成比を，表序-1で示した全体の法人数における構成比と比較してみると，回収サンプルでは，特に認定特定非営利活動法人，公益社団法人，公益財団法人，職業訓練法人，信用金庫・信用組合・労働金庫のサンプル数が実際の法人数に比べれば多く，逆に一般社団法人，特定非営利活動法人，医療法人，中小企業等協同組合のサンプル数は実際の法人数に比べれば少ないことがわかる。ゆえに，全体としてサンプルのデータを集計した場合，前者のサンプル数が多い法人格の回答が過大評価され，逆に後者

表序-2 法人格種別の有効回答数・回答率

法人格種別	有効回答回収数	調査票発送数に対する有効回答回収率	サンプル全体に占める割合
一般社団法人	139	9.4%	9.4%
一般財団法人	97	14.3%	6.6%
公益社団法人	78	21.5%	5.3%
公益財団法人	99	21.3%	6.7%
社会福祉法人	77	10.7%	5.2%
学校法人	59	11.3%	4.0%
医療法人（社会医療法人，特定医療法人を含む）	87	4.0%	5.9%
認定特定非営利活動法人	205	22.8%	13.9%
特定非営利活動法人	179	9.4%	12.2%
職業訓練法人	111	26.5%	7.5%
更生保護法人	54	33.1%	3.7%
消費生活協同組合	14	7.0%	1.0%
農業協同組合	28	7.9%	1.9%
漁業協同組合	25	14.0%	1.7%
森林組合	38	11.5%	2.6%
中小企業等協同組合	31	8.9%	2.1%
信用金庫，信用組合，労働金庫	64	14.5%	4.3%
共済組合	47	11.0%	3.2%
労働組合	30	6.5%	2.0%
その他	10	―	0.7%
合　計	1,472	11.8%	100.0%

のサンプル数が少ない法人格の回答が過小評価されているおそれがある。本書では特にウエイトバック処理は行っていないが，データを解釈する際には，この点に留意されたい。

　なお，有効回答が得られたサンプルで，法人の所在地住所の分布をみてみると，広く全国に散らばっているものの，人口数の多い都道府県が相対的に大きなシェアを占めていることがわかる。たとえば，東京都は14.5%であり，ほかの道府県に比べて圧倒的に多い。その他，シェアが大きいのは，北海道5.8%，大阪府5.1%，神奈川県5.0%，愛知県4.3%などである。大都市圏を含む北海道・宮城・埼玉・東京・千葉・神奈川・愛知・京都・大阪・兵庫・福岡の11都道府県で，サンプル全体の約半数を占めている。しかし，人口数に比例して組織数が多くなることは明らかであり，サンプルの地理的バイアスが特に目立って存在しているわけではない，と考えられる。

5 本書の構成と概要

本書は，導入章である**序章**と総括章である**終章**を除き，全体で3部構成となっている。第Ⅰ部「サードセクター調査でみる市民社会の実態」では，第4回サードセクター調査のデータを用いて，日本の市民社会組織の経営・活動実態の現状を概観する。第Ⅱ部「市民社会と政治・行政の相互作用」では，市民社会組織と政治・行政の相互作用をさまざまな切り口から分析する。第Ⅲ部「市民社会が直面する困難」では，日本の市民社会が現在直面している諸課題を多様な角度から議論する。各部を構成する各章の概要は以下のとおりである。

(1) 第Ⅰ部：サードセクター調査でみる市民社会の実態

第1章「サードセクター組織の基本属性」(後房雄・坂本治也)では，多様性があるサードセクターの世界を捉える際の分類基準として法人格の違いが重要であることを提起したうえで，組織の活動開始年，法人格取得までにかかった年数，組織設立時の経緯，活動分野，活動の地理的範囲，各種活動・事業へのエフォート率，情報公開の水準といった組織の基本属性が法人格によってどのように異なるのか，などを明らかにしている。

第2章「サードセクター組織の人的資源」(後房雄・山本英弘)では，サードセクター組織の人的資源について，多様な観点から分析を行っている。具体的には，役員数，役員経歴，職員数，ボランティア数，職員の性別・年齢・学歴構成，職員のもつ専門的知識や技能，雇用・労働環境などが，法人格の違いによってどのように異なるのかが明らかにされている。

第3章「サードセクター組織の財務状況」(後房雄・坂本治也)では，サードセクター組織の財務状況を収入の観点から分析している。具体的には，法人格ごとの組織の財政規模や収入構造の違い，財政規模が組織ガバナンスや活動・経営実態に与える影響，寄付・民間助成金等収入の多さが活動・事業内容に与える影響などを明らかにしている。

第4章「サードセクター組織の政治・行政との関係性」(後房雄・坂本治也)では，サードセクター組織の政治・行政との関係性をさまざまな角度から検討

している。具体的には，行政機関との日常的関わり，審議会・諮問機関への委員派遣，政策上の相談を受ける機会，政治・行政セクター出身の人材の流入とその影響力，行政によるサードセクター組織の統制の現況，アドボカシー活動の実態，政策への影響力行使を成功させるための条件などについて分析が行われている。

第5章「サードセクター組織の持続と変容」（後房雄・山本英弘・小田切康彦）では，過去4回分のサードセクター調査のデータを用いて，制度変革期におけるサードセクター組織の持続と変容を，活動分野，職員の雇用，財政構造，情報公開といった観点から分析している。分析の結果，一般法人，公益法人，特活法人といった「脱主務官庁制の非営利法人」では，法人数が増加傾向にあり，職員の年収水準が上がるなど雇用環境が整いつつあり，同時に社会的支援収入が増え，情報公開も進むなど，新しいセクターとして成長している様子が垣間見え，サードセクター全体のなかでその存在感が目立つようになってきていることが明らかとなる。

(2) 第Ⅱ部：市民社会と政治・行政の相互作用

第6章「2つの制度改革は非営利社団法人をどう変えたか」（岡本仁宏）では，一般社団法人（非営利型，普通法人型），公益社団法人，特定非営利活動法人（認定特活含む）といった「非営利社団法人」に焦点を当てて，法人格ごとの違いを比較分析によって浮き彫りにする。分析の結果，制度改革によってさまざまな目的の団体・組織が法人格を取得する道が開かれ，結社の自由の実質的保障が以前より拡充されるようになったこと，他方で公益社団法人では旧社団法人からの移行法人が95％を占め，旧制度の「遺産」が強く残存していることなどが明らかにされている。

第7章「『主務官庁制下の非営利法人』の課題——職業訓練法人と更生保護法人」（初谷勇）では，現在もなお主務官庁制の下に置かれている非営利法人の代表例として職業訓練法人と更生保護法人を取り上げ，その現状と課題を多角的に分析している。分析の結果，官民の多様な主体のなかで，両法人のプレゼンスを向上・拡充させる道が求められていること，その際，現行法上の役割期待の範囲で運用改善により役割を拡充させるだけではなく，拡張した法の目的

に照らし，新たな役割を担う道を検討する必要があることが明らかにされている。

第8章「政府への財政的依存とサードセクター組織のアドボカシー」（坂本治也）では，サードセクター組織の政府への財政的依存とアドボカシーの関係について，定量的な分析が行われている。分析の結果，自治体についてみた場合，政府への財政的依存はアドボカシーに対して「逆U字型」の二次関数的な影響を及ぼしていることが明らかとなった。政府への財政的依存は，ある一定のレベルまではアドボカシーを促進する効果をもつが，一定のレベルを超えて財政的依存が進むと，今度は逆にアドボカシーを抑制する効果をもつ。この知見は，「抑制」説と「促進」説が並存・対立してきた先行研究群に対して，新たな視座を与えるものといえる。

（3）第Ⅲ部：市民社会が直面する困難

第9章「サードセクター組織のビジネスライク化と雇用」（仁平典宏）では，サードセクター組織のビジネスライク化，とりわけ「転換」「商業化」「専門化」という3つの現象に着目し，それらがサードセクター組織の雇用・労働環境にいかなる影響を及ぼしているのかを定量的に分析している。分析の結果，雇用の量・質が充実しているのは主務官庁制下に置かれた非営利法人であること，逆に雇用の質の低さが問題であるのは特定非営利活動法人であること，行政からの事業収入比率が高い組織ほど雇用の促進がみられるものの同時に常勤職員の最低年収が低く，職員数の将来予測に不安があること，ボランティアの活用が有給職員の数や賃金水準の抑制に必ずしもつながっていないこと，職員研修の導入が中核的な職員の賃金を押し上げる一方，周辺的な職員の賃金を抑制している可能性がみられること，などが明らかにされている。

第10章「非営利組織の財源とミッション・ドリフト」（小田切康彦）では，非営利組織が本来行うべき社会的活動以外の事業活動に資源を集中させる結果，社会的な目的＝ミッションから遠ざかってしまう問題である「ミッション・ドリフト（mission drift）」についての実証的検討を行っている。分析結果からは，既存研究の指摘とは異なり，日本ではミッション・ドリフトの問題は現状ではそれほど顕在化していないこと，また財源多様性がミッション・ドリフトを抑

制するという言説は実証されず，逆に，その発生に結びつく実態が確認されることが示されている。

　第11章「協同組合の現状と課題——ビジビリティとアイデンティティを高めるために」（栗本昭）では，日本の協同組合は世界有数の規模をもつにもかかわらず，市民社会のなかでその存在感や認知度が低いのはなぜなのか，との問題意識を出発点に多様な角度からの検討を行っている。分析からは，日本の各種協同組合が法律や産業政策によって制度的に分断され，異なる発展経路，政治志向，組織文化をもつに至ったこと，またそれゆえに協同組合が1つのセクターとしてアイデンティティをもつ傾向も弱かったことが指摘される。

　第12章「社会運動を受容する政治文化——社会運動に対する態度の国際比較」（山本英弘）では，サードセクター調査では十分に捕捉できなかった社会運動について，その日本的特徴を議論している。社会運動はアドボカシー機能を果たす重要な政治参加活動である。しかし，社会運動に参加したことがある日本人は，他国と比較しても，かなり少ない。この章では，日本における運動不参加の背景にある政治文化的要因を，一般有権者を対象に行った国際比較調査のデータを用いて分析している。分析結果からは，日本では他国と比べて社会運動の代表性や有効性に対する評価が低く，秩序不安感が強いこと，社会運動への参加経験および運動参加の受容度が低くなっていることが明らかにされている。日本人の間に，こういった社会運動に対する否定的なイメージが存在していることは，市民社会への参加を考える際にも重要なポイントとなろう。

　第13章「市民社会への参加の衰退？」（善教将大）では，地縁組織などを含めたさまざまな市民社会組織への日本人の団体参加状況を，明るい選挙推進協会調査と世界価値観調査という2種類の意識調査データを用いて定量的に分析している。分析の結果，既存研究で強調されることの多い「脱組織化」現象について，団体加入率の低下よりもその水準の低さこそを問題視すべきであること，また団体加入率を向上させるには人々の社会経済的資源を向上させる必要があること，という2点が明らかにされている。

注
1） もっとも一部の論者は，こういった民主主義にとって好影響な意識・スキルばかりではなく，むしろ民主主義にとって悪影響な意識・スキルを市民社会が「再生産」する可能性を指摘している（Berman 1997；Mutz 2006）。それゆえ，どのような方向性で意識・スキルの変化を促すのかについては論争がある。また，そもそも市民社会への参加が何らかの意識・スキルの変化を促すこと自体を懐疑的にみる見解（Stolle 1998；Dahl and Abdelzadeh 2017）も一部には存在している点には留意が必要である。
2） 市民社会の存在意義や機能・逆機能の詳細については，坂本（2017）を参照。
3） 市民社会の強さの国際比較を志向する CIVICUS プロジェクトでは，市民社会を「共通の利益を増進させるために人々が自発的に集まって活動する，国家と市場と家族の間に位置する，制度，組織，個人の領域」と定義し，市民社会を①表現の自由や法の支配の有無などの「制度」，②非政府かつ非営利の「組織」，③活動家，ボランティア，雇用者などの「個人」という3要素から捉え，独自に作成した市民社会ダイヤモンド（civil society diamond）という評価枠組から，各国の市民社会の強さを測定している（Anheier 2004）。しかし，政治体制や法制度，あるいはマスメディアまでを包含する CIVICUS の市民社会定義はあまりに広範囲すぎるきらいがある。実際，この定義がほかの研究者に影響を及ぼしている様子はほとんどうかがえないため，その試みは成功しているとはいい難い状況にある。
4） 社会的企業を市民社会に含めるべきかどうかについては議論の余地がある。社会的企業という概念は，法人格が株式会社などの営利法人か非営利法人・協同組合かを問わず，活動・事業実態としての「社会性」の有無から，（純）営利事業体か，それとも社会的意義のある事業体かを識別する（後者を社会的企業とする）概念である。しかし，何をもって「社会性」があるとみなすかについての判断基準は，非常に曖昧である。株式会社などの営利法人でも今日では CSR 活動など何らかの社会貢献事業を行うのが常態化してきている。ゆえに，営利事業体と社会的意義のある事業体の境界線を明確に引くのは，実際上はきわめて難しい。本書では実証的な検討を行うことが目的であり，客観的に弁別できる法人格の区別を重視するため，たとえ何らかの社会性のある事業を行っていたとしても営利法人である場合には市民社会組織とはみなさないことにする。つまり，営利法人格を有する団体・組織は一律に分析の対象外とする。もちろん，非営利法人格を有する社会的企業，法人格が各種の協同組合である社会的企業は，本書でいう市民社会に含まれるのはいうまでもないことである。
5） 第5章では，過去4回分のサードセクター調査のすべてを用いた通時比較が行われ，そこにおいて過去4回分の調査の基本情報も説明されているので，適宜参照されたい。
6） https://www.houjin-bangou.nta.go.jp/kensaku-kekka.html（2018年11月2日アクセス）。管見の限り，同サイトの情報を用いた大規模な団体サーベイは，第4回サードセクター調査が史上初の試みだと思われる。
7） https://www.npo-homepage.go.jp/about/houjin-info/shokatsunintei-meibo（2018年11月2日アクセス）。
8） 若干数ではあるが，過去3回のサードセクター調査において，諸事情により調査対象とすることが困難であることが判明しているいくつかの法人については，母集団情報から除外している。
9） 調査票では回答者の役職をプリコードで尋ねている。回答が多かった順に挙げると，事務局員27.2％，事務局長23.7％，組織代表（理事長，代表理事，組合長など）21.3％，役員（理事など）13.6％，その他13.6％であった。回答者の役職の違いにより，回答傾向が異なる可能性があることも予想されるが，本書ではひとまず役職の違いは回答傾向に有意な影響を与えないと仮定して議論を進めていく。
10） 一般人対象のサーベイと比べて，団体サーベイでは概して回収率が低く，20％を切ること

は決して珍しいことではない。しかし，団体サーベイでの回収率の向上は，今後に残された大きな課題だと認識している。
11) 第4回調査の調査票は，以下のリンク先を参照。https://www.rieti.go.jp/jp/projects/research_activity/npo2017/survey-sheet.pdf（2018年11月2日アクセス）。

参考文献

今田忠編, 2006,『日本のNPO史――NPOの歴史を読む，現在・過去・未来』ぎょうせい.
植村邦彦, 2010,『市民社会とは何か――基本概念の系譜』平凡社.
後房雄, 2009,『NPOは公共サービスを担えるか――次の10年への課題と戦略』法律文化社.
後房雄, 2017,「公共サービスと市民社会――準市場を中心に」坂本治也編『市民社会論――理論と実証の最前線』法律文化社, 258–277.
後房雄・坂本治也, 2017,「日本におけるサードセクター組織の現状と課題――平成29年度第4回サードセクター調査による検討」RIETI Discussion Paper Series 17–J–063.
エバース, A.／J. L. ラヴィル編, 2007, 内山哲朗・柳沢敏勝訳『欧州サードセクター――歴史・理論・政策』日本経済評論社.
大嶽秀夫, 1994,『自由主義的改革の時代――1980年代前期の日本政治』中央公論社.
岡本仁宏, 2004,「市民社会」古賀敬太編『政治概念の歴史的展開 第1巻』晃洋書房, 213–240.
岡本仁宏編, 2015,『市民社会セクターの可能性――110年ぶりの大改革の成果と課題』関西学院大学出版会.
勝田美穂, 2017,『市民立法の研究』法律文化社.
久米郁男, 1998,『日本型労使関係の成功――戦後和解の政治経済学』有斐閣.
小田切康彦, 2014,『行政‐市民間協働の効用――実証的接近』法律文化社.
坂井素思・岩永雅也編, 2011,『格差社会と新自由主義』放送大学教育振興会.
坂本治也, 2010,『ソーシャル・キャピタルと活動する市民――新時代日本の市民政治』有斐閣.
坂本治也, 2017,「市民社会論の現在――なぜ市民社会が重要なのか」坂本治也編『市民社会論――理論と実証の最前線』法律文化社, 1–18.
坂本治也・辻中豊, 2012,「NPO政治の分析視角」辻中豊・坂本治也・山本英弘編『現代日本のNPO政治――市民社会の新局面』木鐸社, 23–48.
佐橋克彦, 2006,『福祉サービスの準市場化――保育・介護・支援費制度の比較から』ミネルヴァ書房.
重冨真一, 2002,「NGOのスペースと現象形態――第3セクター分析におけるアジアからの視角」『レヴァイアサン』31: 38–62.
須田木綿子, 2011,『対人サービスの民営化――行政‐営利‐非営利の境界線』東信堂.
田中弥生, 2006,『NPOが自立する日――行政の下請け化に未来はない』日本評論社.
塚本一郎, 2004,「NPOの経済・政治理論」塚本一郎・古川俊一・雨宮孝子編『NPOと新しい社会デザイン』同文館出版, 17–35.
辻中豊, 1988,『利益集団』東京大学出版会.
辻中豊, 2002,「世界政治学の文脈における市民社会, NGO研究」『レヴァイアサン』31: 8–25.
辻中豊／ロバート・ペッカネン／山本英弘, 2009,『現代日本の自治会・町内会――第1回全国調査にみる自治力・ネットワーク・ガバナンス』木鐸社.
辻中豊編, 2002,『現代日本の市民社会・利益団体』木鐸社.
辻中豊編, 2016,『政治変動期の圧力団体』有斐閣.
辻中豊・森裕城編, 2010,『現代社会集団の政治機能――利益団体と市民社会』木鐸社.
辻中豊・坂本治也・山本英弘, 2012,『現代日本のNPO政治――市民社会の新局面』木鐸社.

富沢賢治，1999，『社会的経済セクターの分析——民間非営利組織の理論と実践』岩波書店．
新川達郎，2005,「NGO の定義」川口清史・田尾雅夫・新川達郎編『よくわかる NPO・ボランティア』ミネルヴァ書房，4-5．
仁平典宏，2017,「政治変容——新自由主義と市民社会」坂本治也編『市民社会論——理論と実証の最前線』法律文化社，158-177．
日本ファンドレイジング協会編，2017,『寄付白書 2017』日本ファンドレイジング協会．
狭間直樹，2018,『準市場の条件整備——社会福祉法人制度をめぐる政府民間関係論』福村出版．
初谷勇，2001,『NPO 政策の理論と展開』大阪大学出版会．
早瀬昇・松原明，2004,『NPO がわかる Q & A』岩波書店．
日高昭夫，2018,『基礎的自治体と町内会自治会——「行政協力制度」の歴史・現状・行方』春風社．
廣田裕之，2016,『社会的連帯経済入門——みんなが幸せに生活できる経済システムとは』集広舎．
ボルザガ，C.／J. ドゥフルニ編，2004，内山哲朗ほか訳『社会的企業——雇用・福祉の EU サードセクター』日本経済評論社．
町村敬志・佐藤圭一編，2016,『脱原発をめざす市民活動——3・11社会運動の社会学』新曜社．
三谷はるよ，2016,『ボランティアを生みだすもの——利他の計量社会学』有斐閣．
向井清史，2015,『ポスト福祉国家のサードセクター論——市民的公共圏の担い手としての可能性』ミネルヴァ書房．
村松岐夫・伊藤光利・辻中豊，1986,『戦後日本の圧力団体』東洋経済新報社．
森裕亮，2014,『地方政府と自治会間のパートナーシップ形成における課題——「行政委嘱員制度」がもたらす影響』渓水社．
八代尚宏，2011,『新自由主義の復権——日本経済はなぜ停滞しているのか』中央公論新社．
リピエッツ，アラン，2011，井上泰夫訳『サードセクター——「新しい公共」と「新しい経済」』藤原書店．
Aldrich, Daniel P., 2012, *Building Resilience: Social Capital in Post-Disaster Recovery*, University of Chicago Press.（＝2015，石田祐・藤澤由和訳『災害復興におけるソーシャル・キャピタルの役割とは何か——地域再建とレジリエンスの構築』ミネルヴァ書房．）
Almond, Gabriel A. and Sidney Verba, 1963, *The Civic Culture: Political Attitudes and Democracy in Five Nations*, Princeton University Press.（＝1974，石川一雄ほか訳『現代市民の政治文化——五カ国における政治的態度と民主主義』勁草書房．）
Anheier, Helmut K., 2004, *Civil Society: Measurement, Evaluation, Policy*, Earthscan.
Avner, Marcia, 2013, *The Lobbying and Advocacy Handbook for Nonprofit Organizations: Shaping Public Policy at the State and Local Level*, 2nd ed., Fieldstone Alliance.
Berman, Sheri, 1997, Civil Society and Political Institutionalization, *American Behavioral Scientist*, 40 (5): 562-574.
Cohen, Jean and Andrew Arato, 1992, *Civil Society and Political Theory*, MIT Press.
Dahl, Viktor and Ali Abdelzadeh, 2017, Self-Selection or Socialization? The Longitudinal Relation Between Civic Engagement and Political Orientations Among Adolescents, *Nonprofit and Voluntary Sector Quarterly*, 46 (6): 1250-1269.
Edwards, Michael, 2004, *Civil Society*, Polity Press.（＝2008，堀内一史訳『「市民社会」とは何か——21世紀のより善い世界を求めて』麗澤大学出版会．）
Ehrenberg, John, 1999, *Civil Society: The Critical History of an Idea*, New York University Press.（＝2001，吉田傑俊監訳『市民社会論——歴史的・批判的考察』青木書店．）
Fung, Archon, 2003, Associations and Democracy: Between Theories, Hopes, and Realities, *Annual Review of Sociology*, 29: 515-539.

Habermas, Jürgen, 1992, *Faktizität und Geltung: Beiträge zur Diskurstheorie des Rechts und des demokratischen Rechtsstaats*, Suhrkamp.（＝2002／2003, 河上倫逸・耳野健二訳『事実性と妥当性──法と民主的法治国家の討議理論にかんする研究 上・下』未來社.）

Hansmann, Henry B., 1980, The Role of Nonprofit Enterprise, *Yale Law Journal*, 89 (5): 835-901.

Harvey, David, 2005, *A Brief History of Neoliberalism*, Oxford University Press.（＝2007, 渡辺治監訳『新自由主義──その歴史的展開と現在』作品社.）

Jenkins, J. Craig, 2006, Nonprofit Organizations and Policy Advocacy, in Walter W. Powell and Richard Steinberg eds., *The Nonprofit Sector: A Research Handbook*, 2nd ed., Yale University Press, 307-332.

Mutz, Diana Carole, 2006, *Hearing the Other Side: Deliberative versus Participatory Democracy*, Cambridge University Press.

Osborne, David and Ted Gaebler, 1992, *Reinventing Government: How the Entrepreneurial Spirit is Transforming the Public Sector*, Addison-Wesley Publishing Company.（＝1995, 高地高司ほか訳『行政革命』日本能率協会マネジメントセンター.）

Öberg, PerOla and Torsten Svensson, 2012, Civil Society and Deliberative Democracy: Have Voluntary Organisations Faded from National Public Politics?, *Scandinavian Political Studies*, 35 (3): 246-271.

Pekkanen, Robert, 2006, *Japan's Dual Civil Society: Members Without Advocates*, Stanford University Press.（＝2008, 佐々田博教訳『日本における市民社会の二重構造──政策提言なきメンバー達』木鐸社.）

Pestoff, Victor A., 1998, *Beyond the Market and State: Social Enterprises and Civil Democracy in a Welfare Society*, Ashgate.（＝2000, 藤田暁男ほか訳『福祉社会と市民民主主義──協同組合と社会的企業の役割』日本経済評論社.）

Putnam, Robert D., 1993, *Making Democracy Work: Civic Traditions in Modern Italy*, Princeton University Press.（＝2001, 河田潤一訳『哲学する民主主義──伝統と改革の市民的構造』NTT出版.）

Putnam, Robert D., 2000, *Bowling Alone: The Collapse and Revival of American Community*, Simon & Schuster.（＝2006, 柴内康文訳『孤独なボウリング──米国コミュニティの崩壊と再生』柏書房.）

Reid, Elizabeth J., 1999, Nonprofit Advocacy and Political Participation, in Elizabeth T. Boris and C. Eugene Steuerle eds., *Nonprofits and Government: Collaboration and Conflict*, Urban Institute Press, 291-325.（＝2007, 上野真城子・山内直人訳「NPO・アドボカシーと政治参加」E. T. ボリス／C. E. スターリ編『NPOと政府』ミネルヴァ書房, 264-299.）

Salamon, Lester M., 1995, *Partners in Public Service: Government-Nonprofit Relations in the Modern Welfare State*, Johns Hopkins University Press.（＝2007, 江上哲監訳『NPOと公共サービス──政府と民間のパートナーシップ』ミネルヴァ書房.）

Salamon, Lester M. and Helmut K. Anheier, 1997, Toward a Common Definition, in Lester M. Salamon and Helmut K. Anheier eds., *Defining the Nonprofit Sector: A Cross-national Analysis*, Manchester University Press, 29-50.

Salamon, Lester M., S. Wojciech Sokolowski and Regina List, 2004, Global Civil Society: An Overview, in Lester M. Salamon, S. Wojciech Sokolowski and Associates, *Global Civil Society: Dimensions of the Nonprofit Sector*, Volume 2, Kumarian Press, 3-60.

Stolle, Dietlind, 1998, Bowling Together, Bowling Alone: The Development of Generalized Trust in Voluntary Associations, *Political Psychology*, 19 (3): 497-525.

Truman, David B., 1951, *The Governmental Process: Political Interests and Public Opinion*, Knopf.

Verba, Sidney, Kay Lehman Schlozman and Henry E. Brady, 1995, *Voice and Equality: Civic Voluntarism in American Politics*, Harvard University Press.

Weisbrod, Burton A., 1977, *The Voluntary Nonprofit Sector: An Economic Analysis*, Lexington Books.

Young, Dennis R., 1999, Complementary, Supplementary, or Adversarial?: A Theoretical and Historical Examination of Nonprofit-Government Relations in the United States, in Elizabeth T. Boris and C. Eugene Steuerle eds., *Nonprofits and Government: Collaboration and Conflict*, Urban Institute Press, 31-67.（＝2007, 上野真城子・山内直人訳「相補か, 補完か, 敵対か――米国のNPOと政府との関係をめぐる理論的, 歴史的検証」E. T. ボリス／C. E. スターリ編『NPOと政府』ミネルヴァ書房, 26-60.）

第 I 部

サードセクター調査でみる市民社会の実態

第1章 サードセクター組織の基本属性

後房雄・坂本治也

> 本章では，多様性があるサードセクターの世界を捉える際の分類基準として，法人格の違いが重要であることを提起する。
> サードセクター組織の活動・経営実態は法人格の違いによって規定される部分が大きい。この分析視角は本書の第I部全般に通底するものである。
> 本章では，第4回サードセクター調査のデータを用いて，組織の活動開始年，法人格取得までにかかった年数，組織設立時の経緯，活動分野，活動の地理的範囲，各種活動・事業へのエフォート率，情報公開の水準といった組織の基本属性が法人格によってどのように異なるのかを明らかにする。

1 サードセクター組織の多様性

(1) サードセクター組織の分類

サードセクターの世界は多様性に満ちている。法人格のない小規模組織まで含めると，きわめて膨大な数のさまざまなタイプのサードセクター組織が存在している。法人格を有し，一定の組織基盤をもった事業体に限定してみても，活動分野，活動目的，活動の地理的範囲，財政規模，メンバー構成，政治・行政との関係性などは，組織によって著しく異なっている。

サードセクター組織が多様で複雑な実相を有するのは，まさに私たちが住む現代社会そのものが多様で複雑だからである。政治学における利益集団論が指摘してきたように，現代では社会の多様な諸利益や関心事は，団体・組織によって表現され，政治過程に表出されるのが常である。社会が大規模化し，機能分化していくにしたがって，団体・組織の数が増え，その種類も多様化していくのは，一種の普遍的法則といえる（Truman 1951；辻中 1988）。

しかし，私たち人間の限定された認知能力を前提とすると，多様なものを多様なまま受容するのは難しい。そこで，多様なサードセクター組織を理解する

うえで重要になってくるのが，分類基準の設定と類型化である。

　何らかの基準に沿って，サードセクター組織を分類し，数種類の類型に整理する。そのことによって，多様で複雑なサードセクターの世界をある程度単純化して理解できるようになる。

　もっとも単純化は，豊穣な現実から何らかの側面を削ぎ落とすことと裏腹の関係にある。そのため，分類基準の設定は慎重に行う必要がある。また，1つの分類基準だけに拘泥すると，現実の特定の側面だけにしか光が当たらなくなる。たとえば，人間社会のすべてを男女の違いだけで捉えると，貧富の格差，年齢による違いなどがみえづらくなることを想起すればよい。サードセクターの世界も，特定の分類基準のみで理解しようとするのは危険である。いくつかの分類基準を設定し，いくつかの異なる角度から分析の光を当てることが重要といえる。

　日本におけるサードセクターについての既存研究で最も有名な類型化は，村松らの「セクター団体」「政策受益団体」「価値推進団体」の3類型であろう（村松ほか 1986）。これは，職業的利益と政治・行政との距離感を軸に設定された分類基準による類型化である。また，辻中らの研究では，「セクター団体」「政策受益団体」「価値推進団体」の3類型を念頭に，さらにその下位類型として，農林水産業団体，経済・業界団体，労働団体，教育団体，行政関係，福祉団体，専門家団体，政治団体，市民団体，学術・文化団体，趣味・スポーツ団体，宗教団体などの，いわゆる「業界」ごとの利益の違いを重視した類型化と分析も包括的に行われている（辻中 2002；辻中・森編 2010）。村松や辻中らの類型化は，政治学における利益集団論の関心にもとづき，特に政治・行政へのロビイング実態を明らかにすることを目的に用いられたものである。

　また，福祉サービスの提供主体に関する有名なペストフの福祉トライアングル（Pestoff 1998＝2000）の図式からは，行政機関，営利企業，コミュニティとの近接さから，行政機関に近いサードセクター組織，営利企業に近いサードセクター組織，コミュニティに近いサードセクター組織という類型化も可能であるかもしれない。特に日本では後述するように主務官庁制の下で行政機関に従属しつつ公共サービスの提供に大きな役割を果たしてきたサードセクター組織が多く存在してきた歴史があるだけに，こうした類型化も重要であろう。

本書第Ⅰ部では，こうした既存研究の知見をふまえつつ，主に法人格の違いに着目していく。つまり，法人格の違いを，サードセクター組織を捉える際の最も基本的な分類基準として設定する。これは，主務官庁制と法人制度の細かい分岐という日本のサードセクターを特徴づけてきたシステムの存在を前提にすると，サードセクター組織の経営実態，とりわけ組織の事業活動，人的資源，組織内ガバナンス，収益構造を分析していくうえでは，法人格の違いに着目することが，最も生産的な知見をもたらす，と考えるためである。

（2）主務官庁制と法人制度分立の歴史

第二次世界大戦後の日本においては，福祉を中心とした公共サービスは，政府が資金のみを提供し，実際のサービス供給はかなりの部分を政府直営の機関ではなく非営利組織に委ねる，という「第三者政府（third-party government）」（Salamon 1995＝2007）の方式を採用してきた。

「第三者政府」方式は米国などにおいても歴史的に採用されてきた仕組みであるが，日本では特に行政官庁が強力に主導するシステムとして作動してきた。つまり，日本ではサービス分野ごとにそれぞれ異なる担当行政官庁が，特別法にもとづいて特定の非営利法人（公益法人）[1]制度をつくり，「主務官庁」として当該非営利法人の設立許可の権限を一手に握り，設立許可後も当該非営利法人を強力に指導・監督し，同時に補助金や税制上の優遇措置などの手厚い保護を与えつつ，当該非営利法人のみにサービス提供主体としての法的地位を与え，その他の営利企業や非営利組織をサービス提供事業の「準市場」から締め出す参入規制を設けた。

こうした主務官庁制は，日本のサードセクター特有のシステムとして，伝統的に存続してきた。今日も続く主務官庁制の具体例を挙げると，厚生労働省を主務官庁とする医療法人制度（1948年医療法により創設），社会福祉法人制度（1951年社会福祉事業法により創設），職業訓練法人制度（1985年職業能力開発促進法により創設），文部科学省を主務官庁とする学校法人制度（1949年私立学校法により創設），宗教法人制度（1951年宗教法人法により創設），法務省を主務官庁とする更生保護法人制度（1995年更生保護事業法により創設）などがある。また，協同組合の世界においても，農林水産省と農業協同組合・漁業協同組合・森林組合，

経済産業省と中小企業等協同組合などの関係に代表されるように，主務官庁制と類似した行政主導型のシステムが広く形成されている。さらに，公益法人の一般法としての性格を有した民法旧34条の規定による社団法人・財団法人制度においても，主務官庁となる行政官庁の許可が得られなければ，社団法人や財団法人の法人格を得ることも不可能であった。つまり，主務官庁制の下では，サードセクター組織が法人格を得られるかどうかは行政官庁の自由裁量に委ねられていたのである（後 2017）。

　日本のサードセクターは，この主務官庁制の影響を強く受けながら歴史的に発達してきた。主務官庁制の下では，政策分野ごとに特定の官庁が法人格付与の許可権限を有し，サードセクター組織を縦割りで指導・監督するパターンが確立された。この結果，非営利法人内部での制度的分立，協同組合内部での制度的分立，非営利セクターと協同組合セクターの分離などの特徴がみられるようになり，サードセクターがセクターとしての一体性に欠ける状態に陥ってしまった。日本においては，サードセクター組織が官庁や政策分野ごとに形成された縦割りの法人格の「壁」を超えた連携や連帯意識をもつことはまれであった。また，官庁の意向にそぐわない組織や小規模な組織が，主務官庁の許可を得て法人格を取得することも非常に困難であった（⇒第6章，第7章，第11章）。

(3) 2つの制度改革と主務官庁制の部分的解体

　以上のような伝統的な主務官庁制に風穴を開けたのが，1998年の特定非営利活動促進法（特活法）の制定であった。特活法では，所轄庁による「認証」という手続き（許可制のように行政の自由裁量が働く余地はなく，準則主義に近い手続き）はあるものの，比較的簡素な手続きで法人格取得が可能となる仕組みが設けられた。所轄庁は基本的には自治体が担当し，特活法に定められた手続きにしたがって，粛々と法人格付与を行うようになった。また，所轄庁の法人に対する監督・指導も，主務官庁制に比べればはるかに緩やかなものとなった。

　これにより，政策分野の壁を超えて，行政官庁の厳しい指導・監督体制からも外れて，さまざまな分野で活動する非営利の団体・組織が単一の「特定非営利活動法人（特活法人）」という横割りの法人格を比較的容易に得ることが可能になった。事実，特活法人は20年を経た現在では5万法人以上存在しており，

日本のサードセクターのなかで一定の規模をもった目立つ法人格となっている。加えて，2001年からは税制上の優遇措置を受けられる認定特定非営利活動法人制度も創設され，一部の特活法人はそのステータスを得るようにもなった。

　さらに，特活法制定のインパクトを受けて，2006〜08年には一連の公益法人制度改革が行われ，民法旧34条の規定による社団法人・財団法人制度が廃止され，新たに一般社団法人と一般財団法人からなる一般法人制度と，公益社団法人と公益財団法人からなる新公益法人制度（公益性の認定は行政官僚ではなく民間有識者による委員会が予め明示された認定基準に沿って行う）も創設された。これらの法人制度も特活法人制度と同様，政策分野の壁を超えて，行政官庁の厳しい指導・監督体制からも外れて，さまざまな分野の団体・組織が単一の法人格を得るという，主務官庁制を脱した横割りの法人制度となっている（Pekkanen 2006＝2008；岡本 2017）。

　特定非営利活動法人や一般法人・公益法人などの新設された法人制度の登場により，現在でも社会福祉法人や学校法人に代表される主務官庁制の下に置かれた非営利法人は残存してはいるものの，伝統的な主務官庁制の構造は少なくとも法制度としては部分的に解体された，と捉えることができよう。今日では，日本のサードセクターの内部にも，主務官庁制から脱却した新しい動きが確かなものとして出現しているのである。

　本書は，以上のような日本のサードセクターをめぐる歴史的展開をふまえて，主務官庁制から脱却した新しいサードセクター組織が現在どの程度台頭してきているのか，またそういった新しい組織は従来の組織や現在もなお主務官庁制下にある組織と比べてどのような特徴を有しているのか，を明らかにすることを主要な関心事の1つとしている。

（4）サードセクターの「三重構造」

　日本におけるサードセクター組織の法人制度の歴史的発展をふまえると，現在の日本のサードセクターは，おおむね3種類のグループに分けられると考えられる。すなわち，主務官庁制を脱した横割りの法人制度によって枠づけられる「脱主務官庁制の非営利法人」，今なお主務官庁制の下で行政からの指導・監督を受けつつ特定分野に特化して活動・事業を行う「主務官庁制下の非営利

法人」，縦割りの主務官庁から統制を受けつつ共益的な活動・事業を行う「各種協同組合」，の3つである。

第Ⅰ部では第4回サードセクター調査のデータを用いて，サードセクター組織の状況を概観していくが，その際，第4回調査問1法人格種別の回答結果を用いて，「脱主務官庁制の非営利法人」「主務官庁制下の非営利法人」「各種協同組合」を以下のように定義し，比較分析の主要なカテゴリとして用いる。

1　「脱主務官庁制の非営利法人」（N=723）　一般社団法人（非営利型），一般財団法人（非営利型），公益社団法人，公益財団法人，認定特定非営利活動法人，特定非営利活動法人。

2　「主務官庁制下の非営利法人」（N=328）　社会医療法人・特定医療法人・2007年4月以降設立の医療法人[2]，社会福祉法人，学校法人，職業訓練法人，更生保護法人[3]。

3　「各種協同組合」（N=247）　消費生活協同組合，農業協同組合，漁業協同組合，森林組合，中小企業等協同組合，信用金庫・信用組合・労働金庫，共済協同組合。

以下では，「脱主務官庁制の非営利法人」「主務官庁制下の非営利法人」「各種協同組合」の3つのカテゴリを「基本3類型」と呼ぶ。

なお，基本3類型に含まれない，「非営利型」以外の一般法人（N=74），医療法人（2007年3月末以前設立のもの，N=60），労働組合（N=30），その他の法人格（N=10）を有する団体については，特に注目すべき回答結果がある場合に個別に取り上げることとしたい。

日本のサードセクターは，巨視的には「脱主務官庁制の非営利法人」「主務官庁制下の非営利法人」「各種協同組合」の三重構造をなしていると考えられる。しかし他方で，基本3類型の各カテゴリ内部でも，現状では個別法人格間の分断はかなり大きい，という点には注意を要する。

「脱主務官庁制の非営利法人」の内部では，特活法人こそ「NPOセクター」として一定のまとまりがあるものの，一般法人は特活法人と違って所轄庁も存在せず登記のみで法人設立手続きが完了することも影響して，ビジネス志向が強く営利企業に近いような法人，共益追求を主たる目的とする法人，旧公益法人からの移行法人など，きわめて雑多な組織が並存し，混沌としている。また，

第6章でも議論されるように，公益法人は現時点では大半が旧社団・財団法人からの移行法人であり，かつての主務官庁制の影響が色濃く残存している。

「主務官庁制下の非営利法人」や「各種協同組合」の内部では，いずれの法人格も行政からの指導・監督を強く受けているという点では共通するが，政策領域ごとの分断が強く，学校法人と社会福祉法人，消費生活協同組合と農業協同組合といった，法人格の「壁」を超えた横のつながりや連携はほぼみられない。

したがって，基本3類型は，1つの目安にはなるものの，個別の法人格にまでブレイクダウンして分析したほうがより特徴がつかみやすい場合には，基本3類型内部の差異にも触れる方針を本書では採用する[4]。

なお，序章でも紹介したように，第4回サードセクター調査の回収サンプルには一定のバイアスがあり，特に認定特定非営利活動法人，公益社団法人，公益財団法人，職業訓練法人，信用金庫・信用組合・労働金庫の回答数が多いため，母集団における法人数のシェアと比較した場合，それら法人格のサンプルが全体に占めるシェアが過剰になっている。また，一般社団法人，特定非営利活動法人，医療法人，中小企業等協同組合の回答数は少ないため，逆にそれら法人格のサンプルが全体に占めるシェアが過少となっている。したがって，基本3類型の各カテゴリで集計してデータをみた場合，回答数が多かった法人格の回答が過大評価され，逆に回答数が少なかった法人格の回答が過小評価されているおそれがある。本書では特にウエイトバック処理は行っていないが，データを解釈する際には，この点に留意されたい。

（5）その他の分類基準

第Ⅰ部では，サードセクター組織についての最も基本的な分類基準として法人格の違いを重視するが，その他の要因がサードセクターの活動・経営実態に及ぼす影響も無視できない，と本書では考える。とりわけ，活動開始年（活動年数），財務状況，行政との関係性などは，組織の活動方針や事業内容に大きな影響を及ぼすと考えられる。

ゆえに，それらを分類基準とした類型化も第Ⅰ部では行っていく。具体的には，第1章で活動開始年（活動年数），第3章で財務状況，第4章で行政との関

係性を扱う。法人格とは別に，これらの基本属性の違いがサードセクター組織のあり方にどのような影響を与えているのかも，本書では確認していく。

　以下，**第1章**ではサードセクター組織の基本属性について，法人格の違いに着目しながら概観していく。具体的に取り上げる基本属性は，活動開始年，法人格取得までにかかった年数，組織設立時の経緯，活動分野，活動の地理的範囲，各種活動・事業へのエフォート率，情報公開の水準である。これらの基本属性が，法人格によってどのように異なるのかをデータにもとづきながらみていくことにしたい。

2　活動開始時に関する基本属性

(1) 活動開始年——「アソシエーション革命」は起こったのか

　現存するサードセクター組織は，いつごろ活動を開始したのであろうか。換言すれば，組織としての「年齢」は何歳ぐらいなのであろうか。第4回サードセクター調査（以下，第4回調査）問17では，組織の活動開始年を尋ねており，その回答結果をまとめたものが図1-1である。

　全体としてみれば，第二次世界大戦後から高度成長期にかけて活動を開始した組織，および1970年代から90年代前半までに活動を開始した組織の割合が多いことがわかる。他方，特定非営利活動促進法が施行された1998年以降に活動を開始した組織は全体の36.3％，戦前に活動を開始した団体は7.7％にとどまっている。なお，活動開始年から調査年の2017年までの通算活動年数を組織の「年齢」だとみなすと，サードセクター組織の平均「年齢」は35.5歳（中央値は30歳）になる。

　基本3類型で活動開始年の分布をみると，「脱主務官庁制の非営利法人」がほかの2類型に比べて明らかに異質であることがわかる。「脱主務官庁制の非営利法人」では，1998年以降に活動を開始した組織が全体の53.0％であり，若い組織の割合が多い。いうまでもなく，これは特活法や公益法人制度改革による新しい法人制度創設が強く影響している。

　他方，「主務官庁制下の非営利法人」や「各種協同組合」では，1997年以前に活動を開始した古い組織の割合が8割を超えている。これらの分布は，日本

図1-1 組織の活動開始年

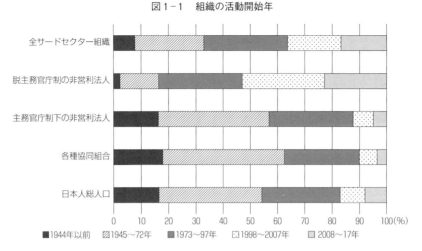

出所：日本人総人口は総務省統計局人口推計（2017（平成29）年10月1日現在）。

人総人口の生年（年齢）分布とほぼパラレルなかたちになっている。組織形成が人口増減の影響を強く受けている様子がうかがえ興味深い。逆にいえば，近年の「脱主務官庁制の非営利法人」の急増は，それだけ全体のトレンドに反した異例な動きであるといえる。特活法人や一般社団法人の急増が，日本版の「アソシエーション革命」だと指摘されるゆえんは，まさにこの点にある（Salamon 1994＝1994；山本 2017）。

「脱主務官庁制の非営利法人」で若い組織が多いのは事実であるとしても，さらに個別の法人格までブレイクダウンしてみてみると，また違った様相が浮かび上がる。この点を示したのが図1-2である。

図1-2をみると，「脱主務官庁制の非営利法人」の内部でも，活動開始年の分布は大きく異なることがわかる。特に，公益社団法人と公益財団法人の活動開始年の分布は，むしろ「主務官庁制下の非営利法人」の分布と類似しており，明らかに異質である。

それと対照的なのが特活法人（認定特活含む）の分布であり，7割以上が1998年以降に活動を開始した若い組織である。

一般社団法人と一般財団法人は，公益法人と特定非営利活動法人の中間的な特徴を有しているようにうかがえる。ただし，一般社団法人（その他）では，

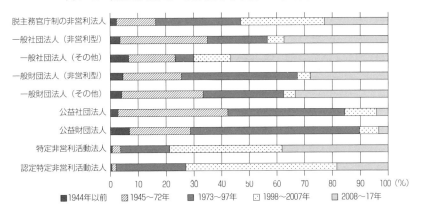

図 1-2 「脱主務官庁制の非営利法人」内部での活動開始年の分布

2008年以降に活動を開始した団体の割合がかなり多い。非営利型ではない一般社団法人は，法人格取得がきわめて容易で，かつ非営利型とは異なり法人資産や収益の非分配制約もないために，ビジネス目的や共益目的など，多様な目的で広く利用されるようになっている。ゆえに，その実態を反映した結果といえよう。また，非営利型の一般社団法人や一般財団法人も「主務官庁制下の非営利法人」に比べれば1998年以降に活動を開始した若い組織を多く含んでいることは注目すべき結果である。

公益法人や一般法人において古い団体の割合が多いのは，明らかに公益法人制度改革以前の旧社団・財団法人からの移行法人の存在が影響している。具体的には，医師会や薬剤師会などの同業者団体，あるいはシルバー人材センターや観光協会などの行政主導で設立された外郭団体などである。

これらの多くは，「脱主務官庁制の非営利法人」でありつつも，主務官庁制下に置かれた組織と同様に，行政との強い関係性が現在も維持されている組織といえる。現状では，公益法人の大半，一般法人でもある程度の割合がこれら移行法人によって占められていると考えられる（⇒**第6章**）。

したがって，「脱主務官庁制の非営利法人」のなかでも，特に「アソシエーション革命」と呼べる動きをみせているのは，特活法人（認定含む）と移行法人以外の一般法人や公益法人だと結論することができよう。

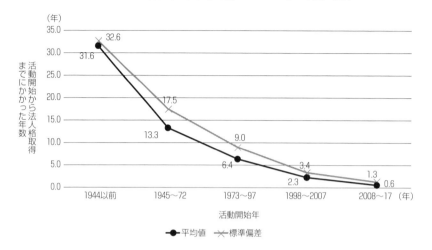

図1-3 活動開始年と法人格取得までにかかった年数の関係

（2）法人格取得までにかかった年数──法人格は取得しやすくなったのか

　第4回調査問17では，組織の活動開始年とは別に，法人格取得年も尋ねている。「法人格取得年−活動開始年」を計算することにより，組織が法人格を取得するまでにかかった年数を大まかに把握することができる。

　法人格取得までにかかった年数は，全体では，平均8.5年，中央値1.0年である。図1-3は，活動開始年と法人格取得までにかかった年数の関係をみたものである。

　図1-3より，活動開始年が古い組織ほど，法人格取得までにかかった年数の平均値が大きく，逆に新しい組織ほど年数の平均値は小さい傾向にあることがわかる。また，データの分散度合いを示す標準偏差も，古い組織ほど大きく，若い組織ほど小さい傾向にある。これは，古い組織ほど，活動を開始して「法人格がすぐに取れる組織」と年月が経っても「なかなか法人格が取れない組織」に両極化する状況にあったことを意味する。逆に，若い組織では，多くの組織が短期間のうちに法人格を取得できる，という収斂が起こっている，と解釈できる。

　以上にうかがえる傾向は，明らかに法制度上の事実と整合的である。すなわち，1998年の特活法制定以前では，主務官庁制の下で，行政の意向に沿った組

織は比較的短期間で法人格を得られる一方，行政の意向に反した組織は行政の許可が得られずになかなか法人格が得られなかった。この状況が特活法制定と公益法人制度改革によって劇的に変わり，どのような組織であっても，比較的短期間のうちに法人格を得られるようになった。このように解釈できる。

　図1-3の分析結果をふまえると，今日では主務官庁制が部分的に解体し，日本においてもサードセクター組織が法人格を比較的容易に取得できるような制度環境になった，とみて良いだろう。

(3) 組織設立時の経緯──ボランタリーか，行政主導か

　伝統的に日本の行政官僚制は高い社会浸透性を有していると指摘されてきた。他の先進諸国と比べると，行政が直接的に保有する人的・財政的資源が相対的に乏しいがゆえに，資源を「補填」するために，行政の側が積極的に社会の側に浸透していき，社会の資源を動員しようとする。したがって，本来は市民によってボランタリーに形成されるべきサードセクター組織も，日本では行政主導で形成されたり，行政のクライエント組織であったりすることが多いのである（辻中 1988；村松 1994）[7]。

　では，現状ではボランタリーに形成された組織（ボランタリー型）と行政主導で形成された組織（行政主導型）は，それぞれどの程度存在しているのであろうか。第4回調査問18の「組織設立時の経緯」の回答（単一回答方式）を用いて，この点を示したものが図1-4である。

　全サードセクター組織でみると，「自発的に集まった人々によって設立された」組織は40.5%，「行政の勧めや支援によって設立された」組織は21.7%である。ボランタリー型は全体の約4割，行政主導型は約2割，それぞれ存在しているとみられる。たしかに，行政主導型は無視できない程度の数が存在している。しかし，その2倍程度はボランタリー型も存在しており，「日本では行政の影響力が強すぎて，ボランタリズムなど存在しない」などと捉えるのは明らかに誤りであろう。

　なお，その他の回答割合も示しておくと，「企業が資金や人材を提供する形で設立された」組織は6.4%，「先行して存在していた他団体が主導する形で設立された」組織は15.0%，「その他の経緯」で設立された組織は16.4%である。

第Ⅰ部　サードセクター調査でみる市民社会の実態

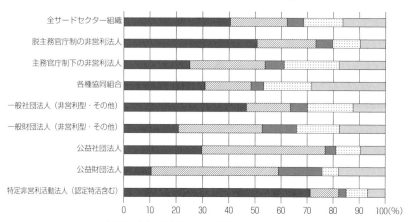

図1-4　法人格別にみた組織設立の経緯

　基本3類型でみると,「脱主務官庁制の非営利法人」ではボランタリー型がやや多く,「主務官庁制下の非営利法人」では行政主導型がやや多い, という特徴がみられる。

　ただし,「脱主務官庁制の非営利法人」の内部でも差異は大きく, 特活法人と一般社団法人はボランタリー型が多いのに対し, 公益社団法人, 公益財団法人, 一般財団法人では, むしろ「主務官庁制下の非営利法人」以上に行政主導型が多い。これは, すでに説明したように, 公益法人や一般法人には旧社団・財団法人の移行法人が多数存在していることが影響した結果だと思われる。

　特活法人では7割以上がボランタリー型を占めており, 日本におけるボランタリズムの中核を占める法人格となっている。逆にいえば, 特活法が存在しなければ, 行政主導型とは別に, これだけ多くのボランタリー組織が法人格を得ることもなかった, といえる。また, 一般社団法人 (特に非営利型) でもボランタリー型が他の法人格に比べると多く, 公益法人制度改革もボランタリズムの向上に好影響を与えたことが示唆される。特活法がいかに日本の非営利法人の世界, ひいては市民社会の構図を劇的に変えるインパクトを有したのか, そ

図1-5 活動開始年と「行政の勧めや支援によって設立された」組織の割合の関係

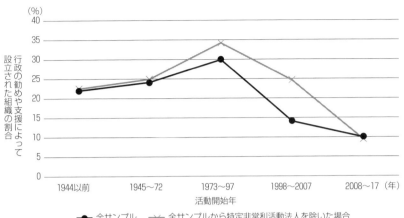

して公益法人制度がさらにその動きを後押しするような効果をもったのかが，よくわかる結果といえよう。

図1-5は，活動開始年のカテゴリと行政主導型組織の割合の関係をみたものである。行政主導型で設立された組織の割合は，1998年以降活動開始した団体では小さくなっていることがわかる。しかも，それはボランタリー型が多い特活法人の影響を抜いた場合でも把握できる傾向であり，2008年以降に誕生した組織で行政主導型であるのは約1割程度にすぎない。

こういった傾向をふまえると，行政の影響が強いと指摘されてきた日本のサードセクターも特活法制定や公益法人制度改革を契機として徐々に変化しつつある，と結論づけることができよう。

3 現在の活動に関する基本属性

(1) 活動分野

レスター・サラモンは，著名な「ボランタリーの失敗（voluntary failure）」論のなかで，非営利組織の弱点や欠点の1つとして，サービス供給の偏重性を指摘した。非営利組織は本質的にボランタリーな営みである以上，どのようなミッションを掲げて，どのような活動・事業を行うのかは，経営者や寄付者を含む

表1-1 活動分野の多様性

	全サードセクター組織	脱主務官庁制の非営利法人	主務官庁制下の非営利法人	各種協同組合	一般社団法人（非営利型・その他）	特定非営利活動法人（認定特活含む）
福祉の増進	19.4%	24.2%	25.8%	1.7%	11.9%	32.9%
学術，科学技術，芸術文化の振興	5.2%	8.5%	1.6%	0.0%	4.4%	5.2%
経済活動の活性化，雇用機会の拡充	6.4%	4.6%	10.9%	7.6%	8.9%	2.3%
医療・保健の向上	9.9%	6.4%	8.1%	4.2%	9.6%	5.5%
教育・スポーツ振興，児童・青少年育成	12.0%	13.6%	21.1%	0.4%	11.1%	15.1%
環境保全・保護	3.4%	5.7%	0.3%	2.5%	2.2%	7.8%
国際交流，海外支援・協力	2.9%	5.6%	0.3%	0.0%	1.5%	7.8%
人権擁護，平和推進	1.1%	2.1%	0.3%	0.0%	0.0%	3.1%
地域活性化，地域振興	7.0%	8.8%	2.8%	9.2%	9.6%	8.1%
災害時救援，防災	0.8%	1.3%	0.0%	0.4%	2.2%	1.6%
農林水産業の振興	7.0%	2.9%	0.6%	31.1%	6.7%	1.0%
安心・安全な消費生活の確保	1.5%	1.5%	0.3%	3.4%	3.7%	1.0%
国土整備・保全	1.0%	1.4%	0.0%	0.8%	5.2%	0.3%
他の団体・組織の支援，市民活動の促進	3.1%	3.9%	4.0%	0.8%	2.2%	5.2%
構成員の利益を実現すること	6.0%	2.0%	3.1%	15.1%	10.4%	0.3%
その他	13.3%	7.4%	21.1%	22.7%	10.4%	2.6%

参加者たちの自由である。したがって，政府とは異なり，さまざまな社会課題のすべてに対応するわけではない。特定の分野や特定のニーズに対して，非営利組織のサービス供給が集中してしまうことが起こってしまう。結果として，非営利組織では十分取り組まれない社会課題が出てくることになり，ニーズが満たされずに取り残される社会的弱者が発生してしまうのである（Salamon 1995＝2007）。サラモンのこの指摘は，非営利組織に限らず，広くサードセクター組織全般にあてはまるロジックといえよう。

では，現在の日本のサードセクター組織は，どのような分野で活動を行っているのだろうか。そこには「ボランタリーの失敗」論が示唆するような，何らかの分野の偏在性がみられるのであろうか。第4回調査問25では，組織の事業活動分野を1つ選んで回答してもらっている。その結果をまとめたものが表1-1である。

全体としてみれば，どこかの分野に過度に集中している様子はうかがえない。さまざまな分野にある程度満遍なく活動・事業を行う組織が存在しているようである。他方で，特に数が多いのが，福祉，教育・スポーツ・児童・青少年育成，医療・保健の分野であり，逆に少ないのが，災害，国土整備・保全，人権・

第 1 章　サードセクター組織の基本属性

図 1-6　各活動分野における1998年以降設立の組織が占める割合

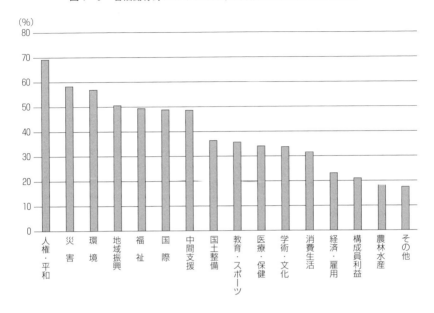

平和の分野である。このように，ある程度「人気」「不人気」の分野があることがうかがえる。

　基本3類型でみると，「脱主務官庁制の非営利法人」ではどの分野でも一定数の組織が存在する傾向がみられるのに対し，「主務官庁制下の非営利法人」や「各種協同組合」では，該当組織がゼロの分野が複数あり，分野の偏在性がより強い傾向がみられる。政策分野ごとに法人制度が紐づけられた主務官庁制の影響が現れた結果といえよう。

　また，「脱主務官庁制の非営利法人」の内部でも，一般社団法人と特活法人の間では，「人気」「不人気」の分野に違いがみられる。一般社団法人では，経済・雇用，地域振興，災害，消費生活，国土整備・保全，構成員利益（共益）などの割合が全体よりも多くなっている一方，学術・文化，環境，国際，人権・平和などは少ない。他方，特活法人では，福祉が32.9％と突出して多く，環境，国際，人権・平和，中間支援（他団体・市民活動支援）なども全体より多くなっている。いずれの法人格も，多様な分野を包含できる横割りの法人格ではあるものの，実際には分野によって，一般社団法人をより好む傾向，逆に特活法人

をより好む傾向があることがうかがえる。

　図1-6は，各分野において，特活法が制定された1998年以降に活動を開始した若い組織の割合を示したものである。これをみると，人権・平和，災害，環境，地域振興の分野では活動開始後20年未満の若い組織の割合が半数以上となっている。逆に，農林水産，構成員利益，経済・雇用では，1998年以降に活動を開始した若い組織の割合は30％未満である。この結果は，近年誕生した組織ほど，特定の職業や業界の利益を追求するのではなく，幅広い人々を対象とした公共利益を追求する組織，すなわち「公共利益団体（public interest groups）」（Berry 1977）であることが多いことを示唆している。

（2）活動の地理的範囲

　サードセクター組織はどのような地理的範囲で活動を行っているのだろうか。第4回調査問26では，組織の活動地域を答えてもらっており，その回答をまとめたものが図1-7である。

　全サードセクター組織でみると，31.5％は1つの市区町村のなかで，24.9％は複数の市区町村のなかで，20.9％は1つの都道府県のなかで，それぞれ活動・事業を行っており，その地理的範囲はかなりローカルな性質のものといえる。他方，国内全域を活動地域とする組織は7.6％，国内および海外を活動地域とする組織は6.6％と，全国レベルないし国際レベルで活動する組織は一部に限定されている。これらの結果は，他の調査（久保 2010；坂本 2012）で指摘されてきたこととも符合するものであり，サードセクター組織のローカル性が改めて確認されたといえる。

　基本3類型でみると，どの類型でも1つの都道府県以下のレベルで活動する組織が多いが，特に「主務官庁制下の非営利法人」では市区町村レベルの割合が多く，「各種協同組合」では都道府県レベルでの割合が多い傾向がみられる。他方，「脱主務官庁制の非営利法人」では，ほかの2類型に比べて，全国レベルないし国際レベルで活動する組織の割合が多い特徴がみられる。

（3）各種活動・事業へのエフォート率

　サードセクター組織が日常的に取り組む活動・事業にはさまざまなものがあ

第 1 章 サードセクター組織の基本属性

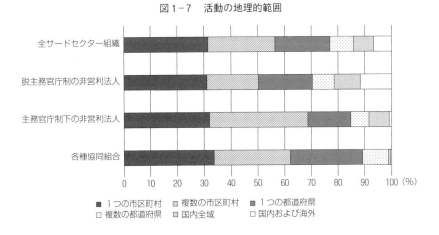

図1-7 活動の地理的範囲

る。たとえば，人事や財務，広報などの組織内部における事務・管理活動，組織の会員向けのサービス事業，行政からの委託事業，顧客から対価を得るかたちでの有償サービス事業，対価を得ないかたちでの無償サービス事業，政策提言などのアドボカシー活動，調査研究事業などである。これらの活動・事業に，サードセクター組織はそれぞれどれくらいの時間とエネルギーを割いているのだろうか。

第4回調査問28では，組織全体の総活動量を100％と考えた場合の各活動・事業の量を％（エフォート率）で各回答組織に記入してもらっている。それぞれの活動・事業の割合の平均値を示したものが，表1-2である。

エフォート率の平均値が高いのは，「組織内部の事務・管理活動」24.1％,「組織内部の会員に対するサービス提供事業」20.6％，「公的資金によるサービス提供事業」16.4％,「組織外部の人や団体を対象とした有償のサービス提供事業」13.2％などである。逆に平均値が低いのは，「対外活動（政策提言，陳情など）」1.6％,「情報収集，調査研究活動」5.5％，「組織外部の人や団体を対象とした無償のサービス提供事業」8.0％などである。

事務・管理活動や組織を支える会員への便益提供など，組織内部向けの活動・事業が優先されるのは，それなしには組織を維持することが困難となるためであろう。また，公的資金や対価を得る有償の活動・事業が無償の活動・事業よりも優先されるのも，資源獲得の術がなければ，組織存続が危うくなるか

表1-2　各種活動・事業へのエフォート率の平均値

	全サードセクター組織	脱主務官庁制の非営利法人	主務官庁制下の非営利法人	各種協同組合
1．組織内部の事務・管理活動	24.1%	19.3%	27.1%	35.6%
2．組織内部の会員に対するサービス提供事業	20.6%	19.4%	16.6%	30.8%
3．公的資金によるサービス提供事業	16.4%	17.6%	25.4%	4.9%
4．3以外の組織外部の人や団体を対象とした有償のサービス提供事業	13.2%	12.7%	11.4%	9.6%
5．3以外の組織外部の人や団体を対象とした無償のサービス提供事業	8.0%	13.2%	2.7%	1.3%
6．上記以外の対外的活動（政策提言，陳情など）	1.6%	1.9%	0.3%	1.4%
7．情報収集，調査研究活動	5.5%	6.6%	2.8%	4.8%
8．その他の活動	10.9%	9.2%	13.7%	11.7%

らであろう。政府や企業に比べると概して資源に乏しいサードセクター組織にとっては，自然かつ合理的な経営方針といえる。換言すれば，無償の活動・事業や政策提言，調査研究活動などは，収益性に欠くために，ある程度の組織的余力がなければ，なかなか取り組みにくいものだといえる。

基本3類型でみると，類型によってエフォート率の配分には違いがみられる。「脱主務官庁制の非営利法人」では，ほかの2類型に比べると，無償のサービス提供事業へのエフォート率が高い傾向がみられる。また，「主務官庁制下の非営利法人」では公的資金によるサービス提供事業へのエフォート率が高く，「各種協同組合」では会員に対するサービス提供事業へのエフォート率が高い傾向がみられる。「脱主務官庁制の非営利法人」では慈善的活動，「主務官庁制下の非営利法人」では行政から資金を得る有償事業，「各種協同組合」では共益的活動，にそれぞれより力を入れている様子がうかがえる。

ただし，図1-8に示すように，「脱主務官庁制の非営利法人」の内部でも個別法人格の違いによって，かなりエフォート率の配分は異なるようである。一般社団法人や公益社団法人は組織内部の会員向け事業に力を割く傾向があるのに対し，一般財団法人や公益財団法人では有償・無償のサービス提供事業により力を割く傾向がみられる。社員が組織の中核であるアソシエーション型の社団と，寄附行為による基本財産が組織の中核となる財団の違いが現れた結果と解釈できる。

一般社団法人においても非営利型ではない「その他」に分類される法人ほど，

図1-8 「脱主務官庁制の非営利法人」内部での事業活動量の違い

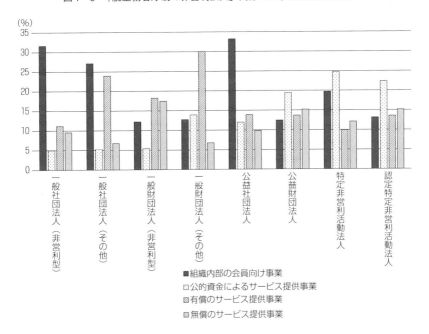

有償サービス提供事業のエフォート率が高くなっており，非営利型ではない一般法人がソーシャルビジネスなどのビジネス性や収益性の高い事業を行いたい組織に利用されがちな法人格となっていることを示唆している。

　他方，特活法人（認定特活含む）では公的資金によるサービス提供事業へのエフォート率が高い傾向がみられる。**第3章**でも示すように，特活法人はほかの法人格と比べて，財政規模が小さく，組織としての基礎体力はほかの法人格よりも劣っている。ゆえに，安定的な収入源を求めて，行政からの委託事業などに優先的に力を割く傾向があるのだと考えられる。特活法人の世界では，しばしば「行政の下請け化」（田中 2006）の問題が指摘されているが，それはまさにこういった特活法人に特徴的な傾向を反映しているのだと考えられる[8]。

　ところで，無償サービス提供事業は，収益性がないため，なかなか取り組まれにくい性質がある。しかし，一般財団法人（非営利型），公益財団法人，認定特活法人などの法人格を有する組織では，エフォート率が15％を超え，ほかの法人格よりも高くなっている。これらの法人格では，慈善，奉仕，助成，援助

などの活動・事業がより多く取り組まれており，公共性が高い事業を行う組織がより多く存在することがうかがえる。

(4) 情報公開の水準

概して，サードセクター組織の活動実態は，政府や営利企業に比べると，一般の人々にはわかりにくいものである。自分の関心のある分野のサードセクター組織を寄付などで支援したいと思う人がいても，その活動実態が不明確であれば，支援がきちんと活かされるか不安に感じ，支援を躊躇してしまうことが起こりうる（馬場ほか 2013；坂本 2017）。また，広く人々の監視の目が届きにくいことから，サードセクター組織が不正や不祥事の温床になってしまうことも，残念ながら一部では実際に起こってしまっている。

以上のようなサードセクター組織のわかりにくさとそれによって生じる不都合を克服するために，定款，組織内規程，事業計画，収支，保有財産，役員などに関する組織の情報を外部に公開していくことは，きわめて重要である。情報公開の水準が高まることによって，サードセクターの認知や信頼性は向上し，不正や不祥事も未然に防ぐことが可能になる。加えて，サードセクター組織には補助金や委託金などのかたちで公的資金が投入される場合も多いため，アカウンタビリティの観点からも情報公開の必要性は明らかである（馬場 2005；馬場 2013）。

実際，特活法や公益認定法（公益社団法人及び公益財団法人の認定等に関する法律）の規定にみられるように，一定水準の情報公開は法制度上の要請にもなっている。とりわけ，税制上の優遇措置が得られる公益法人や認定特定非営利活動法人などには，高いレベルの情報公開が法的に義務づけられている。

では，サードセクター組織の情報公開の水準は，現在どの程度進んでいるのであろうか。第4回調査問20では，定款，事業報告書，決算報告書の3つについて，それぞれ「関係者に公開」「事務所内に設置」「機関紙等に掲載」「ホームページ等に掲載」を行っているかどうかを回答してもらっている。ここでは，広く一般の人々が実質的に情報に触れることができる手段として「ホームページ等に掲載」の有無を重視し，それを情報公開の指標として用いる。

図1-9は，法人格別にみた定款，事業報告書，決算報告書をホームページ

第1章　サードセクター組織の基本属性

図1-9　法人格別にみたホームページ等で情報公開する組織の割合

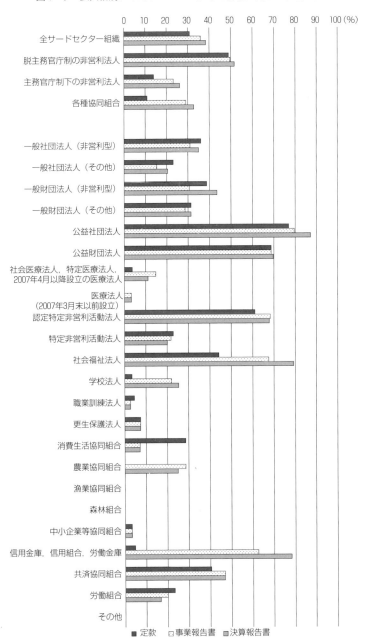

等に掲載している組織の割合を示している。全サードセクター組織でみると，定款30.9％，事業報告書36.0％，決算報告書38.4％となっている。ホームページ等での情報公開は十分進んでいるとはいえない状況である。

　基本３類型でみると，「脱主務官庁制の非営利法人」で相対的に情報公開が進められていることがわかる。他方，「主務官庁制下の非営利法人」や「各種協同組合」では，情報公開が十分進められていない現状（特に定款）がうかがえる。

　個別法人格でみると，「脱主務官庁制の非営利法人」のなかでも，公益社団法人，公益財団法人，認定特定非営利活動法人では，法制度上の義務づけの影響もあって，特に情報公開が進展している様子がうかがえる。他方，一般法人や特活法人（認定特活以外）では，情報公開に積極的な組織はそれほど多くない。

　一般法人の情報公開が低レベルにとどまっていることは，公益法人制度改革の「負の遺産」として一部で批判されている（NHKクローズアップ現代取材班2014；太田2015）。すでにみたように，一般法人には旧公益法人からの移行法人が相当数含まれている。それらのうちには，行政と密接な関係を有し，多額の公的資金が投入される組織が少なくない。そのような組織は，旧公益法人時代には主務官庁の厳しい指導・監督下に置かれ，官庁への報告義務や一定の情報公開義務が課せられていた。しかし，現行の一般法人法（一般社団法人及び一般財団法人に関する法律）上では，指導・監督する主務官庁は存在せず，情報公開に関する規定もほとんど存在しない。その結果，公益法人制度改革によって，これらの行政依存型組織の情報公開の水準はむしろ低下し，活動実態が以前よりも不透明になっている。ここでみたデータも，その状況を裏書きするものである。

　「主務官庁制下の非営利法人」では，全般的に情報公開の水準は低いが，唯一社会福祉法人ではほかに比べて情報公開が進んでいる。これは，2017年４月より施行された社会福祉法等の一部を改正する法律により，社会福祉法人のインターネット上での情報公開義務が強化されたことの影響を受けているものと思われる。

　「各種協同組合」でも，全般的に情報公開の水準は低いが，信用金庫・信用組合・労働金庫（ただし，定款を除く），共済協同組合では，比較的情報公開が

進められているようである。

　インターネット上での情報公開を促すには，そのための資金や人材・スキルも必要であり，一定以上の財政力をもつ組織でなければなかなか難しい，という側面はもちろんある（⇒第3章）。しかし，組織内の情報が多くの人々の目に触れる機会を設けることで，多方面からのモニタリングが生じ組織の規律が自ずと守られるようになったり，組織の認知と信頼性も向上させることができたりするなど，メリットも多い。サードセクターの健全な発展のためには，法的な義務づけなどを強化することにより，情報公開の水準をより引き上げていく必要があろう。

4　知見と含意

　本章では，サードセクター組織を法人格の違いによって分類することの重要性を確認したうえで，法人格の違いに着目しながら，サードセクター組織の基本属性を第4回サードセクター調査のデータをもとに概観してきた。明らかになった事実を改めて整理すると以下のようになろう。

　第1に，活動開始年の分布を調べると，「脱主務官庁制の非営利法人」，とりわけ特活法人や一般社団法人において，近年活動を開始した若い組織の割合が多い。ここから，それらの新しい法人制度の創設を契機として，日本版の「アソシエーション革命」が起こったことが推測される。

　第2に，法人格取得までにかかった年数は，全体でみると平均8.5年，中央値1.0年であるが，近年活動を開始した組織ほど，その年数は短くなる傾向にある。特活法制定や公益法人制度改革によって，日本でもサードセクター組織が法人格を比較的容易に取得できる環境になった，と解釈できる。

　第3に，組織設立時において，「自発的に集まった人々によって設立された」ボランタリー型組織は全体の約4割，「行政の勧めや支援によって設立された」行政主導型組織は約2割である。また，特に特活法人や一般社団法人ではボランタリー型の割合が多く，近年に活動を開始した組織ほど行政主導型の割合は少なくなっている。ここから，日本の市民社会においても行政主導型ではないボランタリズムが着実に成長しつつあることが示唆される。

第4に，活動分野の分布を調べると，福祉，教育・スポーツ・児童・青少年育成，医療・保健の分野で活動する組織が相対的に多く，逆に災害，国土整備・保全，人権・平和の分野で活動する組織は相対的に少ない。サードセクター組織が取り組む活動分野には，ある程度「人気」「不人気」の分野があるといえる。また，近年誕生した組織ほど，特定の職業や業界の利益を追求するのではなく，幅広い人々を対象とした公共利益を追求することが多い傾向もみられる。ここにも，日本の市民社会の変容の兆しがみてとれる。

　第5に，活動の地理的範囲の分布を調べると，全体の31.5%は1つの市区町村のなかで，24.9%は複数の市区町村のなかで，20.9%は1つの都道府県のなかで，それぞれ活動・事業を行っている。サードセクター組織の活動の地理的範囲は，かなりローカルな性質なものといえる。また，「主務官庁制下の非営利法人」や「各種協同組合」ではローカル性はより強くみられることもわかった。

　第6に，各種活動・事業へのエフォート率の分布を調べると，事務・管理活動や組織を支える会員への便益提供など組織内部向けの活動・事業，および公的資金や対価を得る有償の活動・事業に対して優先的に組織の資源が投入されやすい傾向がみられる。逆に，収益性に欠く無償の活動・事業や政策提言，調査研究活動などは，あまり優先的に取り組まれていない傾向がある。ただし，法人格によっても，エフォート率の配分は異なり，一般財団法人（非営利型），公益財団法人，認定特活法人などの法人格を有する組織では，無償サービス提供事業により力を入れる傾向がある。

　第7に，定款，事業報告書，決算報告書をホームページ等に掲載している組織の割合は，それぞれ定款30.9%，事業報告書36.0%，決算報告書38.4%である。サードセクター組織の情報公開は，概して低レベルにとどまっている。ただし，情報公開の水準は法人格によっても異なる。特に公益社団法人，公益財団法人，認定特定非営利活動法人，社会福祉法人，信用金庫・信用組合・労働金庫（ただし，定款を除く），共済協同組合では，比較的情報公開が進展している。

　全体の知見を総括すると，活動開始年，法人格取得までにかかった年数，組織設立時の経緯，活動分野，活動の地理的範囲，各種活動・事業へのエフォート率，情報公開の水準などのサードセクター組織の基本属性は，法人格によっ

て異なる傾向があり,法人格の違いこそが,サードセクターの多様性の源になっていることが本章の分析からうかがえた。

また,この20年の間に創設された新しい法人制度によって誕生した特活法人や一般社団法人などの組織は,それ以前の法人制度にもとづく組織とは異質な存在であり,それら組織の量的拡大が日本の市民社会の姿を大きく変容させていることもうかがえた。

総じて,法人制度によってサードセクターの世界は強く規定され,法人制度が変わればサードセクターの世界も変わる。これが本章の分析から明らかになった最も重要なポイントである。

注
1) 民法旧34条の規定による一般的な公益法人制度とは別に,分野ごとに特別法にもとづく特定の非営利法人制度がつくられた原因として,憲法89条の規定の影響を指摘する見解がある。憲法89条では「公金その他の公の財産は,宗教上の組織若しくは団体の使用,便益若しくは維持のため,又は公の支配に属しない慈善,教育若しくは博愛の事業に対し,これを支出し,又はその利用に供してはならない」との規定がある。政府が福祉事業や教育事業を行う民間の非営利組織に補助金を出すことは,この規定に抵触するおそれがある。その問題を回避するために,主務官庁という「公の支配」に属することが明白な社会福祉法人や学校法人などの特定の非営利法人制度が形成されたのではないか,とする見解である。また,その他の原因として,戦前よりみられた日本の行政官庁のセクショナリズムとコーポラティズム的体質の影響を挙げる見解もある(岡本 2017;早瀬 2018)。
2) 法改正により,2007年4月以降設立の医療法人は,それ以前に設立された医療法人と異なり,解散時の残余財産の帰属先を出資者にすることができなくなった。それゆえ,利潤の分配制約という観点から非営利性が不明確であった医療法人も,2007年4月以降設立のものについては非営利法人とみなすことができる。本書の第Ⅰ部では,単に「医療法人」とする場合には,2007年3月末以前設立のものとし,2007年4月以降設立のものについては,社会医療法人,特定医療法人とともに1つの非営利法人カテゴリを成すと捉える。
3) 主務官庁制下の非営利法人は,ここで挙げた種類のもの以外にも,本来であれば独立行政法人や特別認可法人などのようにさまざまな法人が存在している。しかし,**序章**でも述べたように,それらはサードセクター調査の調査対象には含まれていないため,本書では分析の俎上に載せることはできない。この点は本書の欠点の1つとして挙げられる。
4) 個別法人格ごとの回答結果の違いの詳細は,独立行政法人経済産業研究所ウェブサイト https://www.rieti.go.jp/jp/projects/research_activity/npo2017/survey-result.pdf (2018年9月14日アクセス) 掲載の情報を参照されたい。
5) 一般社団法人制度がさまざまな思惑をもったアクターに「濫用」されていることに警鐘を鳴らす議論として,NHKクローズアップ現代取材班 (2014) を参照。
6) 内閣府「平成26年公益法人に関する概況」によると,旧公益法人約24,317法人のうち,8,970法人 (36.9%) が新公益法人に,11,487法人 (47.2%) が一般法人に,それぞれ移行したとされる。なお,その他に3,618法人 (14.9%) がみなし解散等で移行期に消滅したとされる。
7) 民間と行政の「二股をかける (straddle)」地縁組織が,日本を含む東アジアおよび東南ア

ジア諸国で一般的にみられる現象であることを指摘したものとして，Read and Pekkanen（2009）の議論も参照。リードらのいうストラドラー（straddle）組織は，自治会・町内会に限らず，日本のサードセクター組織全般のなかに一定割合存在している，とみなすことができよう。

8）とはいえ，特活法人が公的資金によるサービス提供事業に注力することは，必ずしも行政への従属や「下請け」化に帰結するわけではない。その点では，田中（2006）の議論は，非営利組織の「自立」についての過剰に理念的な理解と非営利組織 – 行政関係の戦略論的な理解の欠如にもとづいたミスリーディングなものといわざるをえない。筆者の一人，後房雄は「行政の下請け」論の問題点を後（2009）で包括的に論じているので，詳細はそちらを参照されたい。

参考文献

後房雄，2009，『NPOは公共サービスを担えるか——次の10年への課題と戦略』法律文化社．
後房雄，2017，「公共サービスと市民社会——準市場を中心に」坂本治也編『市民社会論——理論と実証の最前線』法律文化社，258–277．
NHKクローズアップ現代取材班，2014，『公益法人改革の深い闇』宝島社．
太田達男，2015，「セクターの構造と変容」岡本仁宏編『市民社会セクターの可能性——110年ぶりの大改革の成果と課題』関西学院大学出版会．
岡本仁宏，2017，「法制度——市民社会に対する規定力とその変容」坂本治也編『市民社会論——理論と実証の最前線』法律文化社，178–200．
久保慶明，2010，「ローカル団体の存立・行動様式」辻中豊・森裕城編『現代社会集団の政治機能』木鐸社，253–271．
坂本治也，2012，「NPOの形成局面」辻中豊・坂本治也・山本英弘編『現代日本のNPO政治——市民社会の新局面』木鐸社，49–78．
坂本治也，2017，「寄付に対する不信感と政治不信」『ファンドレイジング・ジャーナル・オンライン』，http://jfra.jp/fundraisingjournal/1906/．
田中弥生，2006，『NPOが自立する日——行政の下請け化に未来はない』日本評論社．
辻中豊，1988，『利益集団』東京大学出版会．
辻中豊編，2002，『現代日本の市民社会・利益団体』木鐸社．
辻中豊・森裕城編，2010，『現代社会集団の政治機能——利益団体と市民社会』木鐸社．
馬場英朗，2005，「NPOディスクロージャーの現状と課題——アカウンタビリティとのミスマッチ解消に向けて」『ノンプロフィット・レビュー』5（2）：81-92．
馬場英朗，2013，「NGOの監査とガバナンス——資金拠出制度による指導機能と私的自治」『非営利法人研究学会誌』15：71-81．
馬場英朗・石田祐・五百竹宏明，2013，「非営利組織の財務情報に対する寄付者の選好分析」『ノンプロフィット・レビュー』13（1）：1–10．
早瀬昇，2018，『「参加の力」が創る共生社会——市民の共感・主体性をどう醸成するか』ミネルヴァ書房．
村松岐夫，1994，『日本の行政——活動型官僚制の変貌』中央公論社．
村松岐夫・伊藤光利・辻中豊，1986，『戦後日本の圧力団体』東洋経済新報社．
山本英弘，2017，「団体の設立からみるサードセクターの構成とその変容」RIETI Discussion Paper Series 17–J–065．
Berry, Jeffrey M., 1977, *Lobbying for the People: The Political Behavior of Public Interest Groups*, Princeton University Press.
Pekkanen, Robert, 2006, *Japan's Dual Civil Society: Members Without Advocates*, Stanford

University Press.（＝2008，佐々田博教訳『日本における市民社会の二重構造——政策提言なきメンバー達』木鐸社.）

Pestoff, Victor A., 1998, *Beyond the Market and State: Social Enterprises and Civil Democracy in a Welfare Society*, Ashgate.（＝2000，藤田暁男ほか訳『福祉社会と市民民主主義——協同組合と社会的企業の役割』日本経済評論社.）

Read, Benjamin L. and Robert Pekkanen eds., 2009, *Local Organizations and Urban Governance in East and Southeast Asia: Straddling State and Society*, Routledge.

Salamon, Lester M., 1994, The Rise of the Nonprofit Sector, *Foreign Affairs*, 73 (4): 109–122.（＝1994，竹下興喜訳「福祉国家の衰退と非営利団体の台頭」『中央公論』109 (11): 401–412.）

Salamon, Lester M., 1995, *Partners in Public Service: Government-nonprofit Relations in the Modern Welfare State*, Johns Hopkins University Press.（＝2007，江上哲監訳『NPOと公共サービス——政府と民間のパートナーシップ』ミネルヴァ書房.）

Truman, David B., 1951, *The Governmental Process: Political Interests and Public Opinion*, Knopf.

第 2 章　サードセクター組織の人的資源

後房雄・山本英弘

　サードセクター組織にとって，ミッションを共有し，その実現のために活動するさまざまな人々（役員，職員，ボランティア）の存在は不可欠である。そこで本章では，組織におけるスタッフの数とその構成，および職員の労働環境についての現状把握を試みる。

　分析結果から，日本のサードセクター組織は人的資源という点で十分に規模を拡大できていない。とりわけ，脱主務官庁制の法人については，公益法人制度改革によって行政の監督を離れたとはいえ，職員の雇用にまで結びつく団体は少ない。

　もっとも，公益法人や認定特活法人など公益性が高いと認められる法人においては，雇用制度が整備されつつある。また，認定特活法人では専門知識・技能において多様な人材を有している。これらのことから，脱主務官庁制の法人がしっかりと財政的基盤を安定させることで適切な人材を雇用し，稼ぐNPOへと成長していくことが期待される。

1　サードセクター組織における人的資源の重要性

　サードセクター組織にとって最も重要なのは中核的な目標としてのミッション（社会的使命）であり，それを共有したメンバーは組織活動のうえで必要不可欠である。そして，ミッションの実現に向けた組織の戦略や経営を考えるうえで，人的資源をどのように管理するのかは重要な課題となる（Akingbola 2013）。とりわけ，ミッションのために収益をあげて事業規模を拡大するいわゆる「稼ぐNPO」にとっては，得られた収益をもとに適切な人材を雇用し，労働環境を整備していく必要がある（後・藤岡 2016）。

　このような最も基礎的な資源である組織のメンバーには，経営の中心となる役員，業務の執行に携わる職員やボランティアといったスタッフなどがいる。これらのメンバーはサードセクター組織にどのくらいいるのだろうか。また，メンバーの年代や性別はどのように構成されているのだろうか。さらには，職

員の労働待遇は十分なものだろうか。

　非営利のサードセクター組織については，ボランタリーの失敗と呼ばれるいくつかの問題点が指摘されてきた（Salamon 1995＝2007；後・藤岡 2016）。そのなかには，十分な財源を生み出せないことや，それとも関連して妥当な賃金を支払うことができないために，専門的職員をひきつけにくい点が含まれる。つまり，サードセクター組織は活動を継続的に実施するだけの人的資源が不足する傾向にある。

　日本のサードセクターについてはどうであろうか。サラモンらの研究グループによるマクロ推計の国際比較によると，日本の労働力人口に占めるサードセクター従事者の比率（フルタイム換算）は有給雇用者で3.2％，ボランティアを合わせても4.2％であり，オランダの14.4％をはじめ，アメリカ，フランス，ドイツなどの国と比べると少ない傾向にある[1]（Salamon et al. 2004：19）。

　また，ペッカネンは，比較政治学の観点から，日本の市民社会はボランティアからなる小規模な組織が多い一方で，専従のスタッフをもった大規模な組織が少ないことを指摘している。そして，その理由として，主務官庁が法人格の許認可を行い，監督・行政指導の権限をもっていることを挙げている。このことが組織の活動を制約し，組織の規模拡大や専門化をめざすうえでの障害となってきた（Pekkanen 2004, 2006＝2008）。

　しかしながら，近年の公益法人制度改革はまさにこのような主務官庁の影響を取り除くためになされたものであった。それならば，従来指摘されてきた日本のサードセクター組織の特徴は，主務官庁制から脱却した諸組織にはあてはまらないか，少なくとも変化の兆しをみせていると考えられる。こうした変化をデータから確認することはできるだろうか。

　本章では，2017年に行われた第4回サードセクター調査（以下，第4回調査）のデータにもとづいて，人的資源に焦点を合わせてサードセクター組織の特徴を明らかにしていく。もっとも，サードセクター組織といっても一枚岩ではない。第1章でも示されているように，日本のサードセクターは三層構造をなすと考えられる（後・坂本 2017）。すなわち，1990年代以降の制度変革の影響を受けた「脱主務官庁制の非営利法人」，今もなお「主務官庁制下に置かれた非営利法人」，「各種協同組合」の3つである。先に述べたように，制度改革の影響

がみられるならば，これらの3つの法人類型によって人的資源の配分（特に専従スタッフ）に相違がみられると考えられる。

さらに，脱主務官庁制に該当する非営利法人のなかでも，社団法人，財団法人，特定非営利活動法人（特活法人）ではその特徴に違いがあると考えられる。特定の目的のために集まった人をベースとする社団法人に対して，特定の目的のために集められた財産をベースとする財団法人では，人的資源の配分が異なるだろう（梅津 2015）。また，旧制度からの移行である社団法人と，新しい制度の下でつくられた特活法人にも相違があると考えられる（岡本 2018）。さらに，強い公益性が認められており，税制上の優遇を受けている公益社団法人，公益財団法人，認定特活法人では，一般法人や特活法人と比べて，職員などのスタッフが充実しており，労働環境も整備されていると考えられる。

そこで本章では，脱主務官庁制の法人に焦点を合わせつつ，以上に挙げた法人類型ごとの差異に注目する。具体的には，脱主務官庁制の非営利法人を，①一般社団法人（非営利型），②公益社団法人，③一般財団法人（非営利型），④公益財団法人，⑤特定非営利活動法人（特活法人），⑥認定特定非営利活動法人（認定特活法人）の6つの法人類型に分類する[2]。さらに，⑦主務官庁制下に置かれた非営利法人[3]（社会医療法人・特定医療法人・2007年4月以降設立の医療法人，社会福祉法人，学校法人，職業訓練法人，更生保護法人），⑧各種協同組合（消費生活協同組合，農業協同組合，漁業協同組合，森林組合，中小企業等協同組合，信用金庫・信用組合・労働金庫，共済協同組合）を加え，8つの法人類型の比較を行う[4]。この分析を通して，新しい制度の影響を受けていると考えられる脱主務官庁制の法人全体の特徴とともに，その内部での相違を捉えていきたい。

2 役　員

（1）役員の数

多くのサードセクター組織には経営意思決定機関として理事会が設けられており，大きな責任と権限を有している。理事会を構成する常勤，非常勤の各理事および監事等を含めた役員はどれくらいの人数なのだろうか。まずは意思決定機関の規模をみていこう。

第 **2** 章 サードセクター組織の人的資源

図2-1 役員数の分布

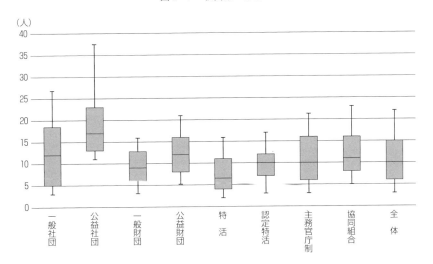

　図2-1は，役員数（第4回調査問3）の分布を表す箱ひげ図である。ひげの上端が上位10%，箱の上端が上位25%，箱の中央が50%（中央値），箱の下端が下位25%，ひげの下端が下位10%を示している（以下の図はすべて同じ）。図から，中央値は全体で10人であり，どの法人格でもおおむね10名前後である。脱主務官庁制の法人間で比較すると，社団法人が多く，また，公益法人や認定特活法人のほうが一般法人や特活法人よりも多い傾向にある。とりわけ，公益社団法人は中央値が17人と多い。一方で，特活法人は中央値が6.5人で散らばりも小さく，相対的に小規模な傾向がみてとれる。

　なお，サードセクター組織の役員には常勤職が少なく，非常勤の外部理事が多い。常勤役員がいる組織は全体の61.9%であるが，言い換えると4割は常勤役員がいない。また，常勤役員がいても1人の場合が全体の32.0%（役員がいる場合の51.8%）である。公益社団法人では常勤役員がいる場合が73.3%（1人だけの場合は63.4%）と多いことを除けば，法人格ごとにあまり大きな違いはみられない。

(2) 役員の経歴

　役員は組織を代表する存在ともいえるが，その経歴や職歴にはどのような特

図2-2 役員の経歴

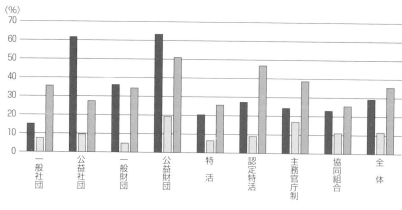

徴がみられるだろうか。役員の経歴は，組織が政治・行政や民間企業といった他セクターとどのように結びついているのかを推測する手がかりにもなるだろう。

図2-2は，役員の経歴・職歴を示している[6]（第4回調査問5，複数回答）。全体では35.6％の組織で営利企業の役員経験者がいることから，営利企業の経営ノウハウが生かされている組織が一定程度存在する。法人格ごとにみると，公益財団法人（51.0％）と認定特活法人（47.0％）などで相対的に多くみられる。

行政職員経験者がいるのは全体の29.2％であり，各法人格ともおおむね20～30％程度であるが，公益社団法人では63.3％，公益財団法人では61.6％と多く，行政との関係の強さをうかがわせる。政治家については，全体では6.9％と少なく，どの法人格でも10％前後と少ない。ただし，公益財団法人では19.4％とやはり相対的に多い。以上のことから，公益財団法人で，政府や市場といった他のセクターからの人材の乗り入れが多いことがみてとれる。

3 職員とボランティア

(1) 職員の数

職員とボランティアという組織の実務を執行するスタッフについてみていこ

第 2 章 サードセクター組織の人的資源

図 2-3 常勤職員の分布

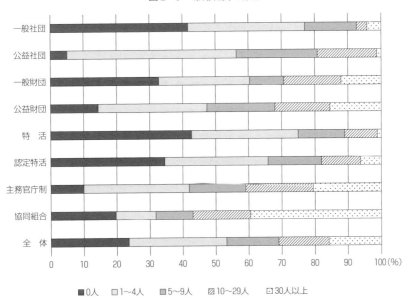

う。冒頭でも述べたように，非営利のサードセクター組織にとっての1つの課題は，専従スタッフを十分に確保できていないことである。そして，国際比較から，この点はとりわけ日本にあてはまることが示されてきた。

図2-3は，専従スタッフといえる週30時間以上勤務の常勤職員の分布を示したものである（第4回調査問6）。まず，常勤職員がいない（0人）という組織が全体では23.6%であり，サードセクター組織に必ずしも専従のスタッフがいるとはいえないことがわかる。脱主務官庁制の法人のなかでは，一般社団法人，一般財団法人，特活法人，認定特活法人では常勤職員をもたない組織が30%を超えているのに対して，公益社団法人では5.1%，公益財団法人では14.4%と少なく，大多数の組織で常勤職員がいる。

常勤職員がいる組織は全体の4分の3程度（76.4%）を占めているが，その場合でも1～4人という少人数である組織が多い。公益社団法人と公益財団法人でもこのカテゴリが最も多く，それぞれ51.3%と33.0%である。つまり，公益法人には常勤職員がいるものの，人数は決して多いわけではない。これらに対して，主務官庁制下の法人では10人以上の組織が40.9%，協同組合では

63

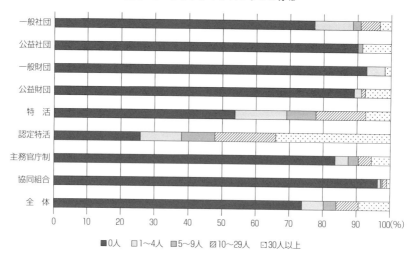

図2-4 ボランティアスタッフの分布

57.0％と常勤職員数が多い傾向にある。

非常勤職員については結果の詳細を割愛するが，全体では57.5％で非常勤職員を雇用している。法人格ごとにみても大きな相違はみられないが，一般社団法人では28.9％と少ないことが特徴的である。非常勤職員がいたとしても，1〜4人と少数であることが多く，全体では30.1％を占めている。

このように，公益法人制度改革によって主務官庁制から脱した各法人は，職員が少ない傾向にある。もっとも，制度改革以前から存在する組織にとっては新制度の影響をそれほど受けていないことも考えられる。そこで，制度改革が施行された2009年より前に設立された組織とそれ以後に設立された組織とで，常勤職員をもつ割合を比較したところ，総じて制度改革以前に設立された組織のほうが常勤職員をもつ割合が高い。したがって，主務官庁の監督から離れ，自立的に組織運営をできるようになったといっても，職員の雇用にまで結びつく組織は現時点では少ないようである。

(2) ボランティアの数

ボランティアは，しばしば市民の自発的な公益活動の象徴のように語られる。実際，十分な財源をもたない組織にとって，ボランティアスタッフの存在は重

要である。

　図2-4は有償と無償を合わせたボランティアのスタッフ数の分布を示している（第4回調査問8）。ボランティアスタッフがいない（0人）という組織は全体の73.9%であり（言い換えればボランティアがいるのは26.1%），多くの組織ではボランティアスタッフがいない。しかし，特活法人では46.3%，認定特活法人では74.2%とボランティアがいる組織が多い。一般社団法人においても公益法人制度改革以降（2009年以降）に設立された組織でボランティアスタッフがいる組織は31.4%と比較的多い（制度改革より前に設立された団体では24.0%）。

　ボランティア活動の高まりを契機に生まれた新しい法人格である特活法人および制度改革により新たに誕生した一般社団法人では，やはりボランティアスタッフがより多く活躍しているようである。それとともに，ボランティアスタッフが常勤職員の少なさを補っていることがうかがえる。

(3) 職員の構成

　ところで，サードセクター組織の職員にはどのような人々がみられるのだろうか。ジェンダー，年代，学歴などにおいて多様性はみられるだろうか。多様な人々が集う組織のほうが，さまざまな視点が生まれ，環境の変化にも柔軟に対応できるだろう。

　図2-5は，各組織内において女性役員，女性職員，若年層，高学歴者が占める割合の平均値を示したものである（第4回調査問23, 女性役員については問3）[9]。図から，女性の役員（常勤・非常勤含む）が占める割合は全体の平均で18.5%である（女性役員がいる組織だけに限定すれば33.1%）。役員に女性がいる組織は55.8%と一定程度みられるのだが，女性が占める割合はそれほど大きいとはいえない。サードセクターの指導層においても，ジェンダーバイアスが存在しているといえるだろう（後・坂本2017）。

　法人格別にみると，認定特活法人は女性役員の割合が平均で35.0%（女性役員がいる組織だけに限定すれば45.1%），特活法人では33.0%（同48.4%）であり，多くみられる。新しい法人格において女性の進出が特徴的である。

　職員全体に対して女性職員が占める割合は全体の平均で51.9%であり，ちょうど半数程度である[10]。一般の職員レベルでは男女の偏りはみられないようであ

図2-5　組織の構成

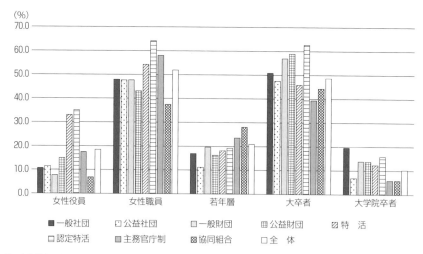

注：各組織内においてそれぞれが占める割合の平均値。

る。2017年の『労働力調査（基本集計）』（速報値）[11]から算出すると，就業者数に占める女性の割合は43.8％であるので，サードセクター組織ではむしろ高いといえる。法人格ごとにみても大きな相違はみられないが，特活法人で64.1％と多い傾向にある。

　35歳未満の若年者が占める割合は，全体の平均値は20.9％である。おなじく2017年の『労働力調査（基本集計）』（速報値）から算出すると，労働力人口に占める35歳未満の割合は25.2％であるので，おおむね就業者全体の構成と同様だといえる。法人格ごとの差異はそれほど大きくないが，公益社団法人では11.2％と少ない傾向にある。

　高学歴者についてはどうだろうか。大卒者が占める割合の平均値は全体で48.6％であり，職員のおよそ半数が大卒だといえる。一般財団法人，公益財団法人，認定特活法人では60％前後と大卒者が多い傾向にある。大学院卒者については，全体の平均値で10.2％であり，どの法人格においても少ない傾向にある。

(4) 専門的知識・技能

　職員のもつ専門的知識や技能という点から，サードセクター組織の人的資源

第 2 章　サードセクター組織の人的資源

図 2-6　専門的知識・技能をもつ職員

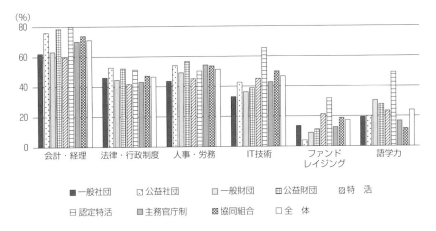

を検討しよう。図 2-6 は，活動に重要だと考えられる専門知識や技能を有する職員がいる組織の割合を示している（第 4 回調査問24）。

　図から，会計・経理の専門知識をもつ職員が多く，全体の71.2%である。ただし，専門的な職員がいても不足していると感じている団体も全体の28.2%であり（詳細は割愛），必ずしも十分だというわけではないようである。法人格別にみると，公益社団法人で76.0%，公益財団法人で78.5%，認定特活法人で79.9%と，公益性の高さが認められた脱主務官庁制の法人でこれらの専門知識をもつ職員が多い。

　続いて，法律・行政制度や人事・労務については，それぞれ全体の46.5%，51.4%と半数程度の団体でみられる。法人ごとにみても，おおむね40～50%において，それらに通じた職員がいる。

　比較的新しい技術であるIT技術については，全体の46.7%で専門知識をもつ職員がいる。どの法人格でも40%前後といったところだが，認定特活法人では65.6%と特に多い。ファンドレイジング（資金調達）と語学力については，それに通じた職員は少なく，全体ではそれぞれ17.3%と23.9%である。法人格別にみても，一部を除いて20%未満である。もっとも，認定特活法人では，ファンドレイジングでは31.9%，語学力では49.2%と専門的職員を保有している組織が相対的に多い。IT化，グローバル化，ファンドレイジングといった今日

図2-7 常勤職員の最高年収額の分布

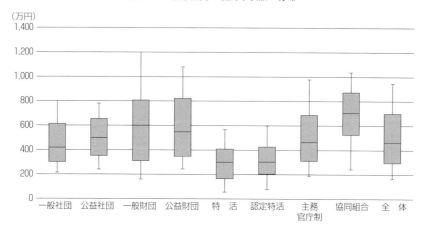

的課題に対応するための資源を多く保有していることが認定特活法人の1つの特徴だといえる。

4 職員の待遇と採用

職員の雇用上の待遇についてみていこう。財源が十分ではないサードセクター組織は,職員に対して十分な労働環境を提供できているのだろうか。こうした労働待遇の実態を明らかにしておくことは,サードセクター組織の雇用のあり方を考えるうえで不可欠である。ここでは,報酬と雇用・労働制度という点から検討していく。[13]

(1) 報 酬

図2-7は,常勤職員の最高年収額の分布を示している[14](第4回調査問7)。全体の中央値は462万円であり,上位25%で700万円,下位25%で295万円とばらつきが大きい。もっとも,最高年収額であることを考えると,サードセクター組織の給与水準はあまり高いとはいえないようである。[15]

法人格ごとにみると年収額の相違が大きいことがわかる。一般財団法人と公益財団法人では中央値がそれぞれ600万円,548万円と大きいが,法人格内での

第 2 章　サードセクター組織の人的資源

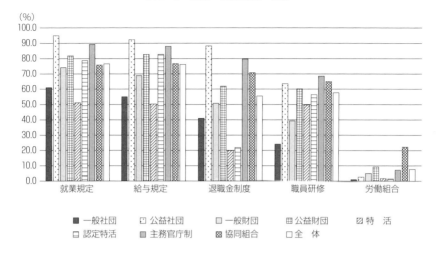

図2-8　雇用・労働制度の有無

ばらつきが大きい。これに対して，特活法人と認定特活法人では中央値がそれぞれ300万円，302万円と低く，法人格内でのばらつきも小さい。上位25％の団体でも400万円程度であることから，全体的に給与水準が低いといえる。

(2) 雇用・労働制度

続いて図2-8から，雇用や労働に関する諸制度の整備状況をみていこう（第4回調査問9）。就業規定については全体の76.6％が制定している。脱主務官庁制の法人のなかでは，公益社団法人で規定している団体が多く94.9％である。これに対して，一般社団法人では61.0％，特活法人では51.1％と少ない。給与規定についても，就業規定とほぼ同様の割合である。全体の76.2％とおおむね制定されており，公益社団法人が多い一方で，一般社団法人と特活法人では少ない。

退職金制度については，全体で55.5％が制定されている。やはり公益社団法人で多く，88.2％にのぼる。その他の脱主務官庁制の法人では制定している団体は少ない。特に，特活法人，認定特活法人ではそれぞれ19.9％，22.0％と非常に少ない。

過去1年間で職員の研修を実施した経験については，全体で57.6％である。

脱主務官庁制の法人のなかでは，公益社団法人と公益財団法人ではそれぞれ63.5％，60.2％と実施した団体が多いが，一般社団法人と一般財団法人ではそれぞれ24.2％，39.3％と少ない。

労働組合がある組織は全体で7.7％と非常に少ない。脱主務官庁制の法人では10％未満である。協同組合のみが22.3％とやや多い。

以上の結果から，公益社団法人と一般社団法人の相違が際立っている。このほかでも，公益財団法人や認定特活法人など公益性が高いと認定された法人ほど雇用制度が整備されている。また，**第3章**で示されているように，こうした相違は各法人の財政規模によるものだとも考えられる。

（3）職員の採用

最後に，職員の採用の状況についてみていこう（第4回調査問10）。図2-9には，過去3年間で職員を採用した実績をもつ組織の割合と，採用実績のある組織のなかでの新卒採用実績の割合を示している。採用実績をもつのは全体の58.0％である。脱主務官庁制の法人のなかでは，公益社団法人，公益財団法人，認定特活法人では60％以上と実績がある団体が多いのに対して，一般社団法人，一般財団法人，特活法人では30～45％程度と少ない。

採用実績をもつ組織のうち，新卒を採用した実績をもつものは全体で38.6％である。脱主務官庁制の法人のなかでは，一般財団法人が42.9％，公益財団法人が28.8％と相対的に多い。各種の協同組合では突出して多く，71.9％で新卒を採用している。

なお，詳細は割愛するが，職員募集の方法については，公募をした経験をもつ団体のなかではハローワークが最も多く全体の74.3％であり，どの法人でも最も多く用いられている。認定特活法人では，ホームページ，メーリングリスト，SNSを用いた募集を行っている団体がほかよりも多くみられ，1つの特徴を示している。

5　知見と含意

最後に，得られた知見をもとに，日本のサードセクター組織の人的資源の特

図2-9 採用実績の有無

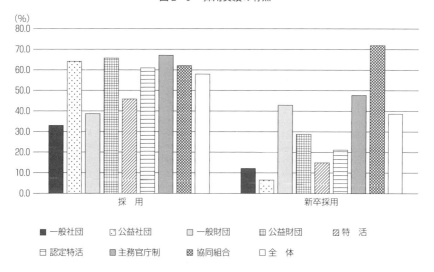

徴をまとめておこう。

　日本のサードセクター組織は役員，職員ともに常勤職員がいない組織が一定程度みられる。また，いたとしても5人未満が多く，職員数は少ない傾向にある。従来から指摘されてきたように専従スタッフがあまりいないという点で，サードセクター組織の規模はやはり小さいといえる。なお，特活法人，認定特活法人，および公益法人制度改革後に誕生した一般社団法人を除けば，ボランティアスタッフがいる組織もあまり多くはない。

　職員の構成に目を向けると，女性職員や大卒職員が半数程度おり，若年者も一定程度はみられる。こうした点から，サードセクター組織ではバランスよく職員を雇用しているといえる。しかし，女性の役員が占める割合の平均は2割弱と少なく，サードセクターの指導層においてもジェンダーバイアスが存在している。

　専門的技術や知識をもつ職員については，会計・経理，法律・行政制度，人事・労務などは一定程度みられるのに対して，IT技術，ファンドレイジング，語学に通じた職員が少ない傾向にある。もっとも，認定特活法人では，これらの新しい知識や技能を有した職員が多い傾向にあり，今日的課題に対応するた

めの資源を多く保有している。

　職員の待遇については，給与水準は全般に高いとはいえないようである。とりわけ，特活法人と認定特活法人では常勤職員の年収額が小さい。就業規定と給与規定は全体の4分の3の組織で規定されており，退職金制度については全体の半数強で規定されている。雇用・労働に関する諸制度はおおむね整備されつつある。また，過去1年で職員の研修を実施した組織も半数強である。いずれにおいても公益財団法人や認定特活法人など公益性が高いと認定された法人ほど雇用制度が整備されている。

　以上のように，日本のサードセクター組織は人的資源という点で，まだ十分に規模を拡大できていないようである。とりわけ，脱主務官庁制の法人については，公益法人制度改革によって主務官庁の監督を離れたとはいえ，職員の雇用にまで結びつく団体は少ない。

　もっとも，公益法人や認定特活法人など公益性が高いと認められる法人格においては，雇用制度が整備されつつある。また，認定特活法人では専門知識・技能において多様な人材を有している。これらのことから，脱主務官庁制の法人がしっかりと財政的基盤を安定させることで適切な人材を雇用し，「稼ぐNPO」へと成長していくことが期待される。

注
1) 調査対象の35か国中16位と中位を占めているが，ほぼ同程度であるイタリアを除き，先進国は日本よりも比率が大きい。
2) 非営利型ではない一般社団法人と一般財団法人は，非営利性が明確ではないため分析から除外している。
3) 2007年4月以前に設立された医療法人は，非営利性という点で曖昧さを残すため，ここでは分析から除外している。
4) 主務官庁制の法人と各種協同組合ともにカテゴリとしてまとめて数値を示すが，調査サンプルにおけるカテゴリ内の各法人格の占める割合が，母集団と異なっている点には注意が必要である。そのため，ここでは脱主務官庁制の法人との比較という点から，参考として示すにとどめたい。
5) 常勤，非常勤別の役員数の詳細な分布については，後・坂本（2017）を参照されたい。
6) 政治・行政セクター出身の役員については**第4章**も参照。なお，調査では，大学教員，弁護士，マスコミ関係者という項目もあるが，結果は割愛する。また，組織の代表者の経歴についても役員と同様の質問をしており，結果は役員とおおむね同じ傾向を示している。これらについての詳細は，後・坂本（2017）を参照。
7) 詳細については，後・坂本（2017）を参照されたい。
8) 2009年以降に設立された団体はまだ10年にも満たず，組織が未成熟であるため職員を雇用

9) 女性役員については，調査票にて人数を直接尋ねており，それをもとに比率を算出している．
10) 女性職員，若年者，大卒者，大学院卒者については，組織に占める割合をカテゴリから選択する形式で尋ねている．ここでは，10％未満＝5％，10〜30％＝20％，30〜60％＝45％，60〜90％＝75％，90％以上＝95％とし，各カテゴリに該当するサンプルを中央値に置き換えて平均比率を算出している．
11) http://www.stat.go.jp/data/roudou/sokuhou/nen/ft/pdf/index1.pdf（2018年9月14日アクセス）．
12) ここでは汎用性の高い専門的知識，技能として6項目を取り上げているが，組織の活動に応じて必要とされる専門性が異なることはいうまでもない．
13) この点については**第9章**も参照．
14) 調査では，常勤，非常勤それぞれの最高年収と最低年収額，および有償ボランティアの平均時給も尋ねているが，ここでは割愛する．詳細は，後・坂本（2017）を参照されたい．
15) 参考までに，「平成29年賃金構造基本統計調査（賃金センサス）」の結果をもとに，5〜9人規模の企業の平均年収を算出すると，371.6万円である（データの出所は，https://www.mhlw.go.jp/toukei/itiran/roudou/chingin/kouzou/z2017/dl/13.pdf（2018年9月14日アクセス））．今回の調査で尋ねているのが最高年収額であることをふまえると，サードセクター組織の給与水準は高いとはいえない．

参考文献

後房雄・坂本治也，2017，「日本におけるサードセクター組織の現状と課題——平成29年度第4回サードセクター調査による検討」RIETI Discussion Paper Series 17-J-063．

後房雄・藤岡喜美子，2016，『稼ぐNPO——利益をあげて社会的使命へ突き進む』カナリアコミュニケーションズ．

梅津亮子，2015，『非営利組織の形態・規模からみた人的資源の構造——アンケート調査より』法政大学イノベーション・マネジメント研究センター．

岡本仁宏，2018，「公益社団法人と認定特定非営利活動法人との相違とその意味——日本における公益的社団法人の構造把握に向けて」RIETI Discussion Paper Series 18-J-018．

Akingbola, kunle, 2013, A Model of Strategic Nonprofit Human Resource Management, *Voluntas*, 24: 214–240.

Pekkanen, Robert, 2004, Japan: Social Capital without Advocacy, in Muthiah Alagappa ed., *Civil Society and Political Change in Asia: Expanding and Contracting Democratic Space*, Stanford University Press, 223–255.

Pekkanen, Robert, 2006, *Japan's Dual Civil Society: Members without Advocates*, Stanford University Press.（＝2008, 佐々田博教訳『日本における市民社会の二重構造——政策提言なきメンバー達』木鐸社．）

Salamon, Lester M., 1995, *Partners in Public Service: Government-nonprofit Relations in the Modern Welfare State*, Johns Hopkins University Press.（＝2007, 江上哲監訳『NPOと公共サービス——政府と民間のパートナーシップ』ミネルヴァ書房．）

Salamon, Lester M., S. Wojciech Sokolowski and Regina List, 2004, Global Civil Society: An Overview, in Lester M. Salamon, S. Wojciech Sokolowski and Associates, *Global Civil Society: Dimensions of the Nonprofit Sector*, Volume 2, Kumarian Press, 3–60.

第3章 サードセクター組織の財務状況

後房雄・坂本治也

　本章では，第4回サードセクター調査のデータにもとづきながら，日本のサードセクター組織の財務状況を収入の観点から分析していく。具体的には，法人格ごとの組織の財政規模や収入構造の違い，財政規模が組織ガバナンスや活動・経営実態に与える影響，寄付・民間助成金等収入の多さが活動・事業内容に与える影響などを明らかにする。
　本章の分析から，サードセクター組織の財政規模や収入構造は法人格によって大きく異なること，および財政規模や収入構造の違いは，組織が行う活動・事業の質的内容や規模を強く規定することが示される。

1　サードセクター組織の財務の特徴

　政府は強制的な取り立て手段である徴税によって，活動の原資となる収入を恒常的かつ安定的に得ることができる。また，営利企業は，株式発行などによる市場からの資金調達や事業収入によって，事業遂行に必要な資本を形成することができる。
　それらに対して，徴税や株式発行という手段をもたないサードセクター組織では，会費（協同組合の場合は組合員の出資），寄付，補助金・助成金，収益事業など多様な財源を組み合わせつつ，自前で財務基盤を構築する必要がある。
　さらに，サードセクター組織の場合，組織が独自に設定するミッション（社会的使命）次第では，貧困者に対する支援など，利用者から対価を得られない無償事業，あるいは利用者に配慮して意図的に廉価な価格設定を行った有償事業に取り組むことも多い。この点は，収益をあげることが至上命題となる営利企業とは明確に異なる。収益性に欠く事業に取り組むためには，会費，寄付，補助金・助成金などのかたちで，外部からの「贈与」によって資源を調達する必要があり，そのことによってサードセクター組織では必然的に財源が多様化

する。

　以上のような特質により，政府や営利企業に比べると，サードセクター組織では安定的な財務基盤を欠いた組織が多い。しかし，組織や事業を存続・発展させていくうえで，しっかりとした財務基盤を構築することは，当然ながら重要である。したがって，いかにして適切な財務基盤をつくり出すのか，そのためにはどういった財源をどの程度増やしていくべきなのか，がこれまでのサードセクター研究では問われ続けてきた（Anheier 2005；Moulton and Eckerd 2012；田尾・吉田 2009；中嶋・馬場 2012；後・藤岡 2016；吉田 2017）。

　本章では，第4回サードセクター調査（以下，第4回調査）のデータにもとづきながら，日本のサードセクター組織の財務状況を収入の観点から分析していく。具体的には，**2**において，年間収入総額から把握される組織の財政規模が大きいのはどの法人格なのか，財政規模は組織ガバナンスにどのような影響を与えているのか，財政規模によって各種の活動・事業量はどのように異なるのか，を分析していく。続く**3**では，収入の内訳をみていくことで，「もらった収入」と「稼いだ収入」はそれぞれどれくらいあるのか，法人格によって収入構造はどのように異なるのか，寄付・民間助成金等収入の多さは組織経営にどのような影響を与えているのか，を分析していく。

2 財政規模の分析

（1）年間収入総額

　各々のサードセクター組織はどれくらいの財政規模を有するのだろうか。そして，法人格の違いによって，組織の財政規模はどの程度異なるのであろうか。以下では第4回調査問32「経常的な年間収入総額」の回答を用いて，財政規模の状況を概観していく。

　表3-1は経常的な年間収入総額（単位：万円）の分布状況をまとめたものである。全サードセクター組織でみると，年間収入総額の平均値は5億2,248万円，中央値は3,383万円である。平均値と中央値の乖離がきわめて大きいのは，一部の組織の収入総額が100億円超と巨額だからである。25パーセンタイル（第1四分位数）は656万円，75パーセンタイル（第3四分位数）は1億3,208万円で

表3-1　経常的な年間収入総額

(万円)

	平均値	標準偏差	最小値	最大値	25パーセンタイル	中央値	75パーセンタイル
全サードセクター組織（N＝1,242）	52,248	335,290	0	8,599,204	656	3,383	13,208
脱主務官庁制の非営利法人（N＝640）	17,028	83,712	0	1,641,100	562	2,369	8,569
主務官庁制下の非営利法人（N＝272）	50,741	301,088	0	3,951,480	1,276	4,625	15,071
各種協同組合（N＝185）	184,183	726,960	0	8,599,204	170	9,387	77,844

あるため，多くの組織は数百万円程度から数億円程度の財政規模だといえる。

基本3類型でみると，「各種協同組合」＞「主務官庁制下の非営利法人」＞「脱主務官庁制の非営利法人」の順で，平均値も中央値も大きいことがわかる。ただし，「各種協同組合」は標準偏差が大きいことや25パーセンタイルが170万円と小さいことからわかるように，カテゴリ内部でのばらつきが非常に大きい。

そこで，次に個別法人格別の年間収入総額の中央値をみたものが図3-1である。これをみると，基本3類型の各類型の内部でも，財政規模の違いは非常に大きいことがわかる。「脱主務官庁制の非営利法人」では，一般財団法人（その他），公益社団法人，公益財団法人の財政規模は大きいが，特定非営利活動法人の財政規模はサードセクター全体と比べてもかなり小さい。「主務官庁制下の非営利法人」では，社会医療法人・特定医療法人・2007年4月以降設立の医療法人，社会福祉法人，学校法人の財政規模は大きいが，職業訓練法人の財政規模は小さい。「各種協同組合」では，信用金庫・信用組合・労働金庫，消費生活協同組合，共済協同組合，農業協同組合の財政規模は大きいが，漁業協同組合，中小企業等協同組合，森林組合の財政規模は小さい。

このように，個別法人格によってサードセクター組織の財政規模は大きく異なっている。

（2）財政規模と組織ガバナンスの関係

組織の財政規模の違いは，組織ガバナンスにどのような影響を与えるのだろうか。その点を調べたものが表3-2である。

この表より，有給常勤職員数やその年収の最高額は，年間収入総額が1億円以上の組織では，年間収入総額が1億円未満の組織に比べて，多いことがわかる。サードセクター組織の人的資源や職員への待遇が総じて貧弱であることは，

第 3 章　サードセクター組織の財務状況

図 3-1　法人格別にみた年間収入総額の中央値

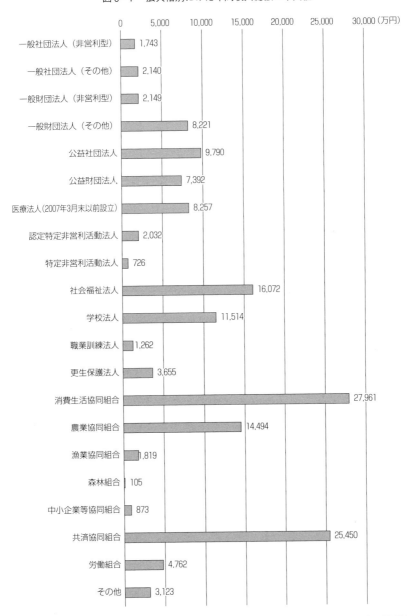

注：額が大きい信用金庫・信用組合・労働金庫（8億7,862万円），社会医療法人・特定医療法人・2007年4月以降設立の医療法人（5億5,778万円）の結果は，それぞれ図から除いている。

表 3-2　年間収入総額と組織ガバナンスの関係

		有給常勤職員数の平均値	有給常勤職員の年収最高額の平均値（万円）	組織の活動開始年（西暦）の平均値	理事会・評議員会に相当する会議の年間開催数の平均値	就業規則がある組織の割合	給与規定がある組織の割合	労働組合がある組織の割合
年間収入総額	500万円未満	1.6	381.1	1990	3.5	34.7%	37.7%	4.2%
	500万円以上2,000万円未満	1.3	245.8	1988	4.6	66.7%	67.1%	3.3%
	2,000万円以上1億円未満	5.1	419.3	1979	4.4	91.3%	86.3%	3.2%
	1億円以上5億円未満	15.2	583.6	1980	5.1	97.2%	96.8%	9.3%
	5億円以上	22.6	817.0	1964	6.2	98.5%	97.8%	28.4%

		退職金制度がある組織の割合	過去1年間に職員への研修を行った組織の割合	定款をホームページ等に掲載している組織の割合	事業報告書をホームページ等に掲載している組織の割合	決算報告書をホームページ等に掲載している組織の割合	外部監査を行っている組織の割合	「以前よりも民間企業の経営手法を導入しつつある」と回答した組織の割合
年間収入総額	500万円未満	18.2%	28.8%	18.5%	19.6%	20.7%	31.1%	6.3%
	500万円以上2,000万円未満	35.8%	37.0%	30.5%	32.9%	32.1%	43.3%	12.6%
	2,000万円以上1億円未満	61.2%	59.2%	39.8%	40.7%	43.6%	60.1%	19.8%
	1億円以上5億円未満	83.7%	78.0%	40.5%	50.6%	54.3%	63.4%	25.9%
	5億円以上	91.9%	94.8%	34.1%	54.8%	60.7%	82.2%	26.7%

　第 2 章でも確認したとおりであるが，それはサードセクター組織の財政規模が小さいことに起因している，といえる。逆に，サードセクター組織であったとしても財政規模が大きければ，それなりの数の有給常勤職員がいて，その待遇もそれほど悪くないことがうかがえる（⇒第 9 章）。

　次に，年間収入総額と組織の活動開始年の関係をみてみると，年間収入総額が大きな組織ほど，活動開始年が古い傾向にあることがわかる。この結果は，組織の財政規模を拡大するには長い時間を要することを含意するとともに，一定以上の財政規模を有さなければ風雪に耐えて長期間存続することはできない，と解釈することもできよう。

　さらに，年間収入総額と組織内部のさまざまな規定や制度の関係をみてみると，年間収入総額が大きな組織ほど，理事会・評議員会に相当する会議の年間開催数は多く，就業規則・給与規定・労働組合・退職金規定などが整備されている可能性が高くなる。同様に，職員への研修機会，定款・事業報告書・決算

第 3 章　サードセクター組織の財務状況

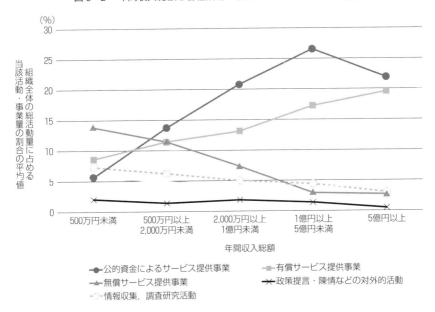

図 3-2　年間収入総額と各種活動・事業へのエフォート率の関係

報告書などのホームページ上での公開，外部監査の実施などを行っている可能性も，年間収入総額が大きな組織ほど高い。「以前よりも民間企業の経営手法を導入しつつある」と答える組織の割合も，年間収入総額が大きな組織ほど多い。

以上をふまえると，財政規模が大きな組織ほど，しっかりとした組織ガバナンスが行われる可能性が高くなる，といえそうである。

(3) 財政規模と各種活動・事業へのエフォート率の関係

組織の財政規模の違いは，組織が行う活動・事業の中身にどのような影響を与えるのであろうか。ここでは，第 **1** 章でも分析した各種活動・事業へのエフォート率（第 4 回調査問28）の回答を用いて検証を試みよう。

図 3-2 は年間収入総額と各種活動・事業へのエフォート率の関係を示したものである。年間収入総額が増えるほど，公的資金によるサービス提供事業や有償サービス提供事業に割かれるエフォート率は増加し，逆に無償サービス提供事業や政策提言などの対外活動および情報収集・調査研究活動に割かれるエ

フォート率は減少している。

　これは，財政規模が大きな組織ほど，行政からの委託事業や有償の自主事業などの収益性が十分見込める事業に注力する傾向があることを示している。逆にいえば，そういった収益性がある事業を優先的に取り組んで「稼ぐ組織」にならなければ，財政規模の拡大は困難である，と解釈することもできよう。

　他方で，無償のサービス提供事業や政策提言などの対外活動，情報収集・調査研究活動などは，たしかに収益性がない事業ではあるものの，組織のミッションに沿ってそういった事業に取り組むからこそ，サードセクター組織は「収益ファースト」の営利企業とは異なる，独自の存在意義があるともいえる。財政規模が小さな組織ほど優先的に収益性がない事業に取り組む姿勢がうかがえる。

　しかしながら財政規模が小さな組織は，表3-2で確認したように，組織ガバナンスが未成熟であることが多く，そこで働く人々の待遇も決して良好とはいえない。加えて，財政規模が小さいがゆえに，事業を大規模・広範囲に展開することが困難になる。

　かといって，財政規模拡大を目論んで収益事業に取り組むと，今度はミッションに沿った収益性がない事業に取り組む姿勢が弱まり，営利企業との違いがみえにくくなる。このように，多くのサードセクター組織は独自のミッション追求と財政規模拡大の間のジレンマに直面しているのである。

　近年の非営利組織研究では，組織的に成長しつつある非営利セクターの負の側面として「非営利組織のビジネスライク化」あるいは「ミッション・ドリフト」の問題が指摘されている（仁平 2017）（⇒第**9**章，第**10**章）。これは，まさに図3-2に示されるような，サードセクター組織が直面するミッション追求と財政規模拡大の間のジレンマのことを指している。

３　収入内訳の分析

（1）「もらった収入」と「稼いだ収入」の内訳

　サードセクター組織は，個々の市民，行政，営利企業，ほかのサードセクター組織などから収入を得る。また，その収入の種類も，会費・寄付・補助金・助成金などのように「もらった収入」の場合と，サービス提供や物品販売による

事業収入および行政からの事業委託などの「稼いだ収入」の場合の2種類に大別することができる。

では、各々のサードセクター組織は、どのような対象から、どれくらい「もらった収入」と「稼いだ収入」を得ているのだろうか。以下では、第4回調査問32の収入内訳の回答を用いて、サードセクター組織の収入構造を分析していこう。法律文化社ウェブサイトにおける本書のページ（アドレスはivページ下部に掲示）で公開している補遺表1は、経常的な収入源としての「もらった収入」と「稼いだ収入」の状況を詳しくみたものである。[4]

「もらった収入」のうちで最も多くの組織が得ているのが、個々の市民からの会費収入である。サードセクター組織全体の43.5％が、年間1円以上の個々の市民からの会費収入がある、と回答している。その会費収入がある組織に限定して、収入額の平均値と中央値を求めると、それぞれ3,892万円と65万円となる。同様に、個々の市民からの寄付収入がある組織の割合は30.2％、その収入がある組織の収入額平均値と中央値は、それぞれ441万円と80万円となる。

他方、行政からの補助金・助成金等収入の場合、その収入を得ている組織の割合自体は少ないものの、収入を得ている組織に限定した当該収入額の平均値や中央値は大きくなる傾向がある。特に、国からの補助金・助成金等収入は、平均値1億360万円、中央値518万円と大きい。なお、他のサードセクター組織や営利企業からの「もらった収入」は、当該収入を得ている組織自体が少なく、当該収入を得ていたとしても、行政からの補助金・助成金等収入に比べると、平均値も中央値も大きくはない。

「稼いだ収入」の収入額の平均値や中央値は、「もらった収入」のそれに比べると、全般的に大きい傾向がある。つまり、サードセクターの収入において中心となっているのは「稼いだ収入」であるといえる。

各組織の年間収入総額をサンプル全体で合計すると4,831億6,491万円である。それに対して、各組織の「稼いだ収入」の合計額は4,034億5,359万円である。サードセクター全体でみれば、収入の83.5％は「稼いだ収入」によるものといえる。

他方、個々の組織ごとに「稼いだ収入」の総額が年間収入総額に占める割合を算出し、その分布をみてみると、平均値54.0％、中央値60.8％、25パーセン

タイル2.6％，75パーセンタイル97.6％である。下位4分の1程度の組織では「稼いだ収入」をほとんど得ていないのに対し，上位4分の1程度の組織では「稼いだ収入」がほとんどすべての収入源となっており，二極化がみられる。多くの組織はその中間に位置するが，どちらかといえば「稼いだ収入」のほうに軸足があるといえる。

「稼いだ収入」において，最も多くの組織が得ているのが，個々の市民からの料金・対価等の収入である。46.0％の組織が，個々の市民からの料金・対価等の収入を得ている。それに次ぐのが，企業からのその他売上（委託料以外の売上）による収入で，21.0％の組織が得ている。

それら収入に対して，行政からの「稼いだ収入」（事業委託，指定管理者制度，医療保険・介護保険に代表されるバウチャー制度，その他）は，当該収入を得ている組織は一部に限られている。しかし，得ている場合には，その収入額の平均値や中央値は大きくなる傾向がある。とりわけ，中央値で比較してみると，バウチャー制度や指定管理者制度は，まとまった額の収入を得る方法になっていることがわかる。

総じて，「もらった収入」においても，「稼いだ収入」においても，行政からの収入は，得ているのは一部の組織に限られるものの，得ることできれば一定額以上の収入をもたらすものになっている。行政からの収入を得ることができるかどうかは，サードセクター組織の安定した収入構造や財政規模の大きさを規定する重要なポイントになっていることがわかる。

Pekkanen（2006＝2008）は日本の市民社会の二重構造性を指摘し，行政との結びつきの有無が組織の財政規模と専門職化（professionalization）の程度を強く規定していることを論じた。この伝統的な二重構造性は，特定非営利活動促進法制定から20年，公益法人制度改革から10年を経た今日においても，ある程度残存している様子が上記の分析からうかがえよう。

（2）法人格ごとの収入構造の違い

法人格の違いによって，収入構造はどのように異なるのであろうか。収入内訳の回答から，年間収入総額に占める「寄付収入比率」「会費収入比率」「民間助成金等収入比率」「行政からの補助金等収入比率」「行政からの稼いだ収入比

第 3 章 サードセクター組織の財務状況

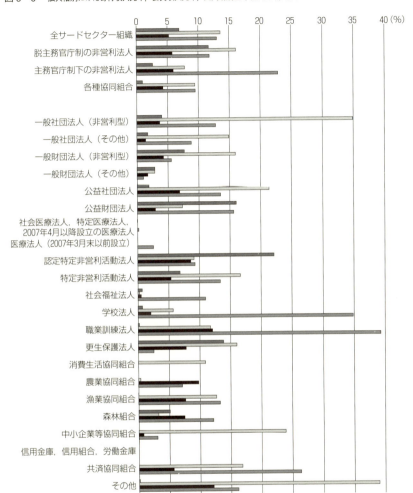

図 3-3 法人格別にみた寄付収入比率，会費収入比率，民間助成金等収入比率，行政からの補助金等収入比率の平均値

注：労働組合（会費収入比率74.0％，民間助成金等収入比率7.6％，その他の比率0.0％）の回答は図から除外している。

率」「対民間事業収入比率」を算出し，法人格ごとに各比率の平均値を示したものが図 3-3，図 3-4 である[5]。

まず，「もらった収入」の収入構造である図 3-3 のほうからみてみよう。全サードセクター組織でみると，それぞれの比率の平均値は，寄付収入比率6.9％，

図3-4　法人格別にみた行政からの稼いだ収入比率，対民間事業収入比率の平均値

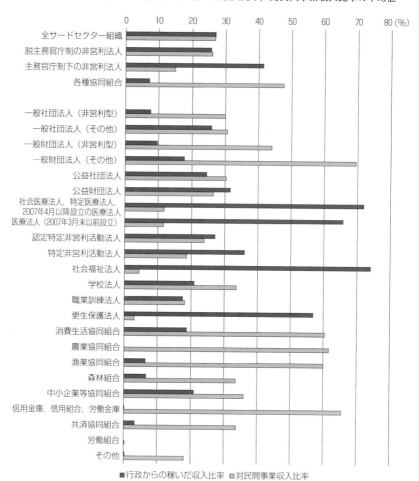

会費収入比率13.6％，民間助成金等収入比率5.3％，行政からの補助金等収入比率13.0％となっている。相対的にみれば，会費収入と行政からの補助金等収入のシェアが大きいことがわかる。

基本3類型でみると，「脱主務官庁制の非営利法人」では寄付収入比率や会費収入比率が他の2類型に比べると高い。「主務官庁制下の非営利法人」では，逆に行政からの補助金等収入が突出して多いことがわかる。「各種協同組合」

では「もらった収入」のいずれの比率も平均値では10％を超えておらず，相対的に低いことがわかる。

　個別法人格でみると，一般社団法人（非営利型），公益社団法人，中小企業等協同組合，労働組合での会費収入比率の高さ，公益財団法人，認定特定非営利活動法人，更生保護法人での寄付収入比率の高さ，学校法人，職業訓練法人，共済協同組合での行政からの補助金等比率の高さが目立つ。

　次に，「稼いだ収入」の収入構造である図3-4をみてみると，全サードセクター組織では，行政からの稼いだ収入比率の平均値は27.0％，対民間事業収入比率の平均値は26.9％となる。

　基本3類型では，「脱主務官庁制の非営利法人」で全体の傾向と似たような傾向がうかがえる一方，「主務官庁制下の非営利法人」では行政からの稼いだ収入比率が高く，「各種協同組合」では逆に対民間事業収入比率が高い傾向がうかがえる。

　個別法人格でみると，各類型の内部でも多様性があることがわかる。「脱主務官庁制の非営利法人」では，一般法人および公益社団法人では対民間事業収入比率が行政からの稼いだ収入比率を上回っている一方，公益財団法人や特活法人（認定特活含む）では逆に行政からの稼いだ収入比率のほうが対民間事業収入比率を上回っている。「主務官庁制下の非営利法人」では，社会医療法人・特定医療法人・2007年4月以降設立の医療法人，社会福祉法人，更生保護法人では行政からの稼いだ収入比率が圧倒的なシェアを占める一方，学校法人や職業訓練法人では対民間事業比率のほうが行政からの稼いだ収入比率を上回っている。「各種協同組合」では，いずれの法人格も対民間事業収入比率が大きなシェアを占めているが，消費生活協同組合や中小企業等協同組合では行政からの稼いだ比率も一定のシェアを占めていることがわかる。

　図3-3と図3-4から総合的に判断すると，サードセクター組織の収入構造はおおむね以下の4つの類型に分けられそうである。

　①行政依存型：社会福祉法人，学校法人，職業訓練法人，更生保護法人のように，行政からの補助金等収入や委託事業などの行政からの稼いだ収入を主な財源とする法人。

　②対民間事業中心型：一般財団法人（その他），消費生活協同組合，農業協同

組合，信用金庫・信用組合・労働金庫のように，対民間の事業収入を主な財源とする法人。

③会費依存型：労働組合や一部の一般社団法人のように，会員からの会費収入を主な財源とする法人。

④バランス型：一般財団法人（非営利型），公益社団法人，公益財団法人，特活法人（認定含む）のように，寄付収入，会費収入，行政や民間からの補助金・助成金収入および事業収入のいずれをもバランスよく財源とする法人。

(3) セクターごとのマクロな収入構造の違い

　以上みてきたのは，各々のサードセクター組織を単位とするミクロな視点の収入構造の状況である。他方で，脱主務官庁制の非営利法人，主務官庁制下の非営利法人，各種協同組合，特定非営利活動法人，公益法人，一般法人などのように，一定のまとまりをもったセクターを単位として，セクターに属する各組織の各種収入額を積算していって，セクターとしてのマクロな収入構造を分析することも可能である。

　マクロ集計では，特定の収入額が大きい組織の収入構造を過小評価することなく全体の傾向に反映できるメリットがある。反面，一部の巨大な組織の収入構造に全体の傾向が強く影響されてしまい，そういった組織が調査サンプルに含まれるか否かで，全体の傾向が大きくブレやすい，というデメリットもある。このようにマクロな集計には一長一短が考えられるが，第1～3回のサードセクター調査のデータでも同種のマクロ集計結果を示してきたことから（詳細は後 2011, 2013, 2015を参照），ここでも参考までに，その結果を確認したい。

　主要なセクターごとのマクロな収入構造を示したものが，表3-3～表3-11である。これらの表から浮かび上がってくるのは，以下の事実である。

　第1に，認定特活を除き，いずれのセクターでも，稼いだ収入が8～9割程度を占めており，稼いだ収入こそがサードセクターの収入構造の中心になっていることである。

　第2に，基本3類型でセクター間比較をすると，「主務官庁制下の非営利法人」では行政からの稼いだ収入，とりわけバウチャー制度からの稼いだ収入が大きなシェアを占める一方，「脱主務官庁制の非営利法人」セクターでは行政より

表3-3 全サードセクター組織のマクロな収入構造

	稼いだ収入	もらった収入	合計
個々の市民から	29.3%	4.9%	34.2%
行政から	26.8%	9.5%	36.3%
営利企業から	25.7%	0.8%	26.5%
サードセクターから	1.7%	1.3%	2.9%
合計	83.5%	16.5%	100.0%

注:行政からの稼いだ収入の内訳は、事業委託4.9%、バウチャー17.7%、指定管理者2.8%、その他1.4%。

表3-4 全非営利法人のマクロな収入構造

	稼いだ収入	もらった収入	合計
個々の市民から	25.9%	3.2%	29.1%
行政から	54.0%	8.2%	62.2%
営利企業から	3.2%	1.9%	5.1%
サードセクターから	1.4%	2.2%	3.6%
合計	84.5%	15.5%	100.0%

注:行政からの稼いだ収入の内訳は、事業委託9.8%、バウチャー35.9%、指定管理者6.7%、その他1.7%。

表3-5 「脱主務官庁制の非営利法人」のマクロな収入構造

	稼いだ収入	もらった収入	合計
個々の市民から	42.5%	2.7%	45.2%
行政から	32.6%	7.0%	39.6%
営利企業から	5.6%	3.6%	9.2%
サードセクターから	1.8%	4.2%	6.0%
合計	82.6%	17.4%	100.0%

注:行政からの稼いだ収入の内訳は、事業委託13.6%、バウチャー5.1%、指定管理者12.9%、その他1.1%。

表3-6 「主務官庁制下の非営利法人」のマクロな収入構造

	稼いだ収入	もらった収入	合計
個々の市民から	9.0%	3.6%	12.6%
行政から	75.9%	9.4%	85.4%
営利企業から	0.7%	0.2%	0.9%
サードセクターから	0.9%	0.3%	1.1%
合計	86.5%	13.5%	100.0%

注:行政からの稼いだ収入の内訳は、事業委託5.9%、バウチャー67.5%、指定管理者0.3%、その他2.3%。

表3-7 「各種協同組合」のマクロな収入構造

	稼いだ収入	もらった収入	合計
個々の市民から	31.9%	5.5%	37.4%
行政から	5.8%	10.9%	16.7%
営利企業から	43.3%	0.1%	43.5%
サードセクターから	2.0%	0.5%	2.5%
合計	83.0%	17.0%	100.0%

注:行政からの稼いだ収入の内訳は、事業委託0.3%、バウチャー4.3%、指定管理者0.0%、その他1.2%。

表3-8 特定非営利活動法人のマクロな収入構造

	稼いだ収入	もらった収入	合計
個々の市民から	6.5%	4.0%	10.5%
行政から	65.4%	12.1%	77.5%
営利企業から	3.3%	3.9%	7.2%
サードセクターから	4.0%	0.9%	4.8%
合計	79.1%	20.9%	100.0%

注:行政からの稼いだ収入の内訳は、事業委託13.5%、バウチャー45.4%、指定管理者3.2%、その他3.3%。

表3-9 認定特定非営利活動法人のマクロな収入構造

	稼いだ収入	もらった収入	合計
個々の市民から	8.7%	8.5%	17.1%
行政から	45.9%	10.3%	56.2%
営利企業から	10.9%	5.9%	16.8%
サードセクターから	1.9%	8.0%	9.9%
合計	67.3%	32.7%	100.0%

注:行政からの稼いだ収入の内訳は、事業委託16.1%、バウチャー27.1%、指定管理者2.6%、その他0.2%。

表3-10 公益法人のマクロな収入構造

	稼いだ収入	もらった収入	合計
個々の市民から	29.0%	2.6%	31.6%
行政から	42.9%	9.6%	52.4%
営利企業から	5.4%	2.6%	8.0%
サードセクターから	2.0%	6.0%	8.1%
合計	79.3%	20.7%	100.0%

注:行政からの稼いだ収入の内訳は、事業委託19.5%、バウチャー0.6%、指定管理者20.7%、その他2.0%。

表3-11　一般法人のマクロな収入構造

	稼いだ収入	もらった収入	合　計
個々の市民から	62.8%	1.2%	64.0%
行政から	20.2%	2.2%	22.4%
営利企業から	7.9%	3.4%	11.3%
サードセクターから	1.3%	1.0%	2.3%
合　計	92.2%	7.8%	100.0%

注：行政からの稼いだ収入の内訳は，事業委託11.9%，
　　バウチャー0.5%，指定管理者7.6%，その他0.1%。

も個々の市民からの稼いだ収入のシェアが多いこと，また「各種協同組合」では営利企業と個々の市民からの稼いだ収入のシェアが7割を超えることがわかり，3類型間でそれぞれ大きく異なる収入構造がうかがえることである。

　第3に，特定非営利活動法人（認定特活を除く）では行政からの稼いだ収入が65.4%（特にバウチャー制度が45.4%と多い），行政からのもらった収入が12.1%を占め，「主務官庁制下の非営利法人」並みに，行政からの収入に偏重していることである。

　第4に，認定特定非営利活動法人では，認定以外の特活法人と異なり，行政からの稼いだ収入はそれほど多くなく，代わりにもらった収入が全体で32.7%を占めるなど，よりバランスがとれた収入構造になっていることである。特に，個々の市民，営利企業，サードセクターからのもらった収入のシェアがほかのセクターに比較すれば大きいことは，2011年の特活法改正により，認定・仮認定の資格が得やすくなり，画期的な寄付税制制度（みなし寄付金制度の拡充含め）の導入によって，認定特活法人が民間寄付を集めやすくなったことが影響していると考えられ，非常に興味深い。

　第5に，公益法人では行政からの稼いだ収入のシェアが42.9%とある程度大きいが，その中心を占めるのは，バウチャー制度ではなく，事業委託19.5%と指定管理者制度20.7%からの収入である。また，個々の市民からの稼いだ収入のシェアも29.0%と大きい。これらの点は「主務官庁制下の非営利法人」との違いとして注目されるべきである。他方，公益法人も寄付税制では優遇措置を受けられる法人格であるが，認定特活ほど個々の市民，営利企業，サードセクターからのもらった収入のシェアが大きくはないために，それほど大きな額の寄付収入は集まっていないものと考えられる。すでにみたように，現存する公

益法人のほとんどは旧社団・財団法人からの移行法人であるため，行政の外郭団体的性質が強く，民間へのアウトリーチという点では弱さがみられるのであろう。

第6に，一般法人では個々の市民からの稼いだ収入が62.8％と大きなシェアを占め，もらった収入はすべて合わせても7.8％しかなく，一般向けビジネスに特化した傾向がみられることである。無論，これはセクターとしての収入総額の集計なので，一般向けビジネスに特化して巨額な稼得収入があるごく一部の一般法人の収入構造に大きく影響を受けている可能性が高く，平均的な一般法人がすべてそのようなものであるわけではない点には注意を要する。

(4) 寄付・民間助成金収入の多さが公益的活動に与える影響

第1章でもみたように，特活法制定や公益法人制度改革によって，1990年代以降，特活法人などの公益的活動を行う非営利組織が日本でも急増している。そのなかで，非営利組織の活動資金を確保するためのファンドレイジング手法が注目を集めるようになった。

ファンドレイジングは直訳すれば「資金調達」であり，本来的には寄付，会費，補助金・助成金，事業収入など，活動のための資金調達全般を指す言葉である。しかし，実際の日本におけるファンドレイジング手法の普及活動において，特に強調されているのは，「民から民への資金の流れ」である寄付や民間助成金の獲得の重要性である。これは，収入構造における行政依存型，対民間事業中心型，会費依存型の組織ではなく，多様な財源に支えられたバランス型の組織となることによって，民間公益活動がより長期的・安定的に発展していく，との考えにもとづいたものである（鵜尾 2014）。

では，寄付や民間助成金の収入の多さは，実際には公益的活動にどのような影響を与えているのだろうか。この点をみたものが図3-5である。

この図より寄付・民間助成金等収入比率が高い組織ほど，無償のサービス提供事業，政策提言・陳情などの対外的活動，情報収集・調査研究活動に，組織のエフォートをより多く割いていることがわかる。[6] これらの活動は収益性を欠くものであるため，本来的には組織財務の観点からはなかなか手を出しにくいものである。しかし，寄付や民間助成金といった「贈与」的性質を有する外部

図3-5 寄付・民間助成金等収入比率と収益性に欠く公益的活動の関係

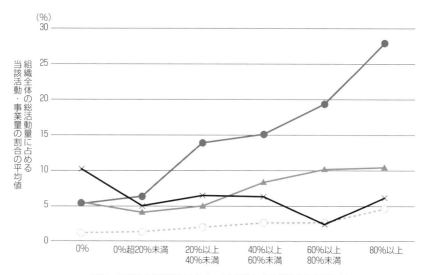

からの財政的支援を受けることによって，収益性に欠ける公益的活動であっても，サードセクター組織はミッションに沿って注力することが可能となるのである。

ところで，図3-5の「×」線に行政からの補助金等収入比率と無償のサービス提供事業のエフォート率の関係も参考までに示している。行政からの補助金等収入も，寄付や民間助成金同様，「贈与」的性質を有する財源ではあるものの，その収入が増えたとしても，無償のサービス提供事業のエフォート率が上がるわけではないことがわかる。それどころか，むしろマイナスの影響さえうかがえるのは，興味深い結果である。行政からの補助金等収入は，使途がかなり限定されていたり，申請や成果報告のための書類手続きが煩雑であったりなど，融通が効かない資金分配の仕組みであることが多いため，このような結果になると推測される。

以上をふまえると，政府とも営利企業とも異なる，サードセクターの独自性

や社会貢献性を十全に発揮していくためには，寄付や民間助成金による収入を財源としてしっかり確保していくことが重要だといえる。

4 知見と含意

　本章では，第4回サードセクター調査のデータにもとづきながら，日本のサードセクター組織の財務状況を収入の観点から分析してきた。本章で明らかになった事実を改めて整理すると，以下のようになろう。

　第1に，サードセクター組織の財政規模を測るために，年間収入総額を調べると，その平均値は5億2,248万円，中央値は3,383万円，25パーセンタイルは656万円，75パーセンタイルは1億3,208万円である。ここから，多くの組織は数百万円程度から数億円程度の財政規模だと推測される。

　第2に，組織の財政規模は法人格によって大きく異なっている。基本3類型でみると，「各種協同組合」＞「主務官庁制下の非営利法人」＞「脱主務官庁制の非営利法人」の順に年間収入総額の平均値も中央値も大きい。個別法人格でみると，一般財団法人（その他），公益社団法人，公益財団法人，社会医療法人・特定医療法人・2007年4月以降設立の医療法人，社会福祉法人，学校法人，信用金庫・信用組合・労働金庫，消費生活協同組合，共済協同組合，農業協同組合の財政規模は大きいが，特定非営利活動法人，職業訓練法人，漁業協同組合，中小企業等協同組合，森林組合の財政規模は小さい。

　第3に，財政規模が大きな組織ほど，就業規則・給与規定・労働組合・退職金規定などが整備されていたり，職員への研修機会，定款・事業報告書・決算報告書などのホームページ上での公開，外部監査の実施などを行っていたりするなど，組織ガバナンスがしっかりしている傾向がある。

　第4に，財政規模が大きな組織ほど，行政からの委託事業や有償の自主事業などの収益性が十分見込める事業に組織のエネルギーを注力する傾向があり，逆に，無償のサービス提供事業や政策提言などの対外活動，情報収集・調査研究活動などの収益性がない公益的活動には力を注がない傾向がある。他方，財政規模の小さな組織ほど，収益性がない公益的活動に組織のエネルギーを注力する傾向がみられるが，そもそも小規模な組織であるために事業を大規模・広

範囲に展開することが困難になる。このように，多くのサードセクター組織は独自のミッション追求と財政規模拡大の間のジレンマに直面していることがうかがえる。

　第 5 に，サードセクター組織には，会費・寄付・補助金・助成金などの「もらった収入」と，サービス提供や物品販売による事業収入および行政からの事業委託などの「稼いだ収入」という 2 種類の収入源があるが，収入構造において中心となっているのは「稼いだ収入」のほうである。また，行政からの収入は，得ているのは一部の組織に限られるものの，得ることができれば一定額以上の収入をもたらすものになっている。行政からの収入を得るかどうかは，サードセクター組織の安定した収入構造や財政規模の大きさを規定する重要なポイントになっている。

　第 6 に，法人格によって，年間収入総額に占める寄付収入比率，会費収入比率，民間助成金等収入比率，行政からの補助金等収入比率，行政からの稼いだ収入比率，対民間事業収入比率は大きく異なっている。つまり，法人格によって組織の収入構造は明確に異なっており，そのパターンは，行政依存型，対民間事業中心型，会費依存型，バランス型の 4 つに大別することができる。

　第 7 に，セクターごとのマクロな収入構造を分析すると，「主務官庁制下の非営利法人」では行政からの稼いだ収入，とりわけバウチャー制度からの稼いだ収入が大きなシェアを占める一方，「脱主務官庁制の非営利法人」セクターでは行政よりも個々の市民からの稼いだ収入のシェアが多いこと，また「各種協同組合」では営利企業と個々の市民からの稼いだ収入のシェアが 7 割を超えることがわかった。さらに，認定特定非営利活動法人では相対的にバランスがとれた収入構造になっていること，公益法人では行政からの稼いだ収入のシェアがある程度大きいが，その中心を占めるのは，バウチャー制度ではなく，事業委託と指定管理者制度であること，同時に個々の市民からの稼いだ収入のシェアも大きいこと，一般法人では個々の市民からの稼いだ収入が大きなシェアを占め，一般向けビジネスに特化した傾向がみられることなど，セクターごとに収入構造の違いが大きいことが判明した。

　第 8 に，寄付・民間助成金等収入比率が高い組織ほど，無償のサービス提供事業，政策提言・陳情などの対外的活動，情報収集・調査研究活動に，組織の

エフォートをより多く割いている。これは，サードセクター組織がミッションに沿って収益性に欠ける公益的活動を積極的に行っていく場合には，寄付や民間助成金といった「贈与」的性質を有する外部からの財政的支援を受けることがきわめて重要であることを含意している。

　総じて，本章の分析から改めて浮かび上がってくる事実は，サードセクター組織の財務基盤の多様性と重要性であろう。人によって身長や体重が異なるのと同じように，サードセクター組織は組織によって，財政規模も，「どこからどのような性質の収入をどれくらい得るのか」という収入構造も，大きく異なっている。そして，財政規模や収入構造の違いは，組織が行う活動・事業の質的内容や規模を強く規定する。したがって，サードセクター組織の財務状況がいかなる状態にあるのかを丁寧に分析していく作業は，今後も継続的に行っていく必要があるといえよう。

注
1）サードセクター調査では，収入だけではなく，支出の設問も存在している。紙幅の関係で，本章では支出のデータは扱わないが，詳細を知りたい場合は，後・坂本（2017：46-48）を参照されたい。
2）ただし，旧財団法人からの移行法人の影響を抜くために，公益法人改革が完了し，新しい一般法人制度が完全施行された2009年以降に活動を開始した組織に限定して数値をみてみると，一般財団法人（その他）の年間収入総額の中央値は1,018万円になる。これは，一般社団法人（非営利型・その他），一般財団法人（非営利型），公益財団法人についても同様にあてはまる傾向であり，2009年以降に活動を開始した組織に限定してみてみると，いずれでも年間収入総額の中央値はかなり小さな値をとる。概して，旧制度からの移行法人の影響を取り除くと，「脱主務官庁制の非営利法人」は全般的に財政規模が小さい組織とみなせるだろう。
3）有給常勤職員の人数と年収最高額は一部の組織ではかなり多く，それが平均値の算出に与える影響は大きい。ゆえに，50人以上および1,500万円以上の回答は「外れ値」とみなし，欠損扱いとした。
4）以下の収入内訳を用いた分析では，収入内訳の総額と年間収入総額の回答が一致したサンプル（N=1,308）に限定して分析を行っている。
5）各比率の算出方法は以下のとおりである。「寄付収入比率」＝（個々の市民からの寄付収入＋サードセクターからの寄付収入＋企業セクターからの寄付収入）÷年間収入総額。「会費収入比率」＝（個々の市民からの会費収入＋サードセクターからの会費収入＋企業セクターからの会費収入）÷年間収入総額。「民間助成金等収入比率」＝（個々の市民からのその他収入＋サードセクターからの助成金等収入＋企業セクターからの助成金等収入）÷年間収入総額。「行政からの補助金等収入比率」＝（国・都道府県・市区町村からの補助金・助成金・会費等収入）÷年間収入総額。「行政からの稼いだ収入比率」＝（国・都道府県・市区町村からの事業委託・指定管理者制度・バウチャー制度・その他収入）÷年間収入総額。「対民間事業収入比率」＝（個々の市民から受講料・物品販売対価等収入＋サードセクター・企業セクターからの委託料・その他売り上げ収入）÷年間収入総額。

6) 詳細は省略するが，図3-5で示した関係は，組織の財政規模の大きさをコントロールした回帰分析においても，統計的に有意な関係として確認できる。つまり，財政規模の影響を受けた疑似相関の関係であるわけではない。

参考文献

鵜尾雅隆，2014,『改訂版 ファンドレイジングが社会を変える——非営利の資金調達を成功させるための原則』三一書房.
後房雄，2011,「日本におけるサードセクターの範囲と経営実態」RIETI Discussion Paper Series 11-J-027.
後房雄，2013,「サードセクター組織の経営実態とセクター構築への課題——分断による多様性から横断的多様性へ」RIETI Discussion Paper Series 13-J-047.
後房雄，2015,「公共サービス改革の進展とサードセクター組織——社団法人，財団法人の新たな展開」RIETI Discussion Paper Series 15-J-023.
後房雄・坂本治也，2017,「日本におけるサードセクター組織の現状と課題——平成29年度第4回サードセクター調査による検討」RIETI Discussion Paper Series 17-J-063.
後房雄・藤岡喜美子，2016,『稼ぐNPO——利益をあげて社会的使命へ突き進む』カナリアコミュニケーションズ.
田尾雅夫・吉田忠彦，2009,『非営利組織論』有斐閣.
中嶋貴子・馬場英朗，2012,「非営利組織の成長性と安定性に関する実証分析——NPO法人パネル・データを用いた財務分析から」『非営利法人研究学会誌』14: 69-79.
仁平典宏，2017,「政治変容——新自由主義と市民社会」坂本治也編『市民社会論——理論と実証の最前線』法律文化社, 158-177.
吉田忠彦，2017,「非営利組織経営論——経営管理と戦略の重要性」坂本治也編『市民社会論——理論と実証の最前線』法律文化社, 55-71.
Anheier, Helmut K., 2005, *Nonprofit Organizations: Theory, Management, Policy*, Routledge.
Moulton, Stephanie and Adam Eckerd, 2012, Preserving the Publicness of the Nonprofit Sector: Resources, Roles and Public Values, *Nonprofit and Voluntary Sector Quarterly*, 41 (4): 656-685.
Pekkanen, Robert, 2006, *Japan's Dual Civil Society: Members Without Advocates*, Stanford University Press. (＝2008, 佐々田博教訳『日本における市民社会の二重構造——政策提言なきメンバー達』木鐸社.)

第4章　サードセクター組織の政治・行政との関係性

後房雄・坂本治也

> 　本章では，サードセクター組織の政治・行政との関係性を概観していく。具体的には，行政機関との日常的関わり，審議会・諮問機関への委員派遣，政策上の相談を受ける機会，政治・行政セクター出身の人材の流入とその影響力，行政によるサードセクター組織の統制の現況，アドボカシー活動の実態，政策への影響力行使を成功させるための条件などについて分析していく。
> 　特筆すべき分析結果として，①政治・行政セクター出身の人材はサードセクター組織の影響力や組織力を高めるうえで有益な存在であること，②行政のサードセクター組織に対する統制は今日ではそれほど強くはないこと，③多様なアドボカシー活動は「啓蒙型」，「動員型」，「自治体接触型」，「国政接触型」の4類型に大別することができること，④公共政策を動かすうえでは行政機関との日常的関わりが重要であること，などが本章では明らかになる。

1　サードセクター組織と政府

　サードセクターは，その定義に「非政府性」が含まれることからもわかるように，政府とは本質的に異なる存在である。しかし，相異なる存在ではあるものの，両者の関係が没交渉であるわけではない。むしろ，両者の間には密接な関係性がある。

　Young（1999＝2007）は，サードセクター組織と政府の関係性を，補完的関係（supplementary），相補的関係（complementary），対抗的関係（adversarial）の3つに整理している[1]。

　この整理図式を敷衍すると，サードセクター組織は，①政府では十分カバーされない公共的ニーズを独自の方法で補完的に満たす存在である，と同時に，②政府のパートナーとして，政府と協働で公共サービスを提供し，③アドボカシー活動によって，政府へ異議申し立てしたり，政策提言したりする存在だといえる。①の局面では政府と無関係に活動・事業展開することがありえるもの

の，②と③の局面では政府と一定の関係をもつことは必然となる。

　さらに，先進諸国においては，サードセクター組織と政府の相補的関係は，年々強化されている。序章でも説明したように，新自由主義的改革の潮流のなかで，福祉分野を中心に政府サービスの民間委託や市場化が拡大すると，政府はサードセクター組織とのパートナーシップを従来以上に重視するようになった。それゆえ，両者の相補的関係は高まりをみせている。また，相補的関係の中身も，コスト削減と財政効率化だけを目的にした単純な委託−受託関係から，政策目標を共有し，政策アイデアを共に出し合い，責任も共有しつつ協働する関係へと，質的にも変容しつつあるとされる。これは，NPM（New Public Management）から NPG（New Public Governance）ないしリレーショナル・ガバナンス（Relational Governance）へ，と表現される統治モデルの変容としても知られている（Phillips and Smith 2011；向井 2015）。現代の公共的課題を解決するために，サードセクター組織と政府の間のパートナーシップ関係は欠かせないものになってきているといえよう。

　他方，政府との相補的関係や対抗的関係を特段有さない場合においても，サードセクター組織は日常的に政府から一定の統制を受ける存在である。政府が決定する法制度は，法人格の種類やその取得方法，法人内部の組織ガバナンス，情報公開水準，政治活動や宗教活動の自由度などに決定的な影響を与える。現代国家は法治国家である以上，サードセクター組織はそれらにしたがう必要がある。また，政府が法制度を通じて決定する税制優遇措置，補助金・助成金，委託金などの金銭的インセンティブの配分も，強制ではないにせよ，サードセクター組織を一定の方向に誘導する。以上のような政府による法制度上のさまざまな統制から，サードセクター組織は無関係ではいられないのである（Pekkanenn 2006＝2008；岡本 2017）。

　では，日本におけるサードセクター組織は，実際のところ政府とどのように関係しているのであろうか。本章では，第 4 回サードセクター調査のデータを用いて，日本のサードセクター組織の政治・行政との関係性を概観していく。**2**では，政治・行政との日常的関係の構造を分析する。具体的には，行政機関との日常的関わり，審議会・諮問機関への委員派遣，政治・行政から政策上の相談を受ける機会，政治・行政セクター出身の人材の流入とその影響力，行政

第4章 サードセクター組織の政治・行政との関係性

表4-1 行政との日常的関わり,審議会等への委員派遣経験,政策上の相談を受ける機会

	全サードセクター組織	脱主務官庁制の非営利法人	主務官庁制下の非営利法人	各種協同組合
中央省庁と日常的な関わりがある	21.9%	18.0%	24.4%	34.4%
都道府県庁と日常的な関わりがある	43.0%	40.4%	57.9%	43.7%
市区町村役場と日常的な関わりがある	51.1%	54.8%	56.7%	38.5%
審議会・諮問機関に委員を派遣したことがある	15.0%	18.3%	12.7%	10.4%
与党の国会議員から年1回程度以上政策の相談を受ける	5.1%	4.6%	6.4%	4.7%
野党の国会議員から年1回程度以上政策の相談を受ける	5.0%	4.7%	3.1%	4.2%
首相官邸から年1回程度以上政策の相談を受ける	0.4%	0.6%	0.0%	0.5%
中央省庁から年1回程度以上政策の相談を受ける	7.9%	8.8%	5.4%	11.8%
地方議員から年1回程度以上政策の相談を受ける	16.4%	17.3%	16.3%	13.6%
都道府県から年1回程度以上政策の相談を受ける	26.5%	26.5%	31.7%	28.5%
市区町村から年1回程度以上政策の相談を受ける	39.1%	42.3%	42.4%	35.9%

によるサードセクター組織の統制の現況について明らかにしていく。**3**では,サードセクター組織のアドボカシー活動の実態を分析する。具体的には,行政への直接的働きかけや政策への影響力行使の現況,アドボカシー活動の諸類型と法人格ごとの取り組み度合いの違い,政策への影響力行使を成功させるための条件について明らかにしていく。

2 政治・行政との日常的関係の構造

(1) 政治・行政との日常的関わり

　サードセクター組織は日常的に政治・行政とどの程度関わっているのであろうか。ここでは第4回調査問35「行政機関との日常的関わり」の有無,問36「国や自治体の審議会や諮問機関への委員派遣経験」の有無,問37「政治・行政アクターから政策上の相談を受ける頻度」の回答を用いて,政治・行政との日常的な関わりの程度を把握してみたい。表4-1はそれぞれの設問の回答結果をまとめたものである。

サードセクター組織全体の21.9％は，中央省庁と日常的な関わりがある，と回答している。同様に，都道府県庁と日常的な関わりがあると答えたのは43.0％，市区町村役場と日常的な関わりがあると答えたのは51.1％である。行政機関との日常的な接点は相当程度存在していることがうかがえる。[2]

　基本3類型でみると，中央省庁との日常的関わりがある組織の割合は「各種協同組合」で相対的に多く，「脱主務官庁制の非営利法人」では相対的に少ない。同様に，都道府県庁の場合では「主務官庁制下の非営利法人」で相対的に多く，市区町村役場の場合では「各種協同組合」で相対的に少ない。詳細な結果は省略するが，個別法人格でみると，中央省庁との日常的関わりがある組織の割合が特に多いのは更生保護法人(77.8％)，信用金庫・信用組合・労働金庫(75.0％)，共済協同組合(55.3％)である。同様に，都道府県庁の場合では，消費生活協同組合(92.9％)，職業訓練法人(82.0％)，学校法人(76.3％)，漁業協同組合(72.0％)，市区町村役場の場合では，社会福祉法人(89.6％)，学校法人(69.5％)，特定非営利活動法人(68.7％)，公益社団法人(65.4％)で，日常的関わりがある組織の割合が特に多い。なお，いずれのレベルの行政とも日常的関わりをもっていない組織の割合は，一般法人，中小企業等協同組合，労働組合で多い。

　行政機関との日常的関わりの有無は組織財政にどのような影響を及ぼすのであろうか。この点を調べたものが図4-1である。行政機関との日常的関わりがある組織は，それがない組織に比べて，明らかに財政規模が大きい。前者では約6割の組織が年間収入総額は2,000万円以上であるのに対し，後者では約6割の組織が年間収入総額は2,000万円未満であり，対照的である。行政機関と日常的に関わっている組織ほど，行政から資源を引き出しやすく，その分財政規模が大きくなっていることがうかがえる（⇒第3章）。

　審議会・諮問機関に委員を派遣したことがある組織は，全体の15.0％とそれほど多くはない。基本3類型でみると，「脱主務官庁制の非営利法人」で相対的に多いことがわかる。なかでも認定特定非営利活動法人では約3割の組織が審議会・諮問機関に委員を派遣した経験を有しており，最も多いカテゴリになっている。自治体レベルを中心に認定特活法人が政策過程で一定の存在感を示すようになっている様子がうかがえる。

　政治・行政アクターから政策上の相談を年1回程度以上受ける組織の割合を

図 4-1 行政機関との日常的関わりの有無と年間収入総額の関係

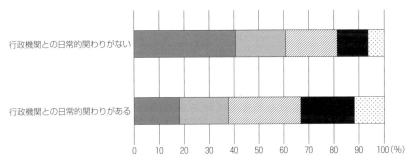

みてみると，市区町村＞都道府県＞中央省庁＞首相官邸の順に多い。また，国会議員や地方議員よりも行政機関から相談を受けている組織のほうが割合としては多いこともわかる。

全般的に，多くのサードセクター組織にとって，政策上の相談を中央の政治・行政アクターから受ける機会はほとんどないといえる。他方，自治体レベルでは，ある程度の割合の組織が行政機関を中心に政策上の相談を受ける機会をもっている。

自治体レベルでは，サードセクター組織はさまざまな政策領域におけるステイクホルダーとして，また専門知識を有する存在として，政治・行政アクターに認識されている様子がうかがえる。これは，サードセクター組織と地方政府の間で相補的関係が近年ますます深まっている状況を反映したものと考えられる。

(2) 政治・行政セクター出身の人材の流入とその影響力

サードセクター組織にはどの程度，政治・行政セクター出身の人材が流入しているのだろうか。第4回調査問5では組織の代表者や役員に政治家や行政職員の経歴・職歴をもつ者がいるかどうかを尋ねている。表4-2はその回答結果をまとめたものである。

全サードセクター組織でみると，中央省庁職員出身の代表者・役員がいる組

表4-2　代表者または役員に政治・行政関係の経歴・職歴をもつ者がいる組織の割合

	中央省庁職員出身	都道府県庁職員出身	市区町村役場職員出身	国会議員出身	地方議員・首長出身
全サードセクター組織	5.6%	12.0%	19.0%	0.9%	13.8%
脱主務官庁制の非営利法人	6.8%	16.1%	22.2%	0.9%	11.7%
主務官庁制下の非営利法人	4.6%	7.0%	18.2%	1.3%	20.5%
各種協同組合	4.7%	9.0%	13.7%	0.5%	15.2%
一般社団法人（非営利型）	5.7%	9.1%	3.4%	2.3%	8.0%
一般社団法人（その他）	2.9%	11.8%	11.8%	0.0%	5.9%
一般財団法人（非営利型）	11.7%	13.3%	20.0%	0.0%	8.3%
一般財団法人（その他）	9.7%	16.1%	25.8%	3.2%	19.4%
公益社団法人	12.1%	24.2%	43.9%	0.0%	12.1%
公益財団法人	9.5%	32.6%	45.3%	2.1%	25.3%
社会医療法人，特定医療法人，2007年4月以降設立の医療法人	4.3%	13.0%	4.3%	0.0%	8.7%
医療法人（2007年3月末以前設立）	0.0%	0.0%	2.1%	0.0%	0.0%
認定特定非営利活動法人	4.8%	15.5%	15.5%	0.0%	10.2%
特定非営利活動法人	4.3%	8.7%	18.6%	1.2%	8.7%
社会福祉法人	1.4%	12.9%	40.0%	0.0%	25.7%
学校法人	1.8%	3.6%	10.7%	1.8%	10.7%
職業訓練法人	0.0%	5.0%	10.9%	1.0%	13.9%
更生保護法人	21.2%	3.8%	17.3%	3.8%	42.3%
消費生活協同組合	0.0%	0.0%	7.7%	0.0%	0.0%
農業協同組合	0.0%	0.0%	12.5%	0.0%	8.3%
漁業協同組合	0.0%	12.5%	4.2%	0.0%	25.0%
森林組合	0.0%	6.7%	23.3%	0.0%	20.0%
中小企業等協同組合	0.0%	0.0%	7.4%	0.0%	0.0%
信用金庫，信用組合，労働金庫	14.3%	10.7%	3.6%	0.0%	3.6%
共済協同組合	5.4%	21.6%	35.1%	2.7%	43.2%
労働組合	4.0%	12.0%	16.0%	0.0%	0.0%
その他	0.0%	12.5%	25.0%	0.0%	0.0%

織の割合は全体の5.6％である。同様に，都道府県庁職員出身者は12.0％，市区町村役場職員出身者は19.0％，国会議員出身者は0.9％，地方議員・首長出身者は13.8％となっている。自治体レベルを中心に，一部の組織に政治・行政セクター出身者が代表者・役員としてサードセクターに流入していることがわかる。

基本3類型でみると，「脱主務官庁制の非営利法人」で代表者・役員に行政職員出身者がいる組織の割合が相対的に多く，「主務官庁制下の非営利法人」で代表者・役員に地方議員・首長出身者がいる組織の割合が相対的に多いことがみてとれる。

個別法人格でみてみると，中央省庁職員出身の代表者・役員がいる組織の割

合が特に多いのは更生保護法人，信用金庫・信用組合・労働金庫，公益社団法人，一般財団法人（非営利型）であることがわかる。同様に，都道府県庁職員出身者の場合は，公益財団法人，公益社団法人，共済協同組合で，市区町村役場職員出身者の場合は，公益財団法人，公益社団法人，社会福祉法人，共済協同組合で，地方議員・首長出身者の場合は，共済協同組合，更生保護法人，社会福祉法人，公益財団法人で，それぞれ割合が多い。

概して，旧公益法人からの移行法人が多い公益法人と現在も主務官庁制下にある非営利法人や協同組合において，自治体レベルの政治・行政セクター出身者が多く流入している様子がうかがえる。これらのうち，行政主導型で形成された組織の場合は，「天下り」人材の受け皿として機能しているものも一部には存在していると思われる。

ところで，一部のサードセクター組織は，そもそもなぜ政治・行政セクター出身の人材を活用するのだろうか。理由の1つとして考えられるのは，政治・行政セクター出身者は組織の発展に役立つ有能・有用な人材である，とサードセクター関係者に捉えられていることである。「天下り」についての諸研究（カルダー 1989；中野 2009）が指摘してきたように，政治・行政セクター出身者は，基本的な業務遂行の能力が高い。加えて，政策知識や法制度運用能力に長けており，政府内や各業界へのコネクションも有している。政治・行政セクター出身者が組織内にいることによって，外部からの資源獲得のチャンスは増し，政治・行政への働きかけを成功させる可能性を高めることができる。このように考えられている可能性がある。

では，実際のところはどうなのであろうか。政治・行政セクター出身の人材が代表者・役員にいる組織といない組織では，何らかの違いが観察されるのであろうか。この点を調べたものが，図4-2，図4-3である。

図4-2より，行政出身者が代表者・役員にいる組織では，そうではない組織に比べて，行政からの収入比率が多く，年間収入総額も多いことがわかる。さらに，政治出身者と行政出身者の両方が代表者・役員にいる組織では，行政からの収入比率や年間収入総額がより一層多くなっている。これは，政治・行政セクター出身の人材の存在により，行政から補助金や委託金などを獲得しやすくなり，結果として組織の財政規模を拡大することができる，という因果の

図 4-2 政治・行政出身の代表者・役員の有無と行政からの収入比率，年間収入総額の関係

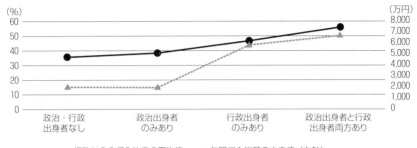

図 4-3 政治・行政出身の代表者・役員の有無とロビイングの関係

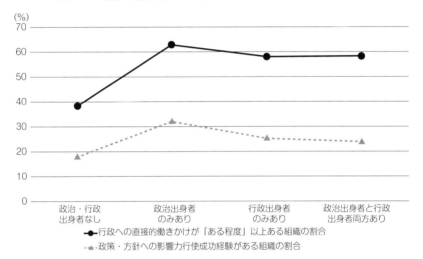

存在を示唆するものである。

　図 4-3 をみると，政治・行政出身者（特に政治出身者）が代表者・役員にいる組織では，そうでない組織に比べて，行政への働きかけを行っている組織や政策への影響力行使成功経験（次節で詳しく説明する）がある組織の割合がより多いことがわかる。詳細な結果は省略するが，この関係は年間収入総額や行政からの収入比率の影響を統制した二項ロジスティック回帰においても統計的に有意な関係として基本的には確認できる。この結果は，政治・行政出身者が代表者・役員にいる組織は，政治・行政へのロビイング局面において有利な立場

に立っていることを示唆するものである。

　以上をふまえると，政治・行政セクター出身の人材はサードセクター組織の影響力や組織力を高めるうえで有益な存在である，と結論づけることができよう。

(3) 行政によるサードセクター組織の統制

　第1章でも議論したように，日本のサードセクター組織は明治以来，伝統的に主務官庁制の下に置かれてきた。それゆえ，行政からの規制や指導・監督の影響を強く受けてきた。もっとも，この伝統的構造は，特定非営利活動促進法（特活法）や公益法人制度改革に代表される法制度の変化，および政府の新自由主義的改革のトレンドによって，部分的には解体されつつある。代わって生じつつある，より自由化された構造の下においては，行政からの規制や指導・監督はしだいに弱まっていくことが予想される。

　では，現時点では行政によるサードセクター組織の統制はどの程度なされているのだろうか。サードセクター組織は，行政からの規制や指導・監督をどの程度問題だと考えているのだろうか。第4回調査問38「障害となっている法的規制」の有無，問39「法人格取得，行政への活動報告，行政からの指導監督への評価」の回答から，この点を調べたものが表4-3である。

　全サードセクター組織でみると，「法人格の取得（認定特活の場合は認定，公益法人の場合は公益認定の取得）は大変だった」と回答した組織の割合は41.7%である。基本3類型でみると，「脱主務官庁制の非営利法人」で「大変だった」の割合が特に多く，「各種協同組合」では少ない。他方，「主務官庁制下の非営利法人」では「大変だった」との回答は34.0%であるが，社会福祉法人では57.4%，学校法人では44.7%となっており，法人格の種類によって困難度合いは異なっている。

　第1章でもみたように，近年の制度改革によって，現在では一般法人や特活法人については法人格を取得するのはそれほど難しくないはずである。にもかかわらず，「脱主務官庁制の非営利法人」で「大変だった」の割合が特に多いのはなぜか。これにはいくつかの理由がある。

　第1に，公益法人や認定特活では「大変だった」の割合が特に多いが，これ

表4-3　行政による統制の現況

	「法人格・公益認定取得は大変だった」と回答した組織の割合	「行政への報告負担が重い」と回答した組織の割合	「行政からの指導・監督が厳しい」と回答した組織の割合	「障害となっている法的規制がある」と回答した組織の割合
全サードセクター組織	41.7%	29.8%	15.0%	14.1%
脱主務官庁制の非営利法人	52.7%	35.9%	13.2%	16.9%
主務官庁制下の非営利法人	34.0%	27.9%	19.9%	13.7%
各種協同組合	19.1%	18.2%	16.7%	8.8%
一般社団法人(非営利・その他)	23.9%	13.4%	5.9%	14.0%
一般財団法人(非営利・その他)	48.4%	24.2%	5.4%	10.8%
公益社団・財団法人	71.9%	55.2%	22.7%	18.1%
認定特定非営利法人	61.0%	38.0%	12.7%	20.9%
特定非営利活動法人	39.8%	30.4%	12.9%	16.0%
社会福祉法人	57.4%	43.5%	33.8%	14.5%
学校法人	44.7%	32.7%	17.3%	19.2%

は単純な法人格取得ではなく，税制優遇措置を受けるための公益性の認定手続きのハードルがかなり高いことを意味している。

　第2に，公益法人や一般法人のなかには法人格を取得したのが公益法人制度改革前の組織が多数含まれており，それらは旧公益法人格を取得した際の苦労を回答している可能性がある。あるいは，旧公益法人から一般法人への移行時の調整作業や手続き処理の苦労を回答している可能性もある。実際，公益法人制度改革が完了し，新しい一般法人制度が確立した2009年以後に設立された一般社団法人，一般財団法人だけで集計してみると，「法人格取得が大変だった」と回答したのは，それぞれ14.0%，33.3%であり，2008年以前に設立された一般法人の場合と比べれば，その割合は少ないことがわかる。

　第3に，認定特活以外の特活法人でも39.8%が「大変だった」と回答しているのは，特活法が定める法人設立の要件[4]をクリアしたり，申請書類を作成したりすることが，小規模組織にとっては実際に負担となっていることが考えられる。

　次に，「法人の活動や決算に関する行政への報告負担が重い」と回答した組織の割合をみてみると，全サードセクター組織では29.8%となっている。基本3類型や個別法人格でみてみると，「法人格取得は大変だった」の場合と同様の傾向が確認される。「脱主務官庁制の非営利法人」，とりわけ公益法人や認定特活で「報告負担が重い」と答える組織の割合が多くなっている。他方，「各

種協同組合」では「報告負担が重い」と答える組織の割合は少ない。「主務官庁制下の非営利法人」では，社会福祉法人や学校法人で「報告負担が重い」と答える組織の割合は多くなっている。また，認定特活以外の特活法人でも30.4％が「報告負担が重い」と答えており，比較的簡素な報告義務しかない特活法人であっても，小規模組織にとっては行政への報告が負担となっている様子がうかがえる。

さらに，「法人の運営に関する行政からの指導・監督が厳しい」および「障害となっている法的規制がある」と回答した組織の割合をみてみると，いずれの場合でも，おおむね2割以内となっており，法人格による違いもそれほど大きくはない。行政による規制や指導・監督が今日においてサードセクター組織の自由な活動を大きく阻害している様子はこの結果からはうかがえない。

以上を総合的に勘案すると，行政によるサードセクター組織の統制は，今日においてはそれほど強力なものではない，と評価することができよう。「日本では行政がサードセクター組織をがんじがらめのように縛っている」という一部でみられるようなイメージは，今日の実態を反映したものとはいい難い。もちろん，法人格取得時や公益性の認定手続き時，あるいは行政への報告義務などで，一定の負担を感じる組織は，現在でも一定数存在する。しかし，それらはほとんど事務調整コストの問題ともいえる。今後，小規模組織については手続きの簡素化などの措置を図ることによって十分改善できる問題である。

3 アドボカシー活動の実態

(1) 行政への直接的働きかけ，政策・方針への影響力行使成功経験

序章でも説明したように，アドボカシーは市民社会に期待される主要な機能の1つである。政治学では利益団体研究として長年にわたって調査研究が続けられてきており，業界団体のロビー活動や市民団体のアウトサイド・ロビイングなどの活動実態が分析されてきた（Berry 1977；Walker 1991；Kollman 1998；Baumgartner et al. 2009；Coen 2016；辻中・森編 2010；辻中ほか編 2012；辻中編 2016）。

また近年の日本では，市民活動団体のアドボカシーが活性化するようになっており，一部では要求の法制化を実現する団体も出てきている（明智 2015；駒

崎・秋山 2016；勝田 2017)。「市民セクターのロビイングへの参加促進」「ロビイストの認知拡大と地位向上，職業確立」「アドボカシーの体系化」をミッションに掲げる特定非営利活動法人市民アドボカシー連盟のような中間支援組織も登場するようになっており，実務上の関心も高まりをみせている。

　では，実際のところ，今日の日本においてアドボカシー活動はどのように行われているのだろうか。どのような組織が，どのような活動をどの程度行っているのだろうか。以下では第 4 回調査のデータに依拠しつつ，法人格ごとの違いを中心にこの点を明らかにしていきたい。

　まず，アドボカシー活動のなかでも，公共政策に影響を及ぼすという点では日本の文脈で最も重要になる行政に対する直接的働きかけ（第 4 回調査問40）[6]の実態，およびアドボカシーの帰結である政策・方針への影響力行使成功経験（問41）の有無についてみていこう。表 4-4 はその結果をまとめたものである。

　行政に対する直接的働きかけを行う組織の割合は，市区町村＞都道府県＞中央省庁の順に多くなっている。中央省庁に対して直接的働きかけをする組織は 5 ％未満であるのに対し，市区町村課長クラスに対しては約 4 割である。中央省庁への働きかけが少ないのは，対象へのアクセスの難しさを反映しているとともに，そもそもローカルレベルで活動する組織が大半であり（⇒第 1 章），中央省庁と直接的な利害関係をもたないことが影響していると思われる。

　また，大臣や首長などの政治アクターを含む幹部よりも，課長クラスへの働きかけを行う組織のほうが多い。これは，幹部へのアクセスの難しさを反映しているとともに，課長クラスに各政策分野の実質的権限が集中している日本の行政組織の特徴を反映しているものと推測される。

　政策・方針の実施ないし修正・阻止の成功経験がある組織の割合をみてみると，これも行政に対する直接的働きかけと同様，市区町村＞都道府県＞中央省庁の順に多くなっている。ただし，いずれのレベルにおいても成功経験がある組織の割合は15％未満であり，多くのサードセクター組織にとって，政策を実際に動かすことは難しい状況にあることがうかがえる。なお，実施と修正・阻止の違いはほとんどないといってよい。

　基本 3 類型でみた場合，行政に対する直接的働きかけを行う組織の割合，および政策・方針への影響力行使成功経験がある組織の割合は，類型間でほとん

表4-4 行政への直接的な働きかけ，政策・方針への影響力行使成功経験

	全サードセクター組織	脱主務官庁制の非営利法人	主務官庁制下の非営利法人	各種協同組合
大臣など中央省庁の幹部への「ある程度」以上の働きかけあり	1.0%	0.9%	0.7%	1.9%
中央省庁の課長クラスへの「ある程度」以上の働きかけあり	4.1%	5.2%	2.0%	5.1%
首長など都道府県の幹部への「ある程度」以上の働きかけあり	4.2%	5.2%	3.4%	3.3%
都道府県の課長クラスへの「ある程度」以上の働きかけあり	16.8%	17.9%	19.3%	17.1%
首長など市区町村の幹部への「ある程度」以上の働きかけあり	18.9%	20.4%	18.4%	17.9%
市区町村の課長クラスへの「ある程度」以上の働きかけあり	39.4%	44.0%	43.0%	32.4%
国の政策・方針の実施に成功した経験がある	5.1%	4.9%	3.2%	6.5%
国の政策・方針の修正・阻止に成功した経験がある	4.7%	5.1%	2.8%	4.0%
都道府県の政策・方針の実施に成功した経験がある	7.8%	8.4%	5.4%	8.5%
都道府県の政策・方針の修正・阻止に成功した経験がある	6.6%	6.7%	5.4%	7.5%
市区町村の政策・方針の実施に成功した経験がある	13.0%	15.3%	9.6%	11.9%
市区町村の政策・方針の修正・阻止に成功した経験がある	12.0%	12.7%	10.6%	9.9%

ど違いはみられない。

ただし，個別法人格でみると，法人格ごとの違いがはっきり出ている部分もある。都道府県課長クラスへの働きかけは，漁業協同組合（42.1%）と学校法人（30.0%）でやや多い。市区町村課長クラスへの働きかけは，公益社団法人（63.4%），社会福祉法人（61.3%），漁業協同組合（60.0%），認定特定非営利活動法人（50.3%）などで多く，逆に消費生活協同組合（0.0%），医療法人（11.1%），更生保護法人（16.3%）などでは少ない。政策・方針への影響力行使成功経験は，農業協同組合，漁業協同組合，労働組合，その他法人格，認定特定非営利活動法人（市区町村レベルのみ）で多い。

(2) アドボカシー活動の4類型

アドボカシー活動は，上述した行政へのロビー活動に尽きるものではない。国会議員や地方議員などの政治アクターに対するロビイング，署名活動・集会・デモなどのアウトサイト・ロビイング，マスメディア・ウェブサイト・印

表4-5　アドボカシー活動の4因子

	1	2	3	4
	「啓蒙型」	「動員型」	「自治体接触型」	「国政接触型」
1．与党国会議員に接触（電話，会見など）	−.064	−.111	.173	.767
2．野党国会議員に接触（電話，会見など）	−.058	.290	−.070	.719
3．中央省庁に接触（電話，会見など）	.162	−.102	−.045	.590
4．自治体首長に接触（電話，会見など）	−.047	−.114	.814	.073
5．地方議員に接触（電話，会見など）	−.063	.096	.655	.202
6．自治体職員に接触（電話，会見など）	.067	−.076	.848	−.142
7．審議会，公聴会等に参加	.183	.152	.365	.078
8．手紙，電話，電子メールなどで議員や行政機関に働きかけるよう自組織の会員に要請	.144	.281	.252	.124
9．請願のための署名	−.098	.792	.072	−.039
10．集会への参加	.021	.828	.143	−.163
11．デモ，ストライキなどの直接的行動	.001	.852	−.210	.053
12．マスメディアへの情報提供・アピール（記者会見，意見広告掲載など）	.784	−.021	.006	.085
13．ウェブサイトやSNS上でのアピール	.950	−.160	−.049	.067
14．印刷物発行や書籍出版によるアピール	.832	.029	.030	−.091
15．シンポジウムやセミナーの開催	.704	.072	.017	.016
16．他団体との連合の形成	.496	.280	.071	−.057
17．裁判所に提訴	.134	.324	−.178	.198
因子寄与率	39.0%	7.7%	6.2%	4.2%
抽出法：最尤法，プロマックス回転				
N=1,316				

刷物・シンポジウムなどを通じた啓発活動，裁判闘争などの活動形態も，アドボカシー活動の実態を捉えるうえでは重要である（⇒序章）。

第4回調査問42では，そういったアドボカシー活動のさまざまな側面をできるだけ包括的に捉えるべく，17種類のアドボカシー手段の行動頻度を5件尺度で尋ねている。表4-5に示すように，それらの回答を探索的因子分析（最尤法，プロマックス回転）にかけ，4つの因子を抽出した。4因子はそれぞれ「啓蒙型」「動員型」「自治体接触型」「国政接触型」と解釈することができる。

サードセクター組織の多様なアドボカシー活動は，大別すると，この4つの類型で捉えることができる。

次に，各因子の因子得点から組織ごとの偏差値を計算し，その平均値を法人格ごとに示したものが表4-6である。「啓蒙型」アドボカシーの偏差値が相対的に高いのは，その他[7]，認定特定非営利活動法人，労働組合である。同様に，「動員型」では労働組合，その他，農業協同組合，「自治体接触型」ではその他，農業協同組合，労働組合，「国政接触型」では労働組合，その他，農業協同組

第 4 章　サードセクター組織の政治・行政との関係性

表 4-6　法人格別にみた 4 つのタイプのアドボカシー活動量

	「啓蒙型」	「動員型」	「自治体接触型」	「国政接触型」
一般社団法人（非営利型）	50	48	48	50
一般社団法人（その他）	50	48	49	50
一般財団法人（非営利型）	48	47	46	48
一般財団法人（その他）	48	47	47	48
公益社団法人	50	49	53	50
公益財団法人	49	47	49	48
社会医療法人，特定医療法人，2007年4月以降設立の医療法人	48	50	50	50
医療法人（2007年3月末以前設立）	45	47	46	48
認定特定非営利活動法人	57	52	53	52
特定非営利活動法人	52	51	51	49
社会福祉法人	49	52	52	51
学校法人	48	49	50	50
職業訓練法人	47	48	49	49
更生保護法人	48	48	48	51
消費生活協同組合	50	53	46	47
農業協同組合	50	56	55	53
漁業協同組合	50	51	53	51
森林組合	46	49	51	47
中小企業等協同組合	49	51	52	52
信用金庫，信用組合，労働金庫	46	46	46	48
共済協同組合	46	47	45	49
労働組合	54	71	54	60
その他	58	71	58	58

注：各数字は法人格ごとの偏差値の平均値。

合で，それぞれ偏差値の平均値は高い。概して，アドボカシー活動が全般的に活発な法人格は労働組合，農業協同組合，認定特活だということができよう。

(3) 政策への影響力行使に成功しているのはどのような組織か

　アドボカシー活動は，単に行うだけならば，それほどハードルは高くない。より難しいのは，新規の法制化や既存政策の修正・阻止など，公共政策の変化をもたらす実効的なアドボカシーである。

　では，いかにすれば実効的なアドボカシーを行い，政策への影響力行使に成功することができるのであろうか。先行研究では，インサイド戦術とアウトサイド戦術の併用（原田 2016），専門知識と団体間ネットワーク（坂本 2012），政策企業家の存在（勝田 2017）など，すでに成功のためのいくつかの条件が示されている。それらとは別に，ここでは本章の**2(1)** ですでに検討した「行政

機関との日常的関わり」という変数に着目したい。

　行政国家化の趨勢の下では，どの国においても政策過程における行政官僚の重要性は増大する傾向にあるが，日本では特に行政官僚の影響力の強さが伝統的に指摘されてきた（Johnson 1982＝2018；飯尾 2007）。行政官僚は豊かな専門知識を駆使して政治家の政策立案をサポートするのはもちろん，審議会や懇談会・研究会などの場を設定したり，出向や天下りといった人的交流を行ったりすることによって，社会の側に積極的に浸透していき，政府と社会の接点および利害の調整役としても機能している。また，政策実施局面では，補助金・助成金交付，許認可権限，規制基準，行政指導などの手段を用いることで，社会を統制する役割も果たしている。行政官僚の影響力の強さは，中央政府のみならず，地方政府においても同様にみられる（村松 1994；森 2010；濱本・辻中 2010；山本 2010；久保 2010；村上 2016；平田 2017）。

　このように政策過程において重要な位置を占める行政官僚と日常的に関わっている組織は，そうでない組織に比べて，権力アクターである行政官僚の了解を得られやすく，場合によっては行政官僚を味方につけて，その影響力を自組織の利益になるように利用できるため，結果的に政策への影響力行使により成功しやすいのではないだろうか。換言すれば，行政官僚と日常的に関わることによって，行政官僚からある種の「信認」を得ていなければ，いくらインサイド・ロビイングを含むアドボカシー活動を行ったとしても，なかなか政策を動かすことはできないのではないだろうか。これが本節において検証したい仮説である[8]。

　図4-4は国，都道府県，市区町村のそれぞれのレベルにおいて，当該行政機関と日常的な関わりがある組織と日常的な関わりがない組織の間で，政策への影響力行使成功経験の割合がどのように異なるかを示したものである。いずれのレベルにおいても，政策への影響力行使成功経験がある組織の割合は，行政機関と日常的な関わりがある組織のほうが，日常的な関わりがない組織の2倍以上となっていることがわかる。

　ただし，上記の結果は財政規模の大きさによる疑似相関の可能性もある。本章の **2**（1）でみたように，行政機関との日常的な関わりがある組織は，日常的な関わりがない組織に比べて，明らかに財政規模が大きく，財政的リソース

図4−4　行政機関との日常的関わりの有無と政策への影響力行使成功経験の有無の関係

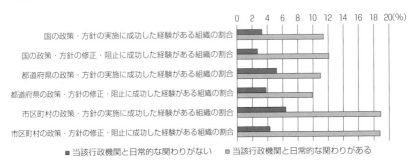

が豊かである。したがって，豊かなリソースが政策への影響力行使成功経験の多さをもたらしているだけの可能性がある。

そこで，次に政策への影響力行使成功経験の有無を従属変数とする二項ロジスティック回帰を行った。独立変数には，行政機関との日常的関わりの有無，および本章の**3**(2)で算出したアドボカシー活動の4因子の因子得点を用いた。統制変数としては，年間収入総額（対数変換値），組織の活動年数，組織の活動範囲（都道府県，国内全域，国内および海外の各ダミー変数），法人格（認定特活，農業協同組合，漁業協同組合，労働組合，その他の各ダミー変数），政治・行政セクター出身の代表者・役員の存在（中央省庁職員出身，都道府県庁職員出身，市区町村役場職員出身，国会議員出身，地方議員・首長出身の各ダミー変数）を投入した。表4−7に示しているのが，独立変数の係数の推定結果である。

この表より，「市区町村の政策・方針の実施に成功した経験」を従属変数とするモデルを除き，いずれの場合でも行政機関との日常的関わりは係数が正で統計的に有意であることがわかる。アドボカシーの活動量のレベル，財政規模，活動年数，活動範囲，法人格，政治・行政セクター出身の代表者・役員の存在といった変数の影響を統制したうえでもなお，行政機関との日常的な関わりがあることが政策への影響力行使成功経験にプラスの影響を与えているといえよう。

興味深いのは，国レベルではアドボカシーの活動量の各変数はいずれも有意ではないことである。これには「国レベルの政策を動かすうえでは，ロビー活動や啓蒙・動員などのさまざまなアドボカシー活動を行っているかどうかはあまり意味がなく，行政との日常的関わりこそが重要である」という含意がある。

表4-7　政策への影響力行使成功経験を従属変数とする二項ロジスティック回帰分析

	国の政策・方針の実施に成功した経験	国の政策・方針の修正・阻止に成功した経験	都道府県の政策・方針の実施に成功した経験	都道府県の政策・方針の修正・阻止に成功した経験	市区町村の政策・方針の実施に成功した経験	市区町村の政策・方針の修正・阻止に成功した経験
当該行政機関との日常的関わり	1.355***	1.911***	1.068**	.979*	.381	1.127**
「啓蒙型」アドボカシー	.335	.210	.281+	.099	−.085	−.242
「動員型」アドボカシー	−.002	.258	−.290	−.028	−.154	.082
「自治体接触型」アドボカシー	.364	.091	.720***	.760**	1.343***	1.108***
「国政接触型」アドボカシー	.106	.369	.287+	.013	−.124	−.317*

*** p＜.001, ** p＜.01, * p＜.05, + p＜.10
注：統制変数として投入した変数の結果は省略。

　他方，自治体レベルでは，「自治体接触型」アドボカシーがいずれでも係数が正で有意である。また，10％水準ではあるが，一部のモデルでは「啓蒙型」アドボカシーも係数が正で有意となっている。自治体レベルでは，行政官僚との日常的な関わりがなくとも，議員や行政官僚に対するロビイングを行うことによって，政策への影響力行使を成功させる確率を高めることができる様子がこの結果からうかがえる。

　以上をふまえると，公共政策を動かすうえでは普段から行政官僚と反復的に付き合い，彼らの信認を得ておくことが重要である。特に国レベルでは，行政官僚を味方につけずに，ただやみくもに啓発活動をしたり，デモをしたり，ロビー活動をしたりしても，政策変化を起こすことは難しい。ここでの分析結果からは，以上のように結論づけることができよう。

4　知見と含意

　本章では，第4回調査のデータを用いて，日本におけるサードセクター組織の政治・行政との関係性を多角的に分析してきた。分析の結果，得られた知見をまとめると，以下のようになる。

　第1に，多くのサードセクター組織は，行政と日常的な関わりをもっている。中央省庁と日常的な関わりがある組織は21.9％，都道府県庁の場合は43.0％，

市区町村役場の場合は51.1％である。行政機関と日常的に関わっている組織は，関わっていない組織に比べて，組織の財政規模がより大きい傾向にある。

　第2に，審議会・諮問機関に委員を派遣したことがある組織は，全体の15.0％とそれほど多くはない。他方，政治・行政アクターから政策上の相談を受ける機会は，自治体レベルでは多くの組織が経験している。自治体レベルでは，サードセクター組織はさまざまな政策領域におけるステイクホルダーとして，また専門知識を有する存在として，政治・行政アクターに認識されていることがうかがえる。

　第3に，一部のサードセクター組織には，政治・行政セクター出身の代表者・役員がいる。具体的には，中央省庁職員出身の代表者・役員がいる組織の割合は5.6％である。同様に，都道府県庁職員出身者は12.0％，市区町村役場職員出身者は19.0％，国会議員出身者は0.9％，地方議員・首長出身者は13.8％となっている。概して，旧公益法人からの移行法人が多い公益法人と現在も主務官庁制下にある非営利法人や協同組合において，自治体レベルの政治・行政セクター出身者が多く流入している様子がうかがえる。また，政治・行政セクター出身の代表者・役員がいる組織では，年間収入総額や行政からの収入比率が大きい傾向やロビイング局面で有利な立場に立っていることがうかがえる。サードセクター組織の影響力や組織力を高めるうえで，政治・行政セクター出身の人材は有益な存在であるといえよう。

　第4に，サードセクター組織の認識を調べる限りでは，今日において行政のサードセクター組織に対する統制は，それほど強くはない。法人格取得時や公益性の認定手続き時，あるいは行政への報告義務などで，一定の負担を感じる組織はある程度の割合で存在するものの，「法人の運営に関する行政からの指導・監督が厳しい」あるいは「障害となっている法的規制がある」と認識する組織は少数派である。「行政がサードセクター組織をがんじがらめのように縛っている」という一部でみられるようなイメージは，今日の実態を反映したものとはいい難い。

　第5に，行政に対する直接的働きかけを行う組織の割合は，市区町村＞都道府県＞中央省庁の順に多くなっている。中央省庁に対して直接的働きかけをする組織は5％未満であるのに対し，市区町村課長クラスに対しては約4割と多

い。同様に，政策・方針の実施ないし修正・阻止の成功経験がある組織の割合も，市区町村＞都道府県＞中央省庁の順に多くなっている。ただし，いずれのレベルにおいても成功経験がある組織の割合は15％未満であり，多くのサードセクター組織にとって，政策を実際に動かすことは難しい状況にあることがうかがえる。

第6に，サードセクター組織の多様なアドボカシー活動は「啓蒙型」「動員型」「自治体接触型」「国政接触型」の4類型に大別することができる。アドボカシー活動が全般的に活発な法人格は，労働組合，農業協同組合，認定特活である。

第7に，政策への影響力行使成功経験の有無を規定する要因として，行政機関との日常的関わりという変数が重要である。公共政策を動かすうえでは，普段から行政官僚と反復的に付き合い，彼らの信認を得ておくことが必要である。特に国レベルでは，行政官僚を味方につけずに，ただやみくもに啓発活動をしたり，デモをしたり，ロビー活動をしたりしても，政策変化を起こすことは難しい。

全体を総括すると，サードセクター組織は，行政を中心に政府と日常的に関わっている存在である。その関わり方も，行政が一方的にサードセクター組織を指導・監督するような関係ではなく，行政がサードセクター組織から意見や要望を聞きながら，協働で公共的課題に取り組んでいくような関係が築かれている，と評価できよう。また，サードセクター組織には，政治・行政セクター出身の人材が流入しており，サードセクターと政府セクターの相互浸透が生じている。

他方，サードセクター組織は，自らの利害や主張をアドボカシー活動によって，政治過程に表出させる役割も担っている。一部の組織に限られるものの，公共政策の変化をもたらすようなアドボカシーが行われることもある。

以上をふまえると，サードセクター組織と政治・行政の間には密接な関係性が存在しているのは明らかである。サードセクター研究においては，筆者らを含めて，政治学者・行政学者による研究成果が目立つが，それはまさに実態としてのサードセクターと政治・行政の結びつきの強さを反映してのことであろう。今後も，サードセクター組織と政治・行政がどのように関わっているのかを注意深く観察していく必要がある。

注

1) Young（1999）の整理図式は，本来，非営利組織と政府の関係を念頭に置いたものであるが，サードセクター全般にも援用できるものだと本章では考える。
2) 第4回調査問35行政機関との日常的関わりの有無では，具体的な機関名も尋ねており，一部の組織からは回答が得られている。中央省庁で回答が多かったのは厚生労働省，財務省，法務省，金融庁であった。同様に，都道府県庁では，健康福祉，産業労働，農林水産関係の部局，市区町村役場では，健康福祉，教育委員会，商工観光などの部局を挙げる回答が目立った。
3) ただし，二項ロジスティック回帰の結果では，政治出身者と行政出身者の両方が代表者・役員にいる組織では，政治・行政出身者が代表者・役員にまったくいない組織よりも，むしろ行政への働きかけや政策への影響力行使成功経験が低調になる，という逆の関係がみられた。理由は不明であるが，政治出身者のみ，または行政出身者のみの場合に限定して，ロビイングに対する正の影響が確認された。
4) 特に，社員を10名以上集めなければならないこと，および「役員のうち報酬を受ける者の数が役員総数の3分の1以下であること」という規定があるために無報酬の役員を一定数集める必要があること，などが小規模組織にとっては負担となっている。
5) 同連盟のウェブサイト（http://lobbyingadvocacy.strikingly.com（2018年10月4日アクセス））を参照。
6) 行政に対する直接的働きかけ（問40）は，本来「1 まったくない」から「5 非常に頻繁」までの5件法で回答を尋ねているが，ここでは「3 ある程度」以上の回答があった場合を，「働きかけあり」とみなし，結果をまとめている。
7) 法人格種別で「その他」を選択した組織がどのような組織かについては，詳細は不明である。「その他」を選択した組織10件のうち6件は，自由記述で具体的な内容を答えてくれているが，「（法人格を有さない）労働組合」との回答が3件あったので，ある程度法人格を有さない労働組合がシェアを占めていると思われる。
8) この仮説は，村松らの圧力団体研究で「相互作用正統化仮説」として指摘されていたものとロジックとしては同じである（村松ほか 1986）。

参考文献

明智カイト，2015，『誰でもできるロビイング入門——社会を変える技術』光文社．
飯尾潤，2007，『日本の統治構造——官僚内閣制から議院内閣制へ』中央公論新社．
岡本仁宏，2017，「法制度——市民社会に対する規定力とその変容」坂本治也編『市民社会論——理論と実証の最前線』法律文化社，178-200．
勝田美穂，2017，『市民立法の研究』法律文化社．
カルダー，ケント・E.，1989，「平等化とエリートの役割——政府と企業関係における調整・仲介者としての官僚出身者」『レヴァイアサン』5：127-149．
久保慶明，2010，「市区町村職員をとりまくネットワーク」辻中豊・伊藤修一郎編『ローカル・ガバナンス——地方政府と市民社会』木鐸社，111-129．
駒崎弘樹・秋山訓子，2016，『社会をちょっと変えてみた——ふつうの人が政治を動かした七つの物語』岩波書店．
坂本治也，2012，「NPOの政治的影響力とその源泉」辻中豊・坂本治也・山本英弘編『現代日本のNPO政治——市民社会の新局面』木鐸社，149-182．
辻中豊・森裕城編，2010，『現代社会集団の政治機能——利益団体と市民社会』木鐸社．
辻中豊・坂本治也・山本英弘編，2012，『現代日本のNPO政治——市民社会の新局面』木鐸社．
辻中豊編，2016，『政治変動期の圧力団体』有斐閣．

中野雅至,2009,『天下りの研究──その実態とメカニズムの解明』明石書店.
濱本真輔・辻中豊,2010,「行政ネットワークにおける団体──諮問機関と天下りの分析から」辻中豊・森裕城編『現代社会集団の政治機能──利益団体と市民社会』木鐸社,156-179.
原田峻,2016,「NPO優遇税制をめぐる立法運動のロビイング戦術」『年報社会学論集』29: 116-127.
平田彩子,2017,『自治体現場の法適用──あいまいな法はいかに実施されるか』東京大学出版会.
向井清史,2015,『ポスト福祉国家のサードセクター論──市民的公共圏の担い手としての可能性』ミネルヴァ書房.
村上裕一,2016,『技術基準と官僚制──変容する規制空間の中で』岩波書店.
村松岐夫,1994,『日本の行政──活動型官僚制の変貌』中央公論社.
村松岐夫・伊藤光利・辻中豊,1986,『戦後日本の圧力団体』東洋経済新報社.
森裕城,2010,「団体-行政関係の諸相──国との関係を中心として」辻中豊・森裕城編『現代社会集団の政治機能──利益団体と市民社会』木鐸社,135-155.
山本英弘,2010,「ガバナンス概観──政策過程における多様な主体の参加と影響力」辻中豊・伊藤修一郎編『ローカル・ガバナンス──地方政府と市民社会』木鐸社,39-57.
Baumgartner, Frank R., Jeffrey M. Berry, Marie Hojnacki, David C. Kimball and Beth L. Leech, 2009, *Lobbying and Policy Change: Who Wins, Who Loses, and Why*, University of Chicago Press.
Berry, Jeffrey M., 1977, *Lobbying for the People: The Political Behavior of Public Interest Groups*, Princeton University Press.
Coen, David ed., 2016, *EU Lobbying: Empirical and Theoretical Studies*, Routledge.
Johnson, Chalmers A., 1982, *MITI and the Japanese Miracle: the Growth of Industrial Policy, 1925–1975*, Stanford University Press.(=2018,佐々田博教訳『通産省と日本の奇跡──産業政策の発展1925-1975』勁草書房.)
Kollman, Ken, 1998, *Outside Lobbying: Public Opinion and Interest Group Strategies*, Princeton University Press.
Pekkanen, Robert, 2006, *Japan's Dual Civil Society: Members Without Advocates*, Stanford University Press.(=2008,佐々田博教訳『日本における市民社会の二重構造──政策提言なきメンバー達』木鐸社.)
Phillips, Susan D. and Steven Rathgeb Smith, 2011, Between Governance and Regulation: Evolving Government-Third Sector Relationships, in Susan D. Phillips and Steven Rathgeb Smith eds., *Governance and Regulation in the Third Sector: International Perspectives*, Routledge, 1-36.
Walker, Jack L. Jr., 1991, *Mobilizing Interest Groups in America: Patrons, Professions, and Social Movements*, University of Michigan Press.
Young, Dennis R., 1999, Complementary, Supplementary, or Adversarial?: A Theoretical and Historical Examination of Nonprofit-Government Relations in the United States, in Elizabeth T. Boris and C. Eugene Steuerle eds., *Nonprofits and Government: Collaboration and Conflict*, Urban Institute Press, 31-67.(=2007,上野真城子・山内直人訳「相補か,補完か,敵対か──米国のNPOと政府との関係をめぐる理論的,歴史的検証」E. T. ボリス／C. E. スターリ編『NPOと政府』ミネルヴァ書房.26-60)

第5章 サードセクター組織の持続と変容

後房雄・山本英弘・小田切康彦

　本章では、4時点の調査データにもとづいて、制度変革期におけるサードセクターの変容過程を、活動分野、職員の雇用、財政構造、情報公開という点から捉えることを試みる。
　分析から、一般法人、公益法人、特活法人といった脱主務官庁制の非営利法人は、職員数や財政規模という点では主務官庁制下の法人や協同組合と比べて小さい。しかし、法人数は増加傾向にある。また、職員の年収水準が上昇傾向にあり雇用環境が整いつつあること、社会的支援収入額の占める割合が上昇したり、情報公開が進んで社会との結びつきを強めていることなど、新しい法人セクターとしての成長が垣間見え、サードセクター全体における存在感が高まりつつあることがわかる。
　一方で、4時点を通してみても、変化の方向性が明確ではなく、その意味でサードセクター組織の人的資源や財務基盤の多様性もあらためて浮き彫りになった。

1 はじめに——制度変革期のサードセクター

　本書ですでに何度か触れてきたように、日本のサードセクターは現在、重大な転換点にあるといえる。1990年代以降の制度変革、とりわけ2008年に施行された公益法人制度改革関連三法では、法人格取得と公益認定との切り離し、準則主義による非営利法人の登記での設立、主務官庁制の廃止など、従来の非営利法人のあり方に大きな変更を迫るものであった。そして、こうした制度変革を受けて、現在、新興のサードセクター組織が急増している。
　サードセクター調査は、このような制度変革期に4時点（2010年、2012年、2014年、2017年）にわたって行われてきた。そこで、このデータをもとに時点間の比較を行うことで、各法人がどのように変化したのか、それは制度改革が意図したものであったのかを検証することができるだろう。
　一連のサードセクター調査では、種々の制度変革のうち、とりわけ主務官庁制の廃止に着目してきた。そして、新たな法人格とともに主務官庁による指導・

表 5-1 各時点の調査の概要

	第1回	第2回	第3回	第4回
調査期間	2010年12月～2011年2月	2012年11月～2013年1月	2014年9～11月	2017年5月
母集団情報	総務省「平成18年事業所企業統計調査」収録の「会社以外の法人」「法人格をもたない団体」	総務省「平成21年経済センサス－基礎調査」収録の「会社以外の法人」「法人格をもたない団体」	総務省「平成24年経済センサス－活動調査」収録の「会社以外の法人」「法人格をもたない団体」	国税庁「法人番号公表サイト」収録の「その他の設立法人」「その他」および閉鎖登記の情報がないもの
標本抽出方法	母集団における各法人の構成比に応じてサンプル数を割り当てたうえで無作為抽出	母集団における各法人の構成比に応じてサンプル数を割り当てたうえで無作為抽出	母集団における各法人の構成比に応じてサンプル数を割り当てたうえで無作為抽出	母集団における各法人の構成比に応じてサンプル数を割り当てたうえで無作為抽出
調査票の配布・回収方法	郵送による配布・回収	郵送による配布・回収	郵送による配布／郵送またはweb入力による回収	郵送による配布／郵送またはweb入力による回収
計画サンプル数	12,500	14,000	26,000	12,500
回収サンプル数	3,901	3,656	6,625	1,480
回収率	31.2%	26.1%	25.5%	13.2%

監督から脱却し，自主的，自律的に活動できる組織が登場したことで，サードセクター全体の構造がどのように変わりつつあるのかを捉えることをめざしてきた。そこで本章では，4時点の時点間比較により，サードセクター組織の変容を捉えてみたい。

各回の調査の概要については表5-1に示したとおりである。第1～3回の調査は，母集団情報を総務省の「事業所企業統計調査」および「経済センサス」調査に依拠している。これに対して，第4回調査では，国税庁の「法人番号公表サイト」に依拠している。こうした母集団情報のソースの違いが結果に影響を及ぼしている可能性には留意が必要である。標本抽出については，詳細は割愛するが，各回とも原則として母集団における法人格の構成比になるべく近似したサンプル数を割り当てたうえで，無作為抽出を行っている。

配布・回収の方法は，郵送で行っているが，第3回調査からウェブ画面からの入力も行えるようにした。回収率については，第1～3回は25～30%であるが，第4回調査では13.2%と低下している。

なお，各調査時点において法人制度が異なっていたり，調査ごとの対象が異なっていたりするため，法人格のカテゴリが同一ではない。そこで，本章では4時点を通して比較可能な法人のみを用いて分析を行うこととする。具体的には，一般社団法人，一般財団法人，公益社団法人，公益財団法人，（認定）特

定非営利活動法人，特例民法法人，社会福祉法人，学校法人，更生保護法人，職業訓練法人，消費生活協同組合，中小企業等（事業）協同組合，農業協同組合である。

そして，これらの法人を，原則として，サードセクターの三重構造をなす「脱主務官庁制法人（一般社団法人，一般財団法人，公益社団法人，公益財団法人，（認定）特定非営利活動法人）」「主務官庁制下の法人（社会福祉法人，学校法人，更生保護法人，職業訓練法人）」「協同組合（消費生活協同組合，中小企業等（事業）協同組合，農業協同組合）」に分類し，それぞれの特徴を吟味する。なお，脱主務官庁制の法人については，さらに一般法人，公益法人，特活法人に分割し，それぞれの異同を検討したい。

上記の法人類型化は，第4回調査のみを取り扱っている前章までとは異なることに注意されたい。なお，それぞれの分析において分類の仕方を変えている場合は，その都度説明する。

以下，**2**では調査の母集団にあたるリストをもとに各法人の組織数の推移を示す。次いで，**3**では組織の活動分野，**4**では常勤職員数，**5**では組織の財政状況，**6**では情報公開という観点から，サードセクター組織の変容を検討する。

2 サードセクター組織数の推移

まずは4時点におけるサードセクター組織数の推移を確認しておこう。図5-1に，種々の資料から抽出した各法人格の全国での総数の推移を示す[4]。なお，主務官庁制下の法人と協同組合は，それぞれに含まれる法人数を加算し，まとめて示すこととする。

一見して，一般法人が急増していることが目に留まる。これはまさに公益法人制度改革の成果であり，登記によって法人格を取得できるようになったためだと考えられる。また，全体の数はそれほど多くはないものの，公益認定を受けた公益法人も増加しており，2010年時点で615団体だったものが，2017年には1万団体（9,468団体）に近づいている。

このほか，1998年に特定非営利活動促進法が施行され，それから急増した特活法人については一時期ほどの伸びは示していないものの増加傾向にあり，5

図5-1　法人数の推移

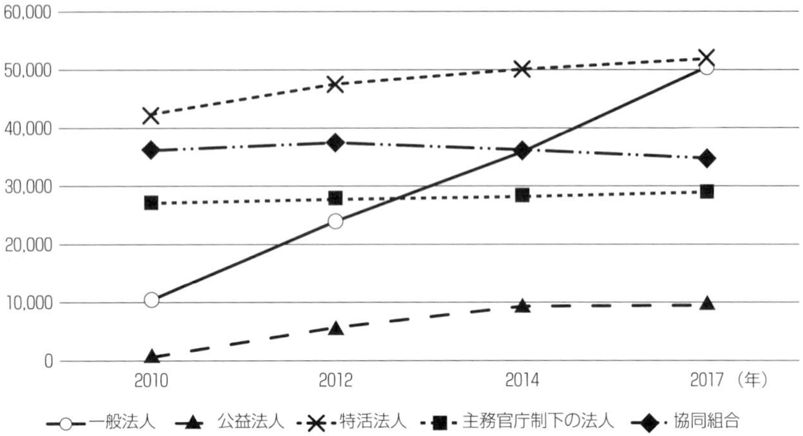

```
60,000
50,000
40,000
30,000
20,000
10,000
    0
         2010      2012      2014      2017（年）
─○─一般法人　─▲─公益法人　-×-特活法人　-■-主務官庁制下の法人　─◆─協同組合
```

万団体を超えている。以上から，脱主務官庁制の各法人は着実にその数を増やし，サードセクター全体でも大きなウエイトを占めるようになっている。

これに対して，社会福祉法人や学校法人といった主務官庁制下の法人，および消費生活協同組合，中小企業等協同組合，農業協同組合といった協同組合についてはその数に大きな変化はみられない。

3　サードセクター組織の活動分野

それでは，サードセクター調査にもとづいて，法人格ごとの変化を検討していこう。初めに，活動分野についてである。第1～3回のサードセクター調査では，28の活動分野（「その他」を含む）を挙げて，主な活動分野を1つ尋ねている[5]（第1回調査問31，第2回調査問33，第3回調査問32）。

表5-2に，各回の調査における活動分野の上位2つを示している。一般法人では，地域社会，経済活動，高齢者福祉や医療・保健などの分野が挙がっている。もっとも，それぞれの割合は低く，第1回調査で20％弱だったのが，第2回以降は10％を切っている。続いて，公益法人については第1回で経済活動，第2，3回では高齢者福祉が最も多い。とはいえ，最も多い分野が占める割合は多くとも25％であり，一般法人と同じく減少傾向にある。

表5-2 活動分野上位2つの推移

(%)

	第1回		第2回		第3回	
一般法人	地域社会の発展	17.9	地域社会の発展	9.0	その他	16.5
	高齢者福祉	15.4	経済活動	9.0	医療・保健	8.6
公益法人	経済活動	25.0	高齢者福祉	21.7	高齢者福祉	11.0
	文化・芸術振興	17.9	学術・科学振興	11.0	子どもの健全育成	10.5
特活法人	障がい者・生活困窮者等支援	27.8	障がい者・生活困窮者支援	27.2	障がい者・生活困窮者等支援	27.7
	高齢者福祉	25.3	高齢者福祉	16.9	高齢者福祉	17.6
主務官庁制下の法人	子どもの健全育成	36.1	子どもの健全育成	24.6	子どもの健全育成	47.7
	高齢者福祉	32.6	障がい者・生活困窮者等支援	20.6	高齢者福祉	15.7
協同組合	その他	43.0	経済活動	32.2	その他	39.7
	経済活動	22.5	その他	25.4	経済活動	20.0

　特活法人については，各時点とも障がい者・生活困窮者等，高齢者福祉の順に多く，これらが占める割合も一般法人や公益法人と比べれば大きい。従来から指摘されているように（辻中ほか編 2012など），特活法人は福祉分野で活動するものが多く，時点間でも安定しているようである。特例民法法人では，2時点で上位に挙がるものが異なっており，さらに割合も高くはない。

　このほか，主務官庁制下の法人では，子どもの健全育成，高齢者福祉，障がい者・生活困窮者支援が上位を占めている。この法人類型に含まれる団体の多くが社会福祉法人と学校法人であるためであり，法人の性格から特定の活動分野に集中するのは当然だといえるだろう。

　協同組合については，各時点とも経済活動とその他が多く，これらの占める割合も大きい。「その他」という回答における自由記述の内容をみると，組合員の利益のための活動を挙げるものが多い。組合員の相互扶助的な活動を行う協同組合にとっては当然ともいえる結果である。なお，第4回調査では活動分野に「構成員の利益の実現」という項目が設けられているが（⇒**第1章**），各種協同組合では15.1％と一定の割合を示している。

　以上の結果から，一般法人や公益法人といった制度改革によって新制度に移行した法人は特定の分野に偏らず活動しており，その傾向は強まっている。これに対して，脱主務官庁制の法人でも，特活法人は福祉分野で活動するものが一貫して多い。主務官庁制下の法人と各種の協同組合についても，特定の分野で活動するものに集中する傾向がある。

4 サードセクター組織の雇用

(1) 常勤職員数

　続いて，サードセクター組織の雇用に目を向けてみよう。サードセクター，とりわけ脱主務官庁制の法人数が増大するとともに，これらの団体に雇用される職員も増加しているのだろうか。この点はサードセクターの労働市場におけるインパクトを考えるうえで重要である[6]。

　図5-2は，各調査時点における常勤職員数を示している（第1回調査問12，第2回調査問14，第3回調査問14，第4回問6）。法人類型は，脱主官庁制法人をさらに，一般法人，公益法人，特活法人，特例民法法人に分け，主務官庁制下の法人，協同組合とあわせて比較検討を行う。

　まずは，常勤職員の有無から検討していく。サードセクター組織は必ずしも常勤職員をもつとは限らない。**第2章**でも述べられているように，サードセクター組織にとっての1つの課題は，専従の職員を十分に確保できないことであり，この点はとりわけ日本にあてはまることが指摘されてきた（Pekkanen 2006＝2008）。

　図5-2から，どの法人類型でも，第1回調査では常勤職員が0人の組織は少ないが，第2回調査以降は一定程度みられる[7]。特活法人が30～40％と多く，第4回調査では38.3％と最も多い。一般法人についても第2，3回調査で20％弱であったが，第4回では36.1％と上昇している。これらと比べると，公益法人は常勤職員がいない割合が10％程度と少なく，組織基盤がしっかりしているようである。このほかでは，社会福祉法人や学校法人といった主務官庁制下の法人では常勤職員がいない団体がほとんどない。協同組合では20％前後と一定程度，常勤職員をもたない団体がみられる。

　それでは，常勤職員数がいる場合の人数をみていこう。脱主務官庁制の各法人では，第1回調査では職員数が多い組織も一定程度みられるものの，第2回調査以降の結果からは1～4人までが多い。したがって，常勤職員がいたとしても小規模な組織が多いといえる。これは常勤職員がいる組織が多い公益法人においても同様である。各法人とも，時点間の変化はあまりみられず，安定的

図 5-2 常勤職員数の推移

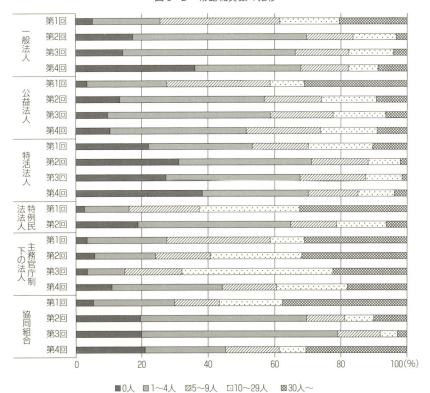

である。

　脱主務官庁制の法人と比べると，主務官庁制下の法人では常勤職員数が多い。30人以上いる団体も20〜30％程度はみられる。時点間の推移をみると，第1〜3回調査まで職員数が増加する傾向を示しているが，第4回調査では減少している。協同組合については第1回調査で職員数が多いものの，第2・3回調査では少なく，再度，第4回調査で多くみられる。

(2) 常勤職員の待遇

　それでは，常勤職員の待遇はどうであろうか。図5-3は，各法人の4時点間での年収最高額の中央値の推移を示している（第1回調査問13，第2回調査問15，第3回調査問15，第4回問7）。各時点において特活法人の年収額が小さいこ

図5-3 脱主務官庁制の法人における年収の最高額（中央値）の推移

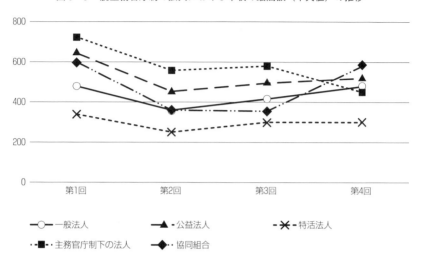

　とがわかる。時点間の推移をみると，脱主務官庁制の法人については第1回調査で比較的高く，第2回調査で低下するものの，それ以降はやや上昇する傾向にある。公益法人では第2回調査で453万円が第4回調査では520万円，同じく一般法人では360万円が478万円，特活法人で251万円が300万円に上昇している。雇用者数自体はさほど増えていないものの，雇用者の待遇は向上しつつあることがうかがえる。

　主務官庁制下の法人は相対的に最も年収水準が高い。これも第1回調査で高いが，第2回調査以降は，減少か横ばい傾向を示している。各種協同組合についても第1回調査で高く，第2・3回調査では低いが，第4回調査で再び上昇している。これらは職員数の推移の傾向とおおむね同じである。

　以上の結果から，特活法人では常勤職員をもたない組織がやや多いが，脱主務官庁制法人でもおおむね常勤職員を雇用していることがわかる。しかし，組織当たりの人数は少なく，小規模なものが多い。職員がいない組織の割合にはやや変化がみられるが，組織あたりの職員数は時点間であまり変化していない。職員の年収という点では上昇傾向にあり，待遇は向上しつつあるようである。主務官庁制下の法人と協同組合については，時点間でやや大きな変化がみられる。

図 5-4 年間収入総額の推移

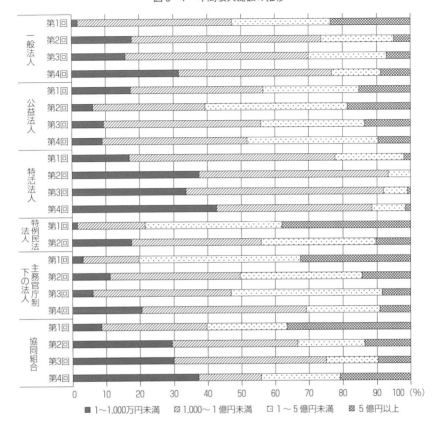

5 サードセクター組織の財務状況

(1) 年間収入総額

　財務状況についても検討してみよう[8]。図 5-4 は，法人類型別にみた経常的な年間収入総額の分布である。まず，公益法人以外の法人類型では，第 1 回調査では「1〜5 億円未満」あるいは「5 億円以上」の比率が一定程度を占めているが，第 2 回調査以降はその比率は大きく減少しており，分布に違いがみてとれる[9]。一方，公益法人は，第 2 回調査以降もそれらの比率はそれほど大きく変動していない。

法人類型ごとの推移の特徴をみてみると，一般法人は「5億円以上」の比率が第2回調査以降ゆるやかに増加傾向である。ただし，第4回調査では「1〜1,000万円未満」の比率が30％を超えており，小規模団体も一定程度を占めていることがわかる。公益法人は，「1〜5億円未満」と「5億円以上」を合わせた比率がどの時点でも全体の40％を超えており，規模の大きい団体が多い傾向にある。上述のとおり，分布に時点間の明確な変化はみられず安定的である。特活法人は，「1〜1,000万円未満」の比率が相対的に高く，また，「5億円以上」の比率が非常に低いことから，法人の規模は他類型と比較して小さい傾向にあることがわかる。もっとも，第2回調査以降は，「1〜5億円未満」や「5億円以上」の比率がゆるやかに上昇していることも確認できる。

主務官庁制下の法人は，推移という点では，一貫した増減傾向は読み取りにくいが，「1〜1,000万円未満」の比率は低く，「1〜5億円未満」や「5億円以上」の比率は高いことから，法人の規模は相対的に大きいことがうかがえる。協同組合も，「1〜5億円未満」や「5億円以上」の比率が高く，大規模団体が多くを占めている。ただし，第2回調査以降の「1〜1,000万円未満」の比率が30％程度あり，法人内での規模のばらつきが大きい特徴もみられる。また，各調査時点で分布が異なり推移は明確に把握しにくい。

(2) 民間からの社会的支援収入比率

4回の調査では，いずれも年間収入の内訳が質問されているが，このうち会費・寄付・補助金・助成金等の社会的支援収入（本調査では「もらった収入」にあたる）は，社会からの資金的支援がどの程度あるかを評価する重要な指標である（Greenlee and Tuckman 2007；馬場 2009）。法人類型の違いによって，この社会的支援収入にどのような違いがあるだろうか。図5-5は，特に民間（一般市民，企業，および同じサードセクター組織）からの収入に着目し，年間収入総額に占めるこれら民間からの会費・寄付・助成金等の合計収入額の比率の平均値を，法人類型別に示したものである。まず，一般法人および公益法人は，時点間の一貫した増減傾向は読み取りにくいが，いずれの時点でもほかの類型に比べて相対的に高い値を示しており，第4回調査では年間収入総額の30％以上を占めている。また，特活法人は第3回調査までは比率は20％前後で推移してい

図5-5 年間収入総額に占める民間からの社会的支援収入比率の推移

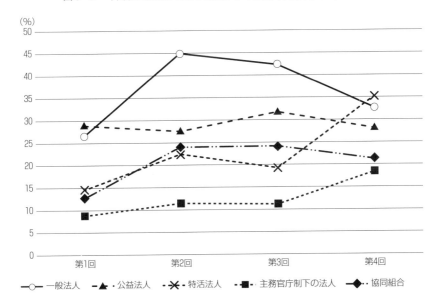

るが，第4回調査では大きく増加し法人類型中最も高い35.2%を示している。歴史的に新しい脱主務官庁制の法人における民間からの社会的支援収入の重要性がみてとれる。

　他方で，主務官庁制下の法人については，法人類型のなかで最も値が低く，第4回調査時点で収入全体の18.4%である。詳細は省くが，主務官庁制下の法人は，政府からの補助金等の比率は逆に各法人類型中最も高いことが確認されており，民間よりも政府の影響を強く受ける法人としての特性を示しているといえる。ただし，推移としては民間の社会的支援収入の比率も非常にゆるやかながら増加しているようにもみえる。協同組合は，第2回および第3回調査の比率は特活法人を上回っているが，第4回調査では減少し21.2%となっている。

(3) 政府からの事業収入比率

　すでに前章までに述べたように，行政財改革にもとづく民間委託や指定管理者制度，バウチャー制度等の多様な分野への拡大等によって，サードセクターは公共サービス供給の担い手となっている（後 2011）。サードセクター組織に

図5-6　年間総収入額に占める政府からの事業収入比率の推移

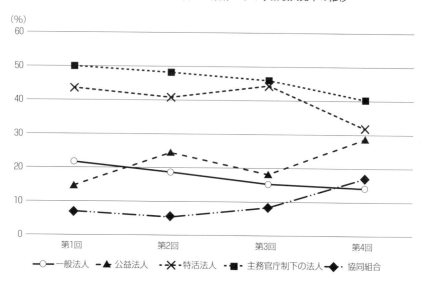

おいては，そうした少なくない政府からの「稼いだ収入」のあり方は，組織運営上の重要な論点の1つとなってきた。では，法人類型の違いによって，このような政府から稼いだ収入に差異がみられるだろうか。図5-6は，年間収入総額に占める政府行政セクターからの事業収入額の比率を算出し，法人類型別にその平均値を示したものである。まず，時点間を通じ，主務官庁制下の法人の比率が高い点が確認できる。いずれの時点でも収入全体の40％以上を占めており，政府との関係の強さが確認できる。また，特活法人も30～40％前後で推移しており，政府からの事業収入の重要性がみてとれる。ただし，第1回調査以降，その値はやや減少しているようにもみえる。これは前述した民間からの社会的支援収入等が増加していることが理由として考えられる。一般法人および公益法人は，おおむね10～20％で推移している。前者は減少傾向，後者は増加傾向にあるようにみえるが，明確ではない。協同組合の比率は法人類型中最も低く10％前後ではあるが，推移としては増加傾向にある。[11]

（4）管理費（間接費）比率

　組織が活動を行うためには，事業の実施にかかる直接的な経費のほか，各種

図5-7 年間支出総額に占める管理費（間接費）比率の推移

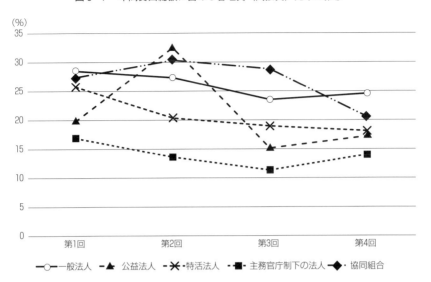

事務管理に使用するための管理費（間接費）の支出が必要となる。資源を効率的に事業に投入できているか，という観点からみた場合，そうした管理費のあり方も論点となる（Tuckman and Chang 1991）。法人類型別にそのような管理費の違いを分析してみよう。図5-7 に，組織の年間支出総額に占める管理費の比率の平均値を示す。まず，一般法人や特活法人はゆるやかな減少傾向にあるようにみえるが，下げ幅は小さく確たるものとはいえない。また，それ以外の法人では一貫した増減傾向はみられず，公益法人においては各時点での差が大きい。一方，時点間を通じた法人間の値の比較では，協同組合や一般法人が20〜30%で推移しているのに対し，主務官庁制下の法人は収入全体の15%前後であり最も値が低い。資源の効率性という観点でいえば，主務官庁制下の法人が最も効率的ということになる。ただし，これは，組織の努力によって効率的であるというよりも，主務官庁制の影響による結果と捉えるほうが理解しやすいだろう。そもそも管理費比率は，全体的に財政規模が拡大するにしたがって低下する傾向があることや，効率的な運営の結果というよりも事務負担能力が低いためにやむをえず比率が低くなることもある（馬場 2009）。さらに，組織の活動分野や内容によっても影響を受けるだろう。サードセクター組織における管

図5-8 事業報告書のホームページへの掲載

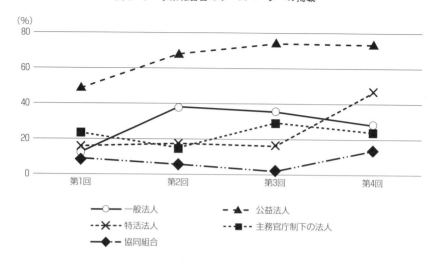

理費比率の適正な水準については，引き続き議論が求められる。

6 サードセクター組織の情報公開

　続いて，サードセクター組織による情報公開の程度をみていこう。第1章でも述べられているように，サードセクター組織が公的支援や寄付などの社会的支援を受けて活動するうえでは，定款，事業内容，収支などの情報を外部に公開し，活動実態を明らかにすることが重要である。こうした情報公開が進むことにより，サードセクターに対する認知や信頼性が向上していくことになる。

　それでは，サードセクター組織の情報公開はより進んでいるのだろうか。図5-8に，各調査における事業報告書をホームページに掲載している団体の割合の推移を示している[12]（第1回調査問27，第2回調査問29，第3回調査問28，第4回調査問20）。ここから，公益法人でホームページに掲載している組織が多く，その割合は上昇傾向にある。税制上の優遇措置が得られる公益法人は法制度上の要請もあり，情報公開がより行われている。

　一般法人では第1回調査から2回調査にかけて上昇し，その後はあまり変化していない。特活法人はあまり多くの組織で行われていなかったが，第4回調

査では増加している。これは認定特活法人が増えたことによるものだと考えられる。このほか，主務官庁制下の法人と協同組合では，あまり多くの組織でホームページへの掲載が行われておらず，期間を通して大きな変化はみられない。

7 知見と含意

本章では，第1回から第4回までのサードセクター調査のデータを用いて，サードセクター組織の人的資源や財務状況の推移について分析してきた。本章で明らかになった知見をあらためて整理しておく。

第1に，各法人の全国での総数の推移について，一般法人，公益法人，特活法人等の脱主務官庁制の各法人は，着実にその数を増やしておりサードセクター全体でも大きなウエイトを占めるようになっている。主務官庁制下の法人や協同組合についてはその数に大きな変化はみられない。

第2に，制度改革によって新制度に移行した一般法人や公益法人は，特定の活動分野に偏らず活動しており，その傾向は強まっている。一方，特活法人は福祉分野で活動するものが安定的に多い。主務官庁制下の法人と協同組合については，その法人格の特性上，特定の分野での活動に集中する傾向がある。

第3に，特活法人では常勤職員をもたないものがやや多いが，脱主務官庁制法人でもおおむね常勤職員を雇用している。しかし，組織あたりの職員数は少なく，小規模な組織が多い。常勤職員をもたない団体数にはやや変化がみられるが，職員数は時点間であまり変化していない。職員の年収という点では上昇傾向にあり，待遇は向上しつつあるようである。

第4に，年間収入総額の推移については，公益法人以外は一貫した傾向は読み取りにくい。法人間の規模の比較の観点からは，主務官庁制下の法人や協同組合では大規模な組織が多く，脱主務官庁制の法人はそれらに比べて小規模な組織が多い。ただし，調査時点によって各法人の分布は異なっており，サードセクター組織の財政規模の様相は非常に多様であるといわざるをえない。

第5に，民間からの社会的支援収入について，一般法人および公益法人は，時点間の一貫した増減傾向は読み取りにくいが，いずれの時点でも他の類型に比べて収入全体に占める比率は高い。また，特活法人は，第4回調査では比率

が増加し法人類型中最も高い値を示している。脱主務官庁制の法人における民間からの社会的支援収入の重要性が確認できる。

　第6に，政府からの事業収入について，いずれの調査時点でも主務官庁制下の法人の収入全体に占める比率が高く，政府との関係の強さが確認できる。また，特活法人も比較的数値は高い傾向にある。ただし，両者ともにその値はやや減少しているようにもみえる。なお，協同組合の比率は他の法人との比較で最も低いが，ゆるやかな増加傾向にある。

　第7に，管理費（間接費）の比率については，いずれの法人も推移という点では一貫した明確な増減傾向はみられなかった。法人間の値の比較では，協同組合や一般法人の比率がより高く，主務官庁制下の法人は最も値が低い。資源の効率性という観点でいえば，主務官庁制下の法人が最も効率的ということになるが，管理費比率の適正な水準については，引き続き議論が必要である。

　第8に，情報公開について，事業報告書をホームページに掲載している団体は公益法人で多い。一般法人，特活法人も含め，脱主務官庁制の法人では上昇傾向がみられる。

　総じて，本章の分析から導かれる含意は，まず，サードセクターにおいて，一般法人，公益法人，特活法人といった脱主務官庁制の非営利法人の存在感が高まりつつある点である。職員数や財政規模という点では主務官庁制下の法人や協同組合と比べて小さい。しかし，法人数は増加傾向にある。また，活動分野が多様化しつつあること，職員の年収水準が上昇傾向にあり雇用環境が整いつつあること，社会的支援収入額の占める割合が上昇したり，情報公開が進むことで社会との結びつきを強めていることなど，新しい法人セクターとしての成長が垣間見える。

　一方で，サードセクター組織の人的資源や財務基盤の多様性もあらためて浮き彫りになった。4時点を通してみても，変化の方向性が明確ではなく，その意味ではサードセクターはまだ過渡期にあるといえるかもしれない。

　　＊付記：　本章は，第2，3，4，6節は山本が，第5節は小田切が主に担当した。
　　　　　　第1，7節は共著者の合議による。

第 5 章　サードセクター組織の持続と変容

注
1) 各調査の詳しい方法については，後（2012, 2013, 2015），後・坂本（2017）を参照されたい。
2) もっとも，母集団の組織数が少ない法人に対しては全数調査を行うなど，この原則が一貫して適用されているわけではない。
3) 特例民法法人は制度移行期の法人格であり，第 1 回調査と 2 回調査にしか含まれない。しかし，その後に一般法人や公益法人に移行したことを勘案し，一部の分析において結果を示している。
4) データの出所は，法律文化社ウェブサイトにおける本書のページで公開している**補遺表 2**を参照。なお，データの収集は小田切が担当した。
5) 第 4 回調査は16の活動分野に整理され，項目も変化したため，ここでの分析には取り上げない。詳細は，**第 1 章**を参照されたい。
6) 労働市場全体におけるインパクトを捉えるのであれば，調査データをもとにサードセクターの雇用者数のマクロ推計を行うことも考えられる。しかし，調査データの精度にかんがみて，この分析は断念した。
7) これは第 2 回調査以降に常勤職員をもたない組織が増えたというより，第 1 回調査において大規模な組織が多く調査に回答したためだと考えたほうが実態に即していると思われる。そのため，第 1 回調査の結果については留保して解釈する必要がある。各調査におけるサンプリングバイアスについては検討の余地がある。
8) 本節における法人の年間収入額およびその内訳に関する分析には，第 1 回調査問35，第 2 回調査問37，第 3 回調査問36，第 4 回調査問32の各回答を用いる。また，年間支出額およびその内訳に関する分析には，第 1 回調査問34，第 2 回調査問36，第 3 回調査問35，第 4 回調査問31の各回答を用いる。なお，これらの回答のうち，年間収入（支出）総額と内訳の合計額が一致しないものは分析から除外している。
9) 前述の常勤職員数の分析で触れたとおり，第 1 回調査に回答した団体のなかに財政規模の大きい団体が多く含まれている可能性が高く，結果の解釈には留意が必要である。
10) 本節で分析に用いる収入内訳に関する比率の算出方法は**第 3 章**と同様である。
11) 特に中小企業等（事業）協同組合の比率がゆるやかな増加傾向である。
12) 各回の調査においては，定款と決算報告書の公開についても質問しているが，結果の分布がほとんど変わらないので事業報告書のみを示す。また，公開の水準として，関係者に公開，事務所内に設置，機関紙等に掲載についても尋ねているが，最も広く一般の人々にまで公開する手段であるホームページに焦点を絞って結果を示す。
13) 認定特活法人だけだと，第 4 回調査では68.3%が事業報告書をホームページに掲載している。

参考文献
後房雄，2011，「日本におけるサードセクターの範囲と経営実態」RIETI Discussion Paper Series 11-J-027.
後房雄，2012，「日本におけるサードセクター組織の現状と課題――法人形態ごとの組織，ガバナンス，財政の比較」RIETI Discussion Paper Series 12-J-012.
後房雄，2013，「サードセクター組織の経営実態とセクター構築への課題――分断による多様性から横断的多様性へ」RIETI Discussion Paper Series 13-J-047.
後房雄，2015，「公共サービス改革の進展とサードセクター組織――社団法人，財団法人の新たな展開」RIETI Discussion Paper Series 15-J-023.
後房雄・坂本治也，2017，「日本におけるサードセクター組織の現状と課題――平成29年度第 4 回サードセクター調査による検討」RIETI Discussion Paper Series 17-J-063.

辻中豊・坂本治也・山本英弘編, 2012, 『現代日本の NPO 政治——市民社会の新局面』木鐸社.
馬場英朗, 2009, 「非営利組織の財務評価——NPO 法人の財務指標分析及び組織評価の観点から」『非営利法人研究学会誌』11: 145-162.
Greenlee, Janet S. and Howard P. Tuckman, 2007, Financial Health, in Dennis R. Young ed., *Financing Nonprofits Putting Theory into Practice*, AltaMira Press.
Pekkanen, Robert, 2006, *Japan's Dual Civil Society: Members without Advocates*, Stanford University Press. (=2008, 佐々田博教訳『日本における市民社会の二重構造——政策提言なきメンバー達』木鐸社.)
Tuckman, Howard P. and Cyri F. Chang, 1991, A Methodology for Measuring the Financial Vulnerability of Charitable Nonprofit Organizations, *Nonprofit and Voluntary Sector Quarterly*, 20 (4): 445-60.

第 **II** 部

市民社会と政治・行政の相互作用

第6章　2つの制度改革は非営利社団法人をどう変えたか

岡本 仁宏

> 特定非営利活動促進法制定とその後の法改正，および公益法人制度改革という「世紀転換期非営利法人制度改革」によって，非営利社団法人の様相は激変した。本章は，この改革による5つの社団型法人格の姿をスケッチし，成果と課題を示す。
> 　一般社団法人は5万を超え，特定非営利活動法人数を超えた。この目的制限のない法人格によって，政治や宗教，営利目的を含め，結社の自由の拡大，法技術的な法人格利用という点でフロンティアが拓かれた。5万を超えた特定非営利活動法人は数的には減少し始めた。認定特定非営利活動法人は1,000を超える規模に拡大し，市民活動団体としての性格を強くもつ法人として活動している。公益社団法人は，旧民法法人からの移行が95％を占めており，行政の影響力が強く維持されている法人も多く，共益的性格が強い法人も多い。新設の公益社団法人はその数は少ないが，認定特活法人的特徴を示す。制度改革趣旨からすれば，新しい課題も明らかになってきている。

1　はじめに

(1) 本章の目的と社団への限定

　本章は，非営利社団法人に焦点を当てて，日本における現状をスケッチし，特定非営利活動促進法制定とその後の法改正，および公益法人制度改革という「世紀転換期非営利法人制度改革¹⁾」の帰結を把握することを目的とする。この改革は，1896 (明治29) 年民法体制における「公益国家独占主義」(星野 1998) を覆す大改革であった。本章では，この改革を社団型法人の姿を描くことで検証する。

　社団とは，association，つまり結社，団体等，近代社会において人が一定の目的のためにつくる最も基本的な集団形態の法的概念である。

　多くの町内会や趣味やスポーツのクラブをみても，法人化されていない膨大な結社は日常の社会生活上重要である。しかし，法人化された結社は，特にお

金を動かし継続的に事業をする点で，社会生活の構造をつくる重要な役割を担う。結社に対する法人格は，現代日本では，大まかには組合形式と社団形式に分かれる。さまざまな組合，会社，一般社団法人，公益社団法人，また特定領域について，商工会議所，弁護士会，税理士会など個別法による団体も存在しており，広範囲にわたる。

　もちろん，社団とともに財団も重要な法人形態である。社団は人の集まり，財団は財産の集まりに法人格を与えるものであり，財団は英米法における信託と連続する性格をもつ。世紀転換期非営利法人制度改革において重要な位置を占める特定非営利活動法人は社団型であって，公益法人制度改革によって創出された一般社団法人，公益社団法人と法形式として同一類型である。施設や財産を管理・運用する法形式である財団と結社としての社団とが混在する一般法人・公益法人と，特定非営利活動法人とは単純な比較はできない。本章では，この点から，比較対象を社団形式の法人に絞ることとした。

(2) 一般類型の公益的社団法人

　社団には，株式会社などの営利系も含まれる。しかし，本章では，市民社会セクターの構成者としての，非営利社団を対象とし，一般的な社団類型を対象とし，さらに公益的な社団に焦点を当てる。

　本章での対象となるのは，上記の目的から一般類型非営利法人の5類型，①一般社団法人（普通法人型）(以下，「一社普通」)，②一般社団法人（非営利型）(以下，「一社非営利」)，③特定非営利活動法人（以下，「特活」)，④認定特定非営利活動法人（以下，「認定特活」)，⑤公益社団法人（以下，「公社」)，である。これらには，一定の非営利要件が課せられ，さらに③以下は一定の公益性要件が課せられている。

2　各類型の概要

　以下，第4回サードセクター調査によって得られた各法人格の特徴づけを確認し，制度改革後の実態をみていくことにしたい（個々のデータは，岡本（2018a）に拠る）。

第Ⅱ部　市民社会と政治・行政の相互作用

図6-1　一般的な社団型法人数の推移

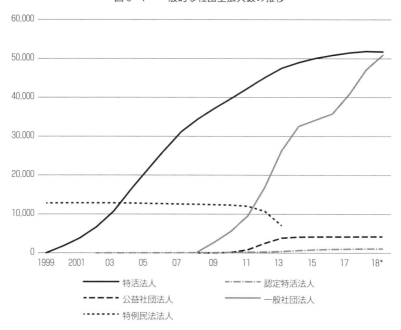

注：特例民法法人＝平成25年度「特例民法法人に関する年次報告」，一社＝「商業・法人登記統計」（法務省）第23表種類別一般社団法人の設立登記件数の累計（解散数を引いていないので多く出ている）。2016年分以後国税庁法人番号ウェブサイトから近似的日付の実数。2018*は10月28日。移行期間の5年間は旧民法法人からの移行法人設立があり急増，その後新設法人数になる。特活・認定特活＝内閣府 NPO ウェブページ「認証・認定数の遷移」。2018*は8月末日。公社＝平成28年「公益法人の概況及び公益認定等委員会の活動報告」「国税庁法人番号ウェブサイト」により作成。2018*は10月28日。なお，特例民法法人は，旧社団法人・財団法人のことであるが，図では旧社団法人および制度改革後の特例民法法人たる社団法人のデータを入れた。

（1）一般社団法人（普通法人型，非営利型）

　最も自由な形態である一般社団法人（以下，「一社」）は，公益法人制度改革の一環として，2008年につくられ急速に増大し，直近の数字では5万法人を超えた（法人番号公表サイト検索では50,861。2018年10月28日現在）。一般財団法人の増加は限定的であるが，一社は，今後も増えると想定されている（東京商工リサーチ 2018）[4]。2018年10月28日現在で，一般財団法人は，7,056，一社は50,861である（図6-1）。公益法人制度改革によってもたらされた社会的変化として最も規模的に大きなものである。

　一社は，普通型と非営利型ともに展開している[5]。この法人格は，目的に対す

る制限のなさから非常に広範囲に使われている。目的制限のなさは，意図的につくられたものである[6]。権利義務の帰属点となること，法人財産の分離独立，構成員の有限責任という3つの法技術的意義をもつ法人格という道具を提供するという点が，重視された。したがって，投資スキームのなかでの営利目的の道具[7]，また同窓会，社会運動団体，政治団体等，あらゆる目的をもつ団体による法人格取得の可能性が拓かれた。

　従来あまり注目されているとはいえないが，日本の歴史上，政治的目的や宗教的目的[8]を掲げた団体が準則主義によって容易に法人格を取得できるようになった点で画期的な意義がある。宗教目的を含め既存の特定領域公益目的をもつ法人についても，準則主義的な法人格取得と税制上有利な法人格との2階建て構造がつくられたといえる（岡本 2017a, 2017b）[9]。

　後述するように，改革前の旧制度の下では「社団法人」として公益性の建前の下につくられていた法人，多くの業会関係法人を含めて，この類型に転換したと考えられる（表6-1）。

　一社普通は，税制上も普通法人，つまり一般の営利企業と同様の位置づけであって，非営利ゆえの優遇は受けていない。設立の容易さを反映してか，規模的には特活より事業費としては大きいとはいえ，常勤有給職員も半分近くの法人でおらず弱小である。内部事務管理・会員サービス提供で事業活動の半分ほどが占められ，残りで一定の対外有償サービスを行っている。

　理事会については設置義務もなく，あっても回数も少ないがその他の会議は活発に行われている。定款等の文書の公開性は低い。内部管理・会員サービスは高く，対外無償サービスは低く，有償サービスの割合が高く，収益事業型である。複数の市区町村で活動する法人が多い。

　設立は，自発的な民間設立が約半数を占め，行政関与は特活よりも高いが，公社よりもはるかに少ない（16.2％）。企業の支援については，一社は2類型ともに高めである。現状でも，人的・財政的に企業との結びつきが最も深い。代表者の経歴が企業役員の比率は，3分の1を占め，5法人中で最も高い。アドボカシーについては，一社は両類型ともに低調である。

　一社非営利は，税制上は，いわゆる「人格のない社団」や特活とほぼ同様であって大した優遇は受けていない。規模的には，一社普通と大きな違いはない。

表6-1　規模（常勤職員数・支出）

社団法人類型	常勤(有給)職員ありの割合	常勤（有給）職員数 平均	中央値	支出（万円） 平均	中央値	N
一般社団法人（普通法人型）	52.6%	3.58	1	6,825	1,854	29
一般社団法人（非営利型）	58.3%	5.6	1	17,364	1,443	82
特定非営利活動法人（認定以外）	57.3%	3.79	1	2,189	737	150
認定特定非営利活動法人	65.5%	6.87	2	9,533	1,925	183
公益社団法人	94.9%	6.24	4	15,918	9,234	65

注：RIETI平成29年度「日本におけるサードセクターの経営実態に関する調査」による。一社，特に普通法人型は回収率・サンプル数ともに低く，参考データとして理解されたい。

　調査では，市民対価型の事業収入が多く出ている。支出規模は，一社普通よりも小さいが，特活の倍程度，常勤職員中央値は1人であり，一社普通・特活と同様零細である。人件費に対して物件費の割合が高く，ボランティアは2割程度の法人にしかいない。職員の大卒割合は比較的高く，会計や法律行政，人事労務関係の技能職員割合が高い。若年層や女性常勤役員比率は，特活よりもかなり低い。定款等の公開性は，3割程度にとどまるが特活や一社普通よりも高い。会議数は相対的に少ない。

　事業としては，内部事務管理や特に会員サービス提供が大きく，対外的なサービスの割合は低い。一社非営利型は，共益型と非営利徹底型に分かれるが，共益型は当然会員サービスが多いであろう。活動地域は，1つの都道府県内が多い。設立時の行政関与は特活よりも高いが，公益社団法人よりもはるかに少ない（17.0%）。他団体主導が2割と最も高く，多いとはいえないが企業関与も比較的高い。業界団体の支援が，公益法人とともに高い。現状の業務上は，人的・財政的には，市区町村とともに企業関係が多い。代表者経歴では，企業役員が27.7%であることと，中央省庁の職員の経歴者が4.3%いることも特徴である。

　なお，一社普通と一社非営利の相違は，第4回サードセクター調査によって以上のように若干のデータが得られたが，特に一社普通は回収率・サンプル数ともに低く確定的なことをいえる状況にはない。社会的に急速な拡大を遂げつつも最もみえにくいのが一社であるといえるだろう。

(2) 特定非営利活動法人

　特活は，5万を超える法人類型である。特活は，1998年の法制定後急速にその数を増やしてきたが，ここ数年スピードは鈍ってきており，2018年3月末の51,870をピークにして減少に転じ，一社に凌駕されることになった。全国のNPOセンターなど中間支援団体は，特活と一社・公社の制度を理解し，被支援者の状況に合致したかたちで選択や運営を支援する能力が必要になっている。

　税制上は，人格のない社団と同様であり，さして優遇があるわけでない（収益事業課税）。寄付や助成を受ける法人も多い一方で，委託事業やバウチャー型の制度を使って事業型の法人として展開する法人もある（後・藤岡 2016）。ボランティア参加も，職員人件費支出からみても労働集約型である。公益性要件（「不特定かつ多数のものの利益に寄与する」こと）や10人以上の正社員が必要でもあり，「ボランティア活動をはじめとする市民が行う自由な社会貢献活動」（特活法1条）の促進という役割は，一定程度担われ"市民公益的"と特徴づけられる。ただし，行政庁の認証は準則主義的で，同じ認証でも宗教法人の認証のように実体審査を行うことはなく，かつ毎年の書類提出義務はあるが認証自体の更新性はなく実態は多様である。

　事業規模は，一般的には認定特活，一社の半分以下であり，4割以上は常勤職員のいない零細事業体である。政府セクター，特に市区町村からの委託や助成を受ける傾向も強く，収入の77％近くを占める。支出では，直接人件費が5割以上を占めており，特活以外の法人格とは大きな差がある。ボランティアが4割近くの法人で参加している。

　理事会の開催数は少ないが，会議は比較的活発に行われている。ネットでの定款等の基本文書の公開性は，公社にも認定特活にも，さらには一般社団法人の非営利型にも劣る。内部事務管理や特に会員サービス提供割合は，認定特活よりは大きいが，公社や一社よりも小さい。対外無償サービスの割合は，認定特活よりは少ないが他法人格よりも大きい。活動地域では市区町村内が突出して多い点は，公社に次ぐ。

　3分の2は市民によって自発的に形成されており，設立時の行政関与は一般法人よりも少ない。しかし，業務上では，自治体，特に市区町村との人的・財政的つながりが大きい。代表者の経歴という点では，企業役員経験者は低く

図6-2　公社と認定特活数推移

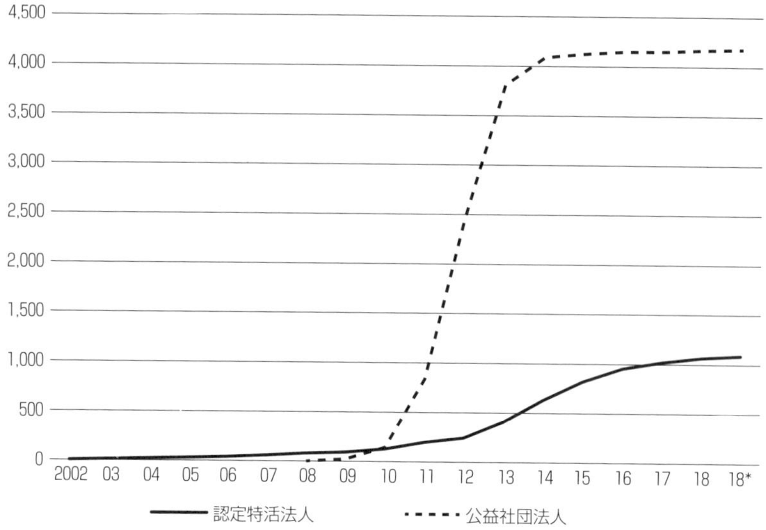

15.9％であり，市区町村職員経験は1割弱を占める。アドボカシーについては，活発とはいえないが，後・坂本（2017：59-61）による17種類のアドボカシー活動の因子分析によって抽出された4因子，「啓蒙型」「動員型」「自治体接触型」「国政接触型」の類型によれば，自治体接触型，および啓蒙型が若干の高まりをみせる。

(3) 認定特定非営利活動法人

　認定特活は，税制上，特活より，特に寄付税制上有利な取り扱いを受ける。長くその数は極少で停滞していたが，一連の改正，特に第二次改正（2012年施行）の後にはかなり急速に増えた（図6-2）。その数は1,000を超え，公益社団法人の4分の1程度になっている（2018年8月末で1,088）。

　収入構造は，政府セクターからの委託や助成が56％と大きいとはいえ，個人寄付，サードセクターからの助成も他法人より多く，比較的多元的収入構造をつくり上げている。支出の点では，特活にもまして，直接人件費が多く6割以上を占め，労働集約的である。ボランティアも5法人格のなかで多く，7割近い法人でみられる。

役員や職員には，若手や女性の割合が相対的に高く，学歴や技術水準も高い。活動地域では，国際活動や全国的活動を含め比較的ばらつきがある。4分の3の法人は，市民によって自発的に形成されており，行政関与は少ない。

組織運営上は，理事会開催数は少ないが会議数は最も多く活発である。ネットでの定款等の基本文書の公開性は，公社に劣る。事業としては，内部事務管理や特に会員サービス提供割合は，最も低く公社や一社とは大きな違いがある。対外無償サービスの割合は，最も大きい。特定非営利活動事業費が8割を超えることを法的に要請されており（45条1項4号），管理業務や会員サービスの領域は狭い。ちなみに，共益型一社非営利では共益事業に制限はないが，公社は公益目的事業費が50％以上であり（つまり収益事業や共益事業を半分以下なら行える），認定特活よりはるかに許容度が高い。[10] 活動地域は，市区町村内から，海外活動まで多様である。海外活動は，5法人で一番大きく約2割が従事する。

政府との関係では，設立時支援で行政関与が最も低く8.0％であり，他方，自発的な市民による設立は75.6％に及び，最も高い。業務運営上では，地方自治体との関係が強いが，企業や社会福祉法人との関係も見逃せない。代表者経歴では，企業役員経験者は，一般に多いが，特活類型では相対的に低く2割未満である。比較的大学教員経験者が多い（13.1％）ことは特徴であろう。

アドボカシーについては，5法人中最も活動水準が高い。特に，後・坂本（2017）の類型によれば，啓蒙型，および自治体接触型が高い。ただし，動員型にも若干の高まりをみせている。また，4分の1の法人が，行政の審議会などにも委員を出しており，行政に対して一定の影響を与える可能性をもっている。

"市民公益的"という特活の特徴は，一社や公社よりも強く表現されているといえるだろう。

（4）公益社団法人

公社は，旧社団法人（制度改革後は特例民法法人）からの移行期間終了後，特に4,150を超えてから，その数は停滞している（図6-2）。とはいえ，認定特活の4倍以上存在する公益的な社団法人の中心的アクターである。もちろん，一社や特活に比して数は少ないが，非営利セクター全体にとって，また公益性と

いう点でも，その事業・活動の社会的影響力は大きい。公社は，認定特活と同様寄付税制上有利な位置にあるが，認定特活より税法上の収益事業でも公益目的事業であれば非課税，利子配当等の源泉非課税もあり，優遇されている。

　事業規模の中央値は，認定特活の4.8倍，特活の12.5倍をもつが，常勤職員数は中央値で4人であり，企業としてみれば小規模企業である（調査では中央値で，9,200万円，内閣府公開全数データでは8,700万円）。収入上は，政府セクターからの助成が2割と比較的多く，市民から稼いだ収入も3割，委託や指定管理等が3割であって，政府セクターからが約半分弱である。政府セクターからの収入は特活法人に比べると少ないが，「もらった収入」割合が多く，この点での特異な位置が表現されている。

　支出の点では，特活と異なり直接物件費割合が6割を超える。ボランティア参加は5法人中最も少なく1割程度の法人でのみみられる。職員は，若手，大卒が少なく，専門性では法律行政に偏っている。女性職員割合，常勤役員割合ともに低い。

　定款等の公開性は，最も高く，理事会の開催回数も最も多い。この点でガバナンス上の安定性があるといえるだろう。事業においては，内部事務管理や特に会員サービス提供割合は，最も高く過半を占める。認定特活と対照的である。対外無償サービスも認定特活，特活よりも低い。

　公的目的事業費が5割を超えることを法的に要請されており，管理業務や会員サービス領域での事業活動が過半を占めることは許されない。活動地域は，1つの市区町村内が半分弱，1つの都道府県内が4分の1を占める。海外活動割合は5法人格中最も低く2.6%にすぎない。

　政府セクターとの関係では，公社の場合には，ほぼ半数が行政の関与を受けて設立されていることが特徴的であり，自発的な市民の設立は唯一3割を切る。業界団体の支援も，一社非営利とともに比較的高い。業務上の人的財政的つながりでは，国，都道府県，市区町村すべての行政レベルにわたって他の法人類型よりもつながりが深い。代表者経歴では，企業役員経験者が3割，市区町村職員経験者が2割弱で他法人に比してともに高い。

　アドボカシーでは，市区町村職員との接触と首長との接触行動が特徴的である。啓蒙型は若干あるとはいえ，動員型は少ない。2割弱は審議会などに委員

表6-2 制度改革前の性格別法人数

	全体	性格別法人数			
		本来の公益法人	互助・共済団体等	営利法人等転換候補	その他
社団法人数	12,505	9,621	2,808	16	60
比率	100.0%	76.9%	22.5%	0.1%	0.5%

注：内閣府（2010）より筆者作成。

表6-3 旧制度からの社団法人の移行

制度施行時（2008年12月1日現在）	2017年4月1日現在								(参考) 2016年12月1日現在
社団法人数	法人数合計	移行後/移行前	公益社団法人	移行後/移行前	移行後構成比	一般社団法人	移行後/移行前	移行後構成比	新規公益法人を含む公益法人数
12,420	11,220	90.3%	3,945	31.8%	35.2%	7,272	58.6%	64.8%	4,150

注：内閣府（2017：87）より筆者作成。移行認定・認可申請中法人，合併，解散等の注記については，内閣府（2017）を参照。

を出しており，政策形成に対して制度的に一定の影響を与えることが可能であるといえるだろう。

3 公益社団法人の構成と特徴

(1) 改革による移行の概要

公益法人については，内閣府から，年次報告書と全数統計データがある程度の詳しさで公開されている（内閣府 2017）。以下，これにもとづいて公社の内実を確認してみよう。

表6-2は，公益法人制度改革が開始された2008年12月1日時点での公益法人に関する「性格別法人数」である。旧民法34条に「公益に関する社団又は財団であって，営利を目的としないもの」と規定されていたにもかかわらず，このような「性格」分類が公的にされていたのは，本来驚くべきことであろう。「本来の公益法人」以外の「互助・共済団体等」「営利法人等転換候補」法人が存在していたのである。

これらの社団法人は，表6-3のように移行した。つまり，約1割が解散や合併によって減り，3割が公社になり，6割が一社に移行した。「本来の公益

図6-3 公益社団法人の構成

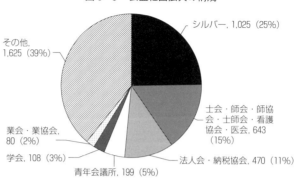

注：内閣府（2017）より筆者作成。特徴的なキーワードでの分類（キーワード，法人数，構成比％）である。したがって，たとえば「その他」に分類されているなかにも士業団体や業界団体が含まれている場合もある。

法人」とされた8割近い法人は3割ほどしか公社にはならなかった。この点では，かなりの程度の公益法人が振り落とされたといえる[11]。そして，移行した公社が，制度施行から10年，完全移行から5年たった現状でも約94.8％を占め，新設の公社は5.2％にしかすぎない（内閣府 2017）。公社は，圧倒的に移行法人なのである。

（2）現状の断面

では，現状はどのような内実になっているのだろうか。図6-3でわかるように，公社の25％はシルバー人材センター，少なくとも15％は士業団体，11％は法人会・納税協会である。これら3類型で過半を占める。

1 行政と密接な関係をもつ公社　公社の25％を占めるシルバー人材センター（以下，シルバー）は，「高年齢者等の雇用の安定等に関する法律」にもとづいて，原則として市町村に1つのみ都道府県知事による指定を受けている。毎年，知事に，事業計画，事業計画書，収支予算書事業報告書，収支決算書の提出が義務づけられており，知事は，監督命令や指定取消しを含む権限をもっている。社員数の中央値は430であり，シルバー以外の公社の中央値167に比較して顕著に多い。職員数は中央値7であり，大きいとはいえないが，それ以外の中央値の3人と比較すると公社のなかでは多い。事業費中央値は2億円ほどであり，

それ以外の公社の中央値に比べ18倍近い。しかし，正味財産，遊休財産ともに中央値は相対的に低く，事業規模は大きいが事業を回すことに懸命だといえるだろう。理念的には，「自主・自立，共働・共助」を掲げ，高齢者会員の自主的・主体的活動であるが，旧主務官庁制度の下での指導監督体制に近いものが，依然として継承されている。57.1％は単年度では，収支相償を満たしていない。[12]

11％を占める法人会と納税協会（大阪国税局管内）も，財務省関連の税務協力団体である。納税協力団体は広範囲に存在しており，法人会にはおおむね半分の法人企業，約80万社が加入している（全国法人会総連合）。社員数は中央値で1,000を超え，公社全数の中央値245と比較すると4倍である。もともと戦前の賦課課税制度から1947年に申告納税制度に変わった時期に「企業経営者の間から自発的に」できあがった，とされている。しかし，役所との結びつきは深い。たとえば2010年4月1日現在での「同一府省退職者が3代以上連続して再就職している独立行政法人等におけるポスト」という資料（総務省 2011）によれば，財務省の退職官僚が，全国の法人会，納税協会の専務理事に多くポストを得ていることがわかる。シルバーは厚労省系，法人会・納税協会は財務省系の，行政と結びつきが非常に深い法人ということができる。

これら行政と密接な関係をもつ公社の存在をどのように評価するべきであろうか。

公社の4分の1を占めるシルバーについて，旧主務官庁制度の下での監督に近い影響力を厚労省が保持しているとして批判的にみるか，あるいは社会的弱者である高齢者の雇用促進のための高齢者協同組合的団体への行政による保護・支援とみるべきであろうか。

少なくとも公益法人制度改革における主務官庁制からの離脱という改革理念，また公益認定法1条に定める「民間の団体が自発的に行う公益を目的とする事業の実施が公益の増進のために重要となっていることに鑑み，当該事業を適正に実施し得る公益法人を認定する制度を設ける」という制度趣旨，また公益認定法5条11号での同一団体理事規制と施行令5条で国の機関や地方公共団体を該当団体のなかに入れている趣旨，つまり行政による支配を排除するという趣旨からすれば，問題があるといわざるをえないであろう。市町村に1つの独占形態をとって公金支出を行うことは，営利企業のみならず特活法人などの

非営利組織との競合関係において正当化されうるのか，支援が必要であるとしても特定団体支援ではなく公募事業助成的な支援ではいけないのか，今後ますます地域での高齢者活動の活性化が重要になることが明らかであるがゆえに，一層強く問われることになるだろう。

　法人会・納税協会についても，課税当局との人的関係なくして「民間の団体が自発的に行う」事業実施団体として存続可能なのか，も問われる。

　代表的なこれらの類型以外にも，地域には行政との結びつきが非常に強い公益法人が存在する。たとえば，特定施設の指定管理や委託事業がほとんど唯一の財源である場合には，公募や議会審議で落ちれば，法人の存続自体が危ぶまれる。[13] 行政の充て職人事で基幹的理事が決められ，実質的に独立の意思決定が困難な場合も多い。もちろん，地域密着型のマルチステイクホルダーガバナンスの事業体として一社等が使われる場合もあるように，行政との結びつき自体は否定的に評価される必要はないし，そのような利用可能性も開かれているべきである（能見 2011）。しかし，法人の自立的意思決定が確保されない限りは，その責任主体が曖昧になり，公金支出や独占的権限の付与などの公正性の確保にも問題が出かねない。基本的には，法人制度の問題である以上に行政統制問題として議論されるべきであるとはいえ，課題として意識されるべきである。

　ところで，公益法人制度改革以前の主務官庁制度における過剰な「箸の上げ下げ」までの干渉といわれた実態は，法人の業務と非常に深い関係をもつ主務官庁，つまり監督官庁が日常的に行政指導を行っていたことが重要な原因であった。改革では，法人の公益性審査および監督と，法人が関係する規制庁・行政庁との関係を，基本的に切断することを想定していた。[14] しかしその想定は，過半数の都道府県では実現されているとはいいがたい。2015年の資料（岡本2018b）によれば，公益性審査における「集中管理」は17都道府県にとどまり，公益性審査における「分散管理」は30県である。[15]

　分散管理とは，都道府県の所管する公益法人の認定・監督等において，知事および合議制機関の業務を，集中して担当課において行わず，①改革前の主務官庁制度における所管を継承（あるいは新設法人も対応する所管を決定）し分散して行い，②特に公安委員会，教育委員会関係法人に対しては，地方自治法180条2の規定を用いて，これら委員会やその職員に権限の委任や補助執行，専決

を行わせたりすることである。

　分散管理の体制では，「主務官庁制の弊害を避ける観点から，できる限り，公益性に係る判断を行うに当たって法人の行う事業を所管する省庁から中立的な組織であること」（内閣府 2004）を日常的に維持することが困難である。指定管理や委託，幹部人員派遣や OB 派遣を行っている担当課が法人の公益認定や監督を実質的に行えば，決して「中立的」ではありえないであろう。

　以上のように，行政との関係においては，改革趣旨にかんがみ，さまざまな制度改革課題も残されている。

2　専門職団体等　　15％を占める士業団体として抽出したのは，キーワードとして，士会・師会・師協会・士協会・看護協会・医会を含む団体である。鍼灸マッサージ師会，医師会，看護協会，獣医師会，薬剤師会，士会師会，歯科技工士会，建築士会，栄養士会，放射線技師会，柔道整復師会，理学療法士会，臨床検査技師会，介護福祉士会等である。8割は，法令上「収益事業等」に分類される事業（主に共益事業）を行っている。公益目的事業費は法人類型のなかでは中央値6,300万円，平均値4億3,700万円と，ともに大きい。

　士業団体以外にも業界団体的な公社も存在する（2％の「業会」「業協会」が存在）。公益法人制度改革の過程で，経済団体連合会や公益法人協会も，業界団体は，環境問題，消費者保護の製品等に関する規格統一，業界内従業員の資質・技術等の向上等，「『構成員に共通する利益』以上のもの」（財団法人公益法人協会 2000）を実現しているという点から，公益法人としての適格性を主張した。旧制度下で「公益法人指導監督基準」にあった「同一の業界の関係者が占める割合は，理事現在数の2分の1以下」という規制は，公益認定法の基準からは外された（山野 2016）。

　共益性に対して公益性が十分ではない可能性がある，という嫌疑をもつか，あるいは，特に3分の2の旧社団法人が一社に移行したことを考えれば，残った公社には強く公益性を実現するための法規制がかけられており，（認定特活とは異なる）共益性と公益性とをともに実現しようとする重要なソーシャルセクターとなっていると評価するか，これも議論のあるところであろう。

　公益認定ガイドラインによれば，「受益の機会が特定多数の者（例えば，社団法人の社員）に限定されている場合は原則として共益と考えられる」（内閣府

2013)とされるが,「別表各号の目的に直接貢献するといった合理的な理由がある場合,不特定かつ多数の者の利益の増進に寄与するという事実認定をし得る」とする。たとえば,学会（構成比3％）等も会員の研究促進という共益が「学術及び科学技術の振興」に貢献するともいえるだろうし,シルバーの場合であれば会員への共益サービスが「高齢者の福祉の増進を目的とする事業」に該当するとされうる。共益性と公益性との間は明確に区分けすることが困難な領域も存在するのである。

共益性があるがゆえに,会員確保が容易で会費等による財政基盤を確立しやすく,さらに一定の士業的あるいは業界的専門性をもつ場合には公益性を実現する点で有利性があることも明らかである。一社に移行しなかった専門職団体,同業団体にとっては,法令の定める過半の公益目的事業費支出の要求は負担であるかもしれないが,社会的にみれば,共益団体性をもつことで法人の維持がしやすく,専門性をもつ公益目的事業を過半の水準で行うことは,非営利公益セクターの存在感と社会的寄与という点では意義がある。また,非営利セクターと協同組合セクターとの連携という点でも,今後もこの領域が具体的に評価され,検討されていくべきだろう。

50％以上の公益目的事業比率を求めるという現行法ルールは,特定非営利活動に80％以上を求められる認定特活と異なる公社の領域をつくっている。公益目的事業に直接に共益的な事業が混入しないような認定が重要であるし,特に制度改正をめぐるアドボカシー等にみられる同業組合的利益と公益との緊張のように背反する可能性にも注意する必要があるが,同時にその積極的な面も含めて評価がなされるべきであろう。

3　少数の新設の公社　なお,移行法人ではなく新設の公社も存在する。その数は5.2％,219法人である。移行時に一社に移行認可を受けて新たに公益認定を受けた法人などもあり,それらを除くと4.2％,174法人ほど（統計上,旧主務官庁があるもの,シルバー,士会・師会を除く）が新しく一社を設立し公益認定を受けた法人である。

新設公社は,社員数は中央値で39人,理事数も10人と少ない。職員数も少なく,常勤は中央値で2人である。資産の額,正味財産額,遊休財産額中央値は,すべて平均よりかなり小さい。おおざっぱにいえば全体の中央値の3分の1程

度の財政規模である。会費収入の中央値は33万円，公益目的事業費用額中央値は，2200万円である。零細法人が多い公社の水準でみても小さなスタートアップ法人である。ただし，寄付額は中央値で，225万円を集めている。全法人の寄付獲得法人率は，41.6％であるが，新設法人では，86.2％にのぼる。公益目的事業費は2,200万円であり，寄付額によって支えられるのは1割程度にすぎないとはいえ，従来のタイプとの間には明らかに違いがみられる。これら新設法人にも，士業団体や業界団体，行政関連団体も含まれるが，新設法人の名称を数分でも瞥見すれば（岡本 2018a: 45-46），認定特活と共通性をもつ新しい質の法人も生まれてきていることがわかる。これらの法人が今後どのように展開し，公社の姿を変えていくかは，興味深いところである。この可能性を拓くためには，新規の公益法人の認定数が非常に停滞している，という現状に対して，どのように対応するのか，認定特活が抜本的な制度改正を経て量的拡大を実現してきたことにも学びながら検討する必要がある。[16)]

4 むすび――非営利社団法人の3領域への展開

世紀転換期非営利法人制度改革は（図6-4），第1に，目的において自由な社団に法人格の取得を容易化し，結社の自由の新しい段階を切り拓いた。この点での改革の意義は，量的にも質的にも非常に重要である。第2に，ボランティアや市民参加に重点を置いた法人格の容易な取得の道が開かれ，さらに寄付税制や法人税税制上有利な法人格制度も開かれ，展開しつつある。第3に，従来の社団法人は，公益社団法人への移行で3割に絞られ，6割は一般社団法人に移行した。第4に，公益社団法人は，旧社団法人からの移行が95％を占め，旧制度の遺産を強く継承している。かなりの法人について，また分散管理等の制度上も旧主務官庁による行政統制が維持されている可能性を排除できない。法人制度と行政改革と，双方においての対応が検討されるべきである。第5に，多くの社団法人には，共益性と公益性と両義的な領域があり，公益社団法人には公益性優位の要件があるとはいえ強く共益性を維持している場合も多い。認定特活法人は強い規制の下に共益性領域は非常に限定されているのに比して，公益社団法人は公益性優位とはいえ共益性を相対的に強くもつ。この領域につ

図6-4 改革による非営利社団法人の3領域への展開

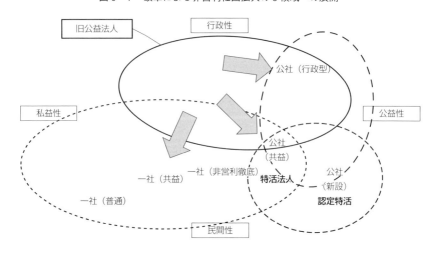

いては，丁寧な評価が必要である。第6に，新設の公益社団法人として，移行法人とは異なって認定特活法人に近い性格の法人が設立されている。しかし，公益社団法人の新設数は停滞しており，制度的改正の可能性が検討されるべきである。第7に，旧社団法人を一般社団法人に移行させた場合には，透明性を衰退させることになった。上記のようにこの法人格のもつ多様な可能性をきちんと評価するためにも，透明性の向上が必要である。

　世紀転換期非営利法人制度改革は，非営利領域，さらに非営利公益領域の社団法人に対して以上のようなインパクトを与えた。図6-4のように，この改革は，非営利社団法人領域を，行政型として性質を温存している部分，認定特定非営利活動法人のように民間性と公益性を強くもつ部分，そして公益性についてはさまざまであるが，幅広い目的をもつ法人領域部分とに分割し，新規参入を含め新しい非営利法人の構造をつくり上げた。この大転換は，日本の市民社会セクターの大きな構造変容をもたらし，新しい可能性と課題を浮かび上がらせている。「公益国家独占主義」の改革は，進行中であり未完であるといえるだろう。[17]

注

1) 「世紀転換期非営利法人制度改革」(岡本 2018c) という概念には, 医療法人制度改革 (第五次医療法改正, 2006年公布, 翌年施行), 社会福祉法人制度改革 (2016年公布, 同年部分施行, 翌年完全施行), 中間法人法 (2001年公布, 翌年施行) の制定と廃止 (2008年) を含む。本章では本文で示した2改革に限定して論ずる。
2) つまり, 弁護士会, 税理士会, 商工会議所等の「特別民間法人」や, 日本貸金業協会等の「特別の法律により設立される法人」, 日本赤十字社などの認可法人等, 特定目的・領域をもつ社団類型の法人は対象としない。
3) 第4回サードセクター調査では,「非営利型」と「その他」に分けている。「非営利型」と「普通法人」型との区別は税務上重要であり, 法人の回答者は通例は理解していると考えられることから, 本章では,「その他」を「普通法人」型として扱っている。
4) 2018年の税制改正の結果, 同族経営の「一般社団法人」に相続税課税がなされるようになったため増加率は鈍化する可能性があるが, 本来の社団法人設立という点では今後も増えていくと想定される。
5) 第4回サードセクター調査では, 一社に対する1,479の送付によって, 普通型は39, 非営利型100と2倍以上の回答数の差があった。この点からも非営利型のほうが多いとは推定される。
6) 制定過程において枢要な役割を果たした内閣府の「公益法人制度改革に関する有識者会議」の2003年から2004年の議論のなかでは, 非営利法人ワーキング・グループ, 特に中田裕康の報告が正面から論点を提出している (中田 2003a, その他第2回, 第5回, 第16回議事録等)。
7) 一般法人法11条2項には,「社員に剰余金又は残余財産の分配を受ける権利を与える旨の定款の定めは, その効力を有しない」とあるが, 一社普通では社員総会での議決による配分は否定されていないし, 社員以外の者 (「特定の個人または団体」) への剰余金又は残余財産の分配の権利) は定款記載も可能である。であるからこそ, 一社非営利の要件では, 非営利徹底型の場合には, 剰余金の非分配, 残余財産の公益的団体への贈与の定款記載が条件となるし, 共益型の場合も, 定款に特定の個人または団体に剰余金および残余財産の分配を行うことを定めていないことが条件となる。なお, 特活法3条は,「特定の個人又は法人その他の団体の利益を目的として, その事業を行ってはならない」と定め, 公益認定法も特別の利益供与を禁止している (5条3号4号)。
8) 宗教的目的による法人設立は, 戦後1945年にポツダム勅令によって宗教団体法が廃止された後, 宗教法人令によって1951年の宗教法人法施行までの約6年間は, 準則主義であり容易な法人設立が可能であった (岡本 2017b)。
9) 厳密には, 一社一財については, 普通, 非営利, 公益の3段階, 特活法人では2段階である。
10) 認定特活でも, 共益的活動事業費は管理費を除く総事業費の50%未満規制 (45条2号イ等) であるが, 同時に特定非営利活動事業費比率が総事業費の80%以上という規制がある (同4号ハ)。
11) 公益法人の規制を避けるために意図的に一般法人に移行した法人は, 従来の公益法人指導監督基準からも離脱した。公益的事業を自由に行うために, あるいは移行認定の手続きに耐えられず断念した法人もあるし, 共益事業に特化したり官との関係における規制を避けようとして離脱した法人もある。後段の法人については, NHKクローズアップ現代取材班 (2014) 参照。
12) 「収支相償」とは, 公益目的事業比率, 遊休財産保有制限と並び, 公益法人のいわゆる財務三基準の1つである。公益認定法の「第5条六号 その行う公益目的事業について, 当該公益目的事業に係る収入がその実施に要する適正な費用を償う額を超えないと見込まれるものであること」,「第14条 公益法人は, その公益目的事業を行うに当たり, 当該公益目的事業の実施に要する適正な費用を償う額を超える収入を得てはならない」による規制。誤解も多

いが，単年度収支における剰余は禁止されておらず，将来の公益目的事業のための財産形成や将来の公益目的事業のための特定費用の積み立て等も許容されている（内閣府 2013）．
13) 公益認定法5条2号の「公益目的事業を行うのに必要な経理的基礎及び技術的能力」という点で事業計画上不安定性が高く存続が危ぶまれる場合には認定条件に関わるが，過度な安定を求める条件は実験的な民間の事業可能性を阻害する．
14) このことは，2004年の公益法人制度改革に関する有識者会議でも当然のこととして事務局案として出されていた．「主務官庁制の弊害を避ける観点から，できる限り，公益性に係る判断を行うに当たって法人の行う事業を所管する省庁から中立的な組織であること．その際，民間の考えを適切に反映することができるものであることが望ましい」（内閣府 2004）．
15) 資料とした表の分類では，警察・教育など特定分野だけの分散管理の場合が特定されていないが，そのような体制が一部にある可能性もある．
16) 特に，小規模法人に対する制度改正は不可欠である（岡本 2017c；出口 2018等）．この点を含め，一連の公益認定基準の運用の問題について，岡本（2018b），出口（2018）を参照．
17) この点は，特に特定領域法人制度を視野に入れると一層明らかになる（岡本 2018c）．

参考文献

後房雄・坂本治也，2017，「日本におけるサードセクター組織の現状と課題――平成29年度第4回サードセクター調査による検討」RIETI Discussion Paper Series 17-J-063.

後房雄・藤岡喜美子，2016，『稼ぐNPO――利益をあげて社会的使命へ突き進む』カナリアコミュニケーションズ．

NHKクローズアップ現代取材班，2014，『公益法人改革の深い闇』宝島社．

岡本仁宏，2017a，「法制度――市民社会に対する規定力とその変容」坂本治也編『市民社会論――理論と実証の最前線』法律文化社．

岡本仁宏，2017b，「宗教――市民社会における存在感と宗教法人制度」坂本治也編『市民社会論――理論と実証の最前線』法律文化社．

岡本仁宏，2017c，「大阪府公益認定委員会委員長就任にあたって」『公益・一般法人』全国公益法人協会，2017年11月1日号．

岡本仁宏，2018a，「公益社団法人と認定特定非営利活動法人との相違とその意味――日本における公益的社団法人の構造把握に向けて」RIETI Discussion Paper Series 18-J-018.

岡本仁宏，2018b，「公益法人認定・監督制度の現状と課題」（日本NPO学会第20回年次大会報告）．

岡本仁宏，2018c，「〈世紀転換期非営利法人制度改革〉という視点から」『公益・一般法人』全国公益法人協会，2018年12月1日号．

岡本仁宏編，2015，『市民社会セクターの可能性――110年ぶりの大改革の成果と課題』関西学院大学出版会．

公益社団法人全国シルバー人材センター事業協会，2017，「平成29年度全国シルバー人材センター事業協会事業計画」平成29年4月．

財団法人公益法人協会，2000，「中間法人（仮称）制度の創設に関する要綱中間試案に関する意見書」平成12年6月29日．

総務省，2011，「同一府省退職者が3代以上連続して再就職している独立行政法人等におけるポスト（平成22年4月1日現在）別添2」平成23年7月22日．

出口正之，2018，『公益認定の判断基準と実務』全国公益法人協会．

東京商工リサーチ，2018，「2017年『一般社団法人』の新設法人調査」，http://www.tsr-net.co.jp/news/analysis/20180906_02.html（2018年10月29日アクセス）．

内閣府，2004，「第15回公益法人制度改革に関する有識者会議 資料3説明資料（事後チェックのあり方・判断主体のあり方）」平成16年6月30日．

内閣府, 2010, 「平成21年特例民法法人年次報告書」.
内閣府, 2013, 「公益認定等に関する運用について（公益認定等ガイドライン）」平成20年4月（平成25年1月改訂）.
内閣府, 2014, 「平成25年公益法人に関する概況（移行期間の総括）」2014年9月.
内閣府, 2017, 「平成28年公益法人の概況及び公益認定等委員会の活動報告」2017年9月.
中田裕康, 2003a, 「公益法人制度の問題の概観」（公益法人制度改革に関する有識者会議, 2003年12月16日）.
中田裕康, 2003b, 「公益法人制度の問題の概要」『NBL』商事法務研究会, 767.
能見善久, 2011, 「新公益法人制度と公益認定に関する問題」『ジュリスト』1421.
法務省, 2017, 「法務局及び地方法務局管内別・種類別 一般社団法人の登記の件数 2016年」.
星野英一, 1998, 『民法のすすめ』岩波書店.
山野瞳, 2016, 「公益法人制度改革における経団連の活動」（関西学院大学法学研究科修士論文, 2015年度）.

第 7 章　「主務官庁制下の非営利法人」の課題——職業訓練法人と更生保護法人

初谷　勇

　110年ぶりの公益法人制度改革により，旧公益法人制度の主務官庁制は廃止されたが，官民関係一般において政府・諸官庁の役割が後退し空洞化するわけではない。政府・諸官庁は，担当分野において成果をあげうる官民協働のあり方や，そこでの自らの役割や責務を再認識し取り組む必要がある。
　本章では，「主務官庁制下にある非営利法人」に分類される職業訓練法人と更生保護法人の現況と課題をふまえ，各法人の根拠法の目的を担う官民の多様な主体のなかで，両法人のプレゼンスを向上・拡充させる道が求められていること，その際，現行法上の役割期待の範囲で運用改善により役割を拡充させるだけでなく，拡張した法の目的に照らし，新たな役割を担う道を検討する必要があることを明らかにする。

1　はじめに

　本章では，サードセクター調査の視座にもとづき「主務官庁制下の非営利法人」に分類された職業訓練法人と更生保護法人を取り上げ，それらの現状と課題を明らかにすることを通じて，非営利法人と主務官庁の関係を問いなおす。
　第1に，官民関係と「主務官庁制下の非営利法人」について，官民関係，サードセクター組織，主務官庁制の定義を再確認し，非営利法人制度改革の趣旨と趨勢を顧み，自由主義的改革の伸展の一方で，特定非営利活動促進法・中間法人法の制定，公益法人制度改革，個別法にもとづく非営利法人の制度改革が相次ぎ，非営利法人類型の分布とシェアが大きく変容した現在，「主務官庁制下の非営利法人」の位置を考える。
　第2に，職業訓練法人と更生保護法人について，その現況と課題を概観する。
　第3に，上記をふまえて，筆者の非営利法人政策論[1]の分析枠組みと両法人の根拠法の立法・改正経過をふまえ，「主務官庁制下の非営利法人」の課題について，職業訓練法人，更生保護法人を事例としてその問題状況を示し，主務官

庁と非営利法人がとるべき選択肢について検討する。

2 官民関係と「主務官庁制下の非営利法人」

(1) 官民関係，サードセクター組織，主務官庁制

　サードセクター調査において，「官民関係」とは，「高齢者介護，障害者福祉，保育，教育，医療などの政策分野毎に，あるいは分野横断的に，行政担当部局とサードセクター組織との間の規制，委託，補助などの関係」を指し，「サードセクター組織」とは，調査結果もふまえて「脱主務官庁制の非営利法人」「主務官庁制下の非営利法人」「各種協同組合」に三分されている。また，「自由主義的改革」とは，「わが国の公共サービスをより効率的で質の高いものにするうえで，従来の官民関係を，多様な提供主体の間の透明で自由な競争と利用者の選択を促進する方向で抜本的に改革すること」とされている。[2]

　ここでサードセクター組織の類称に用いられている「主務官庁制」とは，改正前民法で公益法人の設立に主務官庁の許可が必要とされ，この許可が主務官庁の自由裁量に委ねられていると解されていたことにもとづき，官庁がその所管事項（担当する行政・政策分野）を事業として担うと認める非営利法人に対する排他的，裁量的な統制の仕組みを一般的，包括的に指した用語ということができる。[3]

　本来，官庁（府省庁）は各府省庁設置法の定める所管事項を有するが，旧公益法人制度における主務官庁制では，法人が目的とする事業を所管するものとして許可権限を行使する官庁が特定されることにより，設立許可後も当該法人の挙措は当該官庁の指導監督に服する。こうした主務官庁制は，官庁の立場からは，担当分野の行政・政策を推進するにあたり，補充・補完機能を担う組織資源として公益法人を編成し活用するうえで積極的な意義があったともいえる。

　しかし，1960年代以降，公益法人のガバナンスの欠如や主務官庁との不透明な相互依存関係に由来する不祥事が繰り返し発生し，政府・主務官庁による後追い的な指導監督や規制の強化では対応にも限界がみられた。1990年代末からは，公益性・非営利性を徹底し，ガバナンスを強化して透明性を確保する「公益法人の純化」がうたわれ，2000年代に入り推進された国・地方にわたる公務

改革では，政府に代替・協働して公共サービス提供を担う民間主体の育成・振興を図る「民の担う公共」も標榜され，これらを改革の指導理念として，110年ぶりに公益法人制度改革が行われた結果，旧公益法人制度における主務官庁制は廃止されるに至った。

ただし，そのことが官民関係一般において政府セクターや官庁の役割を後退させたり空洞化させる理由に援用されるべきものではなく，政府・諸官庁は，担当分野において成果を挙げるうえで，いかなる官民協働が望ましいのか，そこで自らが果たすべき役割や責務について，改めて問いなおされているというべきである。

(2) 非営利法人制度改革の趣旨と趨勢

一方，非営利法人の立場から，上記の公益法人制度改革を含む一連の制度改革の意味することを振り返ってみよう。

明治以降，2006年改正までの民法は，法人通則を定める法人基本法であるほか，法人類型の1つである公益法人（社団法人・財団法人）に関する根拠法であり，公益法人に係る一般法としての性格をもつものであった[4]。同法34条は，公益法人の設立目的を例示してはいたが，個別の行政・政策分野（以下，「分野」）を限定しておらず，多様な設立目的に沿って公益法人の設立が可能であった。その時代にあって，所管事項のうちある分野を伸長させたい主務官庁や，自らが属すると考える分野のさらなる振興，発展をめざす公益法人や民間非営利団体は，民法にもとづく公益法人の活用にとどまらず，より当該分野に特化して活用しやすい公益・非営利法人類型を求めるようになる[5]。

そうした要請に応える方法として，1つには，個別分野法を制定し，その一部に当該分野に特化して活用しうる非営利法人の根拠規定を定める方法がとられた。戦後間もない時期に創設された，私立学校法（1949年公布）にもとづく学校法人制度や，社会福祉事業法（1951年公布）にもとづく社会福祉法人制度がその例である[6]。後述する職業訓練法（1969年公布）にもとづく職業訓練法人制度や，更生保護事業法（1995年公布）にもとづく更生保護法人制度の創設も，主務官庁が所管分野の振興，発展を期して制定した個別分野法のなかに，当該分野の担い手となる非営利法人の根拠規定を設けた例として，この流れに連な

るものである。いま1つの方法としては，個別分野に対応する非営利法人法を直接制定する方法がとられた。この例としては，宗教法人法（1951年公布）にもとづく宗教法人制度が挙げられる。

　1995年の阪神・淡路大震災を契機として顕在化したボランティア活動や市民公益活動の持続的な組織基盤として，多様な設立目的に沿って活用することのできる公益・非営利法人を，旧公益法人制度よりも，はるかに簡易に設立することのできる根拠法を求める全国的な機運の高まりを受けて，議員立法により特定非営利活動促進法が制定された（1998年）。特定非営利活動促進法は，民法改正を待たず次善の策として，民法の特別法として制定され，特定非営利活動法人が主たる目的とする「特定非営利活動」を，別表で当初，12項目に限定した。

　非営利・公益の領域に位置する公益法人や特定非営利活動法人に対し，2001年には，「法の空隙」とされていた非営利・非公益の領域にあった非営利団体に法人格取得の道を開く中間法人法が制定された。

　次いで，2006年の民法改正と公益法人制度改革三法の制定により，旧公益法人と中間法人を統合し一般社団・財団法人とその公益認定による公益社団・財団法人制度が創設された。同改革により民法は公益法人に関する一般法（根拠規定）を喪失し，法人通則（33〜37条の5か条）のみを定める法人基本法にとどまるものとなり，法人類型ごとの個別の法律は，法人根拠法となった。従来の「特別法上の公益法人」の成立を認める法律は，もはや特別法ではなく，単行法（民法33条2項を受けた各種法律）というべき存在となった。

　以上の経緯を顧みると，法人の設立目的において，①「分野を特定しない公益・非営利法人の一般法と法人根拠法の融合」（民法34条）に，②「分野を特定した公益・非営利法人の特別法と法人根拠法の融合」（民法から独立しての私立学校法や社会福祉事業法等の制定）が加わり，③「複数分野を特定した公益・非営利法人の特別法と法人根拠法の融合」（特定非営利活動促進法）が次いで加わり，④「分野を特定しない非公益・非営利法人の一般法と法人根拠法の融合」（中間法人法）がさらに加わったのち，①と④を廃止して，⑤「分野を特定しない非営利法人の根拠法」（一般社団・財団法人法）に統合した，という順序で改革が進んできたということができる。

この動向のポイントは，①公益・非営利法人における一般法・特別法区分を消失（民法改正）させたが，②分野を特定した公益・非営利法人の個別根拠法は並存（従来の特別法法人の存続）しているなか，③公益・非営利法人の1類型（特定非営利活動法人）については，分野を特定しつつも数次の改正により分野を拡張させることにより，分野限定性を希薄化（特定非営利活動促進法）させる一方で，④分野を特定しない，公益・非公益不問の非営利法人の根拠法（一般社団・財団法人法）を設けた点にある。

　③で分野限定を希薄化させ，④で分野不特定を原則としたことからは，法人根拠法レベルでは分野を限定・特定しない方向へ，また，個別分野の選択は法人格選択とは切り離して考える方向に改革の趨勢が向かっていることがみてとれる。つまり，ある分野を担うのは必ずこの法人格でなければならないというように，分野と法人格を固定的に関連づける考え方から，ある分野を担うのに最も適切な法人格はどれかという組織選択（それらが複数あるとすれば，組織併用）の発想へ意識の変化がみられるといえる。

　こうした変化は，前掲の「自由主義的改革」にいう「多様な提供主体の間の透明で自由な競争と利用者の選択を促進する方向」とも共鳴し，組織選択の対象は非営利法人にとどまらず株式会社の参入など営利法人も含むかたちで展開している。今や，②で残存する特定された分野においては，主務官庁と非営利法人の当事者はもとより当該官民関係にもとづく公共サービス提供の利用者や関係者に，分野特定の合理性や説得性を問いなおす契機となっているといえよう。

3　職業訓練法人と更生保護法人の課題

（1）職業訓練法人と更生保護法人の概況

　以上のような非営利法人制度改革の趨勢と意味をふまえたうえで，サードセクター調査で「主務官庁制下にある非営利法人」に分類されている法人の事例として，職業訓練法人と更生保護法人について，その現況と課題をみてみたい。

　法人の概要を表7-1にまとめるとともに，表7-2に，非営利法人政策と両法人が活動する分野である職業訓練・職業能力開発政策および更生保護政策の

第 **7** 章 「主務官庁制下の非営利法人」の課題

表 7-1 職業訓練法人と更生保護法人

	職業訓練法人	更生保護法人
根拠法	職業能力開発促進法（昭和44年7月18日法律第64号） （1985年，職業訓練法（昭和44年法）から題名変更）	更生保護事業法（平成7年5月8日法律第86号）
根拠法の所管省庁	厚生労働省	法務省
法人類型の意味	認定職業訓練を行う社団又は財団であって，職業能力開発促進法の定めるところにより設立された法人	更生保護事業を営むことを目的として，更生保護事業法の定めるところにより設立された法人
設立方法	認定職業訓練を行なう社団又は財団は，この法律の規定により職業訓練法人とすることができる。（第31条） 職業訓練法人は，都道府県知事の認可を受けなければ，設立することができない。（第35条第1項）	更生保護法人を設立しようとする者は，法務省令で定めるところにより，申請書及び定款を法務大臣に提出して，設立の認可を受けなければならない。（第10条）
認可の要件	都道府県知事は，前条第1項の認可の申請があった場合には，次の各号のいずれかに該当する場合を除き，設立の認可をしなければならない。 1 当該申請に係る社団又は財団の定款又は寄附行為の内容が法令に違反するとき。 2 当該申請に係る社団又は財団がその業務を行なうために必要な経営的基盤を欠く等当該業務を的確に遂行することができる能力を有しないと認められるとき。（第36条）	法務大臣は，第10条の認可の申請が次の各号に適合すると認めるときは，認可しなければならない。 1 設立の手続並びに申請書及び定款の内容が法令の規定に適合するものであること。 2 申請書及び定款に虚偽の記載がないこと。 3 当該申請に係る更生保護法人の資産が第5条の要件に該当するものであること。 4 業務の運営が適正に行われることが確実であると認められること。（第12条）
活動内容	・認定職業訓練〈主たる業務〉（第31条） ・認定職業訓練を行うほか，次の業務の全部又は一部を行うことができる。〈従たる業務〉 1 職業訓練に関する情報及び資料の提供を行うこと。 2 職業訓練に関する調査及び研究を行うこと。 3 前二号に掲げるもののほか，職業訓練その他この法律の規定による職業能力の開発及び向上に関し必要な業務を行うこと。（第33条）	・更生保護事業（主に更生保護施設が継続保護事業（第2条第2項）を営み，更生保護協会等が一時保護事業（同条第3項）と連絡助成事業（同条第4項）を営む。）
総数（全国）	353法人	164法人

系譜について要点をまとめた。紙幅の関係上，ここでは両法人をみるうえで留意すべき点を述べる。

第1に，法人根拠法と所管官庁についてである。職業訓練法人は，認定職業訓練を行う社団または財団が，職業能力開発促進法（1985年，職業訓練法の第二次改正により題名変更）により職業訓練法人とすることができるものであり，都道府県知事の認可により設立される（法定受託事務）。一方，更生保護法人は，更生保護事業を営むことを目的として，更生保護事業法の定めるところにより，法務大臣の認可により設立される（国の事務）。

表7-2　非営利法人政策と職業訓練・職業能力開発政策および更生保護政策

年	非営利法人政策（NPO政策）	年	職業訓練・職業能力開発政策と職業訓練法人	年	更生保護政策と更生保護法人
1896	・民法第1・2・3編公布。公益法人に関する規定。				
		1921	・職業紹介法。 ・東京市の失業者を対象に職業補導（失業者・障害者への失業対策）発足。	1900	・感化法（道府県に感化施設設立義務付け）。
				1922	・旧少年法。少年保護団体。
				1936	・思想犯保護観察法。
				1939	・司法保護事業法（司法保護委員の法定）。
1946	・日本国憲法公布。47年施行。			1949	・犯罪者予防更生法（更生保護制度の成立）。
1949	・私立学校法。				
				1950	・更生緊急保護法（更生保護会の法定）。 ・保護司法（保護司の法定）。
1951	・社会福祉事業法。 ・宗教法人法。				
		1958	・職業訓練法（「昭和33年法」)制定。 ・認定職業訓練（養成訓練のみ）。	1954	・執行猶予者保護観察法。
		1959	・技能検定制度創設。		
1967	・公益法人に係る不祥事件続発と国会での追及。 ・「公益法人に対する監督強化策に関する要綱」閣議了解。				
		1969	・職業訓練法（「昭和44年法」）に改定（総合的な職業訓練制度。認定職業訓練を全法定訓練に拡大。「職業訓練団体」として職業訓練法人制度（認可主義）。		
		1978	・職業訓練法の第一次改正（「昭和53年法」)（職業能力開発協会を法定）。		
		1985	・職業訓練法の第二次改正（「昭和60年法」)（職業訓練法を職業能力開発促進法に題名変更）。		
				1995	・更生保護事業法（更生保護事業，更生保護法人制度（認可主義))。
1998	・特定非営利活動促進法（NPO法）成立。	1998	・職業能力開発促進法の改正（職業訓練体系の整理）。		
2001	・中間法人法成立。				
2006	・公益法人制度改革関連三法成立。行政改革法，市場化テスト法成立。			2003	・犯罪対策閣僚会議設置。
				2006	・刑務所出所者等総合的就労支援対策開始（法務省と厚生労働省の連携）。
				2007	・更生保護法（犯罪者予防更生法と執行猶予者保護観察法を統合した更生保護の基本法）。
2008	・新公益法人制度施行（中間法人法廃止）。			2008	・更生保護サポートセンター初設置。
2011	・特定非営利活動促進法改正（認証事務の地方移管，認定NPO法人制度の改正等）。	2011	・求職者支援制度創設。		
				2012	・犯罪対策閣僚会議，「再犯防止に向けた総合対策」策定。
2013	・公益法人移行期間満了。			2016	・再犯の防止等の推進に関する法律（再犯防止法）。

注：本文に関連する事項を中心に掲げた。「NPO政策」について，初谷（2001）第2章（133～229頁）参照。職業能力開発政策については，斎藤（1993），職業能力開発行政史研究会（1999），厚生労働省職業能力開発局編（2002），厚生労働省職業能力開発局監修（2012）および厚生労働省職業能力開発行政資料を参照。更生保護政策については，日本更生保護協会100年史編集委員会編（2014），法務省行政資料を参照。法律名は公布年を示す。

第2に，活動内容（事業）については，職業訓練法人は認定職業訓練を主たる業務とする必要がある。更生保護法人は，継続保護事業，一時保護事業，連絡助成事業の3事業を個別または複数営まねばならない。

　第3に，近年の動きである。職業訓練法人は，1985年に根拠法が職業能力開発促進法に題名変更され，広く職業能力開発政策を対象とした第二次改正においても，（根拠法名に合わせて，たとえば職業能力開発法人とはならず）職業訓練法人の名称のまま存続して今日に至っており，その後の職業訓練体系の整理に際しても，積極的な改変は行われていない。更生保護法人についても，1995年に法人類型として成立して以降，業務に改変はなされていない。ただし，2003年の犯罪対策閣僚会議設置以降，政府では再犯の防止等の推進による社会安全の向上を重点化している。両分野に関わり厚生労働省と法務省の連携による施策例として，2006年から刑務所出所者等総合的就労支援対策が開始され拡充されている。

(2) 職業訓練法人と更生保護法人の課題

1 職業訓練法人の課題　職業訓練法人の課題については，サードセクター調査（第4回アンケート調査結果）からは，①設立における行政あるいは協同組合や事業主団体による主導や財政的な支援，②活動量における公益志向性にも優る共益志向性，③質素な財政規模，④都道府県庁との緊密な連携（依存），⑤法人の置かれた制度環境に対する馴致，⑥アドボカシーにおける消極性などがうかがえる。政府や民間企業に伍して政策主体，経済主体として鼎立し，存在感のある，資源豊かな民間非営利組織という理念型からは若干距離感のあるものとなっている。

　これらの諸点を反転させて，①設立における自発性，民間非営利組織自身の先導性の発揮，②公益志向の活動量の増加，③財政規模の充実，④都道府県に加え多様なアクターとの連携，⑤現下の非営利法人制度はじめ制度環境の激変に呼応した意識改革，⑥アドボカシーの意欲と実践，などを喚起するには何が必要か。職業訓練法人の創設の経緯，立法趣旨に照らすならば，時代の変化に即応した職業訓練の実施主体として，組織のあり方（ガバナンス，人材・施設・財源・情報等の経営資源確保，経営力，認知度等）や，法人が業務として担う職業

訓練サービスのあり方（対象領域ごとの人材育成，技能継承の養成や教育訓練ニーズとの整合性，教育訓練プログラムの適否，訓練課程の運営実務，事業評価やその基準等），職業能力開発協会など関連組織との関係性等にさまざまな課題が想定される。

　こうした課題は，現行制度の有効活用や一層の改善という意味で重要な課題であり，その検討は，さらに具体的な実態調査や事例研究にもとづき深める必要がある。

2　更生保護法人の課題　　次に，更生保護法人については，かつて筆者は，非営利法人政策の観点から次の諸点を課題として提示した（初谷 2012：117–147）。①公益法人制度改革の進展にともない，特別法法人としての存在意義，法人類型の見直しが視野に入ってくることに備え，社会福祉法人など関連領域の各種法人との差別化を図り，比較優位性や相乗効果など，積極的に存在意義を主張し国民の理解を得る必要性，②官民協働の理念と現実の乖離を整理したうえで，更生保護政策の展開に相応しい（非営利法人政策を含めた）政策モデルの再選択，③政府セクター内で，国以外に地方自治体の役割の再考と啓発，④更生保護と社会福祉との相補的な関係形成を念頭に，社会福祉法人や更生保護法人はもとより特定非営利活動法人や一般社団・財団法人も視野に入れて，各特性に配慮しつつ役割を再配置，⑤政府セクターによる財源調達の不足を補完する民間営利・非営利セクターによる更生保護事業への支援の拡充。

　それから5年余り経過しているが，この間の法務省の取組としては，たとえば，更生保護サポートセンターの開設などのように，更生保護法人の現状を補完する別組織・団体の地域ネットワーク構築等がみられる。上記の各課題は現在もなお引き続き開拓すべき課題である。

4　「主務官庁制下の非営利法人」の課題

(1) 問題状況

　以上，**2**でみた非営利法人にかかる制度改革の経緯と問題状況，**3**でみた各法人の現況や課題をふまえると，本章の問題関心は次のように一般化することができる。

　ある特定分野を所管する主務官庁が，当該分野で活動する民間非営利団体と

ともに，当該分野の振興，発展をめざして，個別分野法の制定を推進し，同法の一部にその分野に特化して活用しうる非営利法人の根拠規定を定めた場合に，その後の当該分野と非営利法人をとりまく環境変化により，以下の2通りの問題状況が表れているとき，主務官庁および非営利法人は，それぞれどのような対応をとることが望ましいであろうかということである。

　第1の問題状況は，職業訓練法人にみられるものである。❸でみたように，根拠法制定後の当該分野の政策需要の変化に応じて，個別分野法の改正（職業訓練法の数次の改正，職業能力開発促進法への改称）が繰り返されながらも，職業訓練法人の根拠規定自体については変えることなく維持・継承された結果，個別分野法の目的（職業能力開発）は広げられ，その目的の担い手として官民の主体が幅広く想定されるようになっているなかで，当該非営利法人（職業訓練法人）に対する役割期待は旧来のまま限定されている（主たる業務としての認定職業訓練に努力（エフォート）を傾注することを求める）。加えて，従来より認定職業訓練は事業主（営利法人）や事業主の団体をはじめその他の非営利法人も担えるものとされ，職業訓練法人の業務独占ではなかったところ，非営利法人制度改革の進展により，特定非営利活動法人や一般社団・財団法人など業務の担い手たりうるほかの非営利法人も増加した結果，想定される担い手全体のなかで職業訓練法人の存在感（プレゼンス）が，相対的に低下，縮小しているとみられる状況である。

　第2の問題状況は，更生保護法人にみられるものである。根拠法制定以降，一貫して「官民協働」が標榜されながらも，主務官庁の所管事項のなかでの位置づけ，優先順位が必ずしも高くなかったことから，政府セクター，主務官庁内での人的・物的資源の配分や支援に限度があり，また，対象とする公共サービス（更生保護）の受益者が（広く社会安全に資するとの観点から捉えれば社会一般であるものの）限定的に捉えられがちであるために，民間セクターによる経済的支援の調達もなかなか伸展せず，当該非営利法人（更生保護法人）が，役割期待に十分応えられずに推移しているとみられる状況である。[12]

(2) 主務官庁と非営利法人の選択肢

　法の目的と非営利法人への役割期待との関係から，考えられる選択肢はおおむね次のように分岐する。職業訓練法人，更生保護法人いずれの場合も，第1

は，法の目的の担い手として想定される官民の主体のなかで，当該非営利法人のプレゼンスを向上・拡充させる道（1）である。そのために，1つには，現行法上期待されている役割の範囲で，運用改善により果たす役割を拡充させる道（1-1）がある。2つには，拡張した法の目的に照らし，現行法上期待されている役割を超えて，新たな役割を割り振る道（1-2）である。

職業訓練も更生保護事業も，職業訓練法人では当初より，更生保護法人では近年，業務はほかの非営利法人に開放されている。職業訓練法人であれば，事業主や事業主団体，組合，ほかの非営利法人との比較，更生保護法人であれば，社会福祉法人や特定非営利活動法人など他の非営利法人との競合，比較において，プレゼンスを向上・拡充させることが要請される。既定の認定職業訓練や更生保護事業（更生保護施設の場合は主に継続保護事業）について，職業訓練法人や更生保護法人ならではの優位性を発揮できるかという点である。

第2は，当該非営利法人の現在のプレゼンスのあり様（現状）をあるがままに容認し，特段の措置を講じることなく自然体で推移を見守る道（2）である。

第3は，拡充した法の目的の担い手として想定される官民の主体のなかから，当該非営利法人を整理，除去する道（3）である。

筆者は，RIETIアンケート調査結果にとどまらず，両法人の当事者，関係者へのヒアリング，訪問調査を重ねているが，それらを通じて観察される両法人の現状からは，いずれの場合も（2）をとった場合，**2**でみた非営利法人制度改革の趣旨と趨勢，官民関係の自由主義的改革の進展に照らせば，それはいずれ（3）に至る道ではないかと考える。

それぞれに政策課題としては重視され，広がった法の目的に照らすならば，これらの改革を等閑に付すわけにはいかない。改革の趨勢を捉え，それらに適応していける体制と力量を法人が整備できるよう，官民が協働して（1）を検討することを期待したい。その際，（1-1）の運用改善の道もありうるが，むしろ（1-2）のように必要に応じて根拠法の目的の拡充や新たな時代の要請に応える業務の刷新強化の道について積極的に検討する必要がある。それにより，上記の改革の趨勢——①分野を限定・特定しない法人根拠法による法人数が急増し，個別分野の選択は法人格選択とは切り離して考える方向，また，②分野と法人格を固定的に関連づける考え方から，ある分野を担うのに最も適切な法

人格はどれかという組織選択（それらが複数あるとすれば，組織併用）の発想へ意識の変化――にも対応するものとなり，これらの法人が「自由な競争と利用者の選択」に支えられた健全な官民関係にもとづく公共サービスの担い手として発展しうるのではないかと考える。

注
1) 原著である初谷（2001）では，「NPO政策論」であるが，本章では本書の表記例に則った（以下同様）。
2) RIETI「官民関係の自由主義的改革とサードセクター組織の再構築に関する調査研究」の「プロジェクト概要」（後房雄）による。なお，そうした改革とNPOとの関係について，後（2009）参照。
3) 旧公益法人制度において「主務官庁」とは，各府省の長である各大臣または長官等であり，各府省庁設置法の定める府省庁の所管事項によって，その法人の目的とする事業の所管が定まる。目的とする事業が2つ以上の府省庁の所管事項にわたるときは，関係する府省庁の「共管」となり，それぞれの許認可が必要となる（「共管法人取扱の申合せ」（昭和47年4月25日公益法人監督事務連絡協議会）参照。初谷（2001：41））。主務官庁制の弊害として挙げられた官庁セクショナリズムの歴史過程，政治過程，組織過程の分析として，今村（2006）。
4) 山本（2011：455–457）および初谷（2015：189–190）参照。
5) たとえば，1995年4月，更生保護事業法案を審議した第132回国会衆議院法務委員会において，政府委員（法務省保護局長）は，同法案により，更生保護会が民法法人から更生保護法人に移行することができるようになることは，「従来から更生保護会側から強い要望」があるとともに，各更生保護会に対する意向調査でも「おおむねほとんどの更生保護会が組織変更を希望している」こと，また主務官庁（法務省）側としては同法の意義を「従来の民法法人からこの法律に基づく特別な法人に更生保護会を格上げするということ」と説明している。第1類第3号法務委員会議録第7号平成7年4月26日，2–3頁。
6) 私立学校法，社会福祉事業法について，初谷（2001：152–156）参照。いずれも憲法89条後段の政府解釈に整合する立法的措置としての意味があった。
7) 宗教法人令および宗教法人法について，初谷（2001：156–158）。ポツダム勅令であり準則主義に立つ宗教法人令（1945年）の悪用，濫用が社会的非難を招き，1951年，準則主義を排し，認証主義を採用する宗教法人法（1951年）が公布，施行された。
8) 特定非営利活動促進法の立法政策過程に関する分析として，初谷（2001）第4章（269〜338頁）参照。
9) 中間法人法の誕生と展開が示唆するものについて，初谷（2012）第1章（32〜92頁），中間法人の転生・一般社団法人への移行がもたらすものについて，同・第2章（93〜116頁）参照。
10) 山本（2011：455–457）および初谷（2015：190）参照。
11) 後藤（2008：132）参照。
12) 民間セクターによる経済的支援としては，対象者への就労支援や生活支援の分野で，この10年の間に非営利法人主導による官民協働の取り組みに大きな進展がみられる。日本更生保護協会（更生保護法人。以下，日更協）では，2006年，法務省補助事業である刑事施設出所者等の身元保証事業を委託するため，NPO法人全国更生保護就労支援会を設立した（その後自立支援，住居支援等の事業も実施）。次いで日更協は，経団連，日本商工会議所等経済界の協力を得て，2008年にNPO法人全国就労支援事業者機構（以下，機構）を設立し，法務省保護局，保護観察所と連携し，2009年までに全国に50の都道府県就労支援事業者機構を設立し，

第Ⅱ部　市民社会と政治・行政の相互作用

事業を開始した（同機構は設立直後に認定NPO法人となり，2016年に前掲のNPO法人全国更生保護就労支援会を合併）。同機構の法人格にNPO法人を選択したことについて，機構の構想を推進した日更協当事者らは，更生保護法人ではどうしても「法務省保護局の下」とみられ，「なかなか幅広い支援は得られないのではなかろうか」と思ったこと，一方，更生保護関係者が当初，「更生保護法人しか頭になく」，形式上はNPO法人という点に「非常に戸惑い」があり，「長い目で見れば，公益法人改革は所管省庁につながった法人ではなくて，いずれはNPO法人のような公益法人に全部なってくるだろうと思いますけども，自分のところの所管団体ではないのにというところも，まだあったような気がします」とそれぞれ述懐している。日本更生保護協会100年史編集委員会編（2014）「座談会」中111〜115頁，日更協副理事長および元事務局長（当時。いずれも法務省OB）の発言参照。

参考文献

今村都南雄，2006，『官庁セクショナリズム』東京大学出版会．
後房雄，2009，『NPOは公共サービスを担えるか——次の10年への課題と戦略』法律文化社．
厚生労働省職業能力開発局編，2002，『新訂版 職業能力開発促進法——労働法コンメンタール8』労務行政．
厚生労働省職業能力開発局監修，2012，『七訂版 職業能力開発促進の実務手引』職業訓練教材研究会．
後藤元伸，2008，「取引研究会レポート 一般社団・財団法人法および会社法の成立と団体法体系の変容」『法律時報』80(4)：130-134．
斎藤将，1993，『職業能力開発法体系』酒井書店．
職業能力開発行政史研究会，1999，『職業能力開発の歴史』労務行政研究所．
日本更生保護協会100年史編集委員会編，2014，『日本更生保護協会100年史』日本更生保護協会．
初谷勇，2001，『NPO政策の理論と展開』大阪大学出版会．
初谷勇，2012，「非営利法人制度改革への視点（1）——更生保護法人の課題」初谷勇『公共マネジメントとNPO政策』ぎょうせい，117-147．
初谷勇，2015，「論点の再整理 よりよい非営利法人法体系に向けて」岡本仁宏編『市民社会セクターの可能性——110年ぶりの大改革の成果と課題』関西学院大学出版会，185-210．
初谷勇，2019，「職業訓練法人の課題——NPO政策の観点から」RIETI Discussion Paper Series 19-J-005．
山本敬三，2011，『民法講義Ⅰ 総則 第3版』有斐閣．

第 8 章　政府への財政的依存とサードセクター組織のアドボカシー

坂本 治也

> 本章では，政府への財政的依存とアドボカシーの関係について，第4回サードセクター調査のデータを用いた検証を行う。分析の結果，自治体についてみた場合，政府への財政的依存はアドボカシーに対して「逆U字型」の二次関数的な影響を及ぼしていることが明らかとなる。
>
> 政府への財政的依存は，ある一定のレベルまではアドボカシーを促進する効果をもつが，一定のレベルを超えて財政的依存が進むと，今度は逆にアドボカシーを抑制する効果をもつ。この知見は，「抑制」説と「促進」説が並存・対立してきた先行研究に対して，新たな視座を与えるものといえる。また，サードセクター組織の自治体への財政的依存はほどほどの水準を保っておくのがよい，という実務上の含意も有する。

1　問題状況と先行研究[1]

(1) 政府への財政的依存とアドボカシーの関係

　序章でも説明したように，市民社会が果たす重要な機能の1つにアドボカシー機能がある。アドボカシーは「公共政策や世論，人々の意識や行動などに一定の影響を与えるために，政府や社会に対して行われる団体・組織の働きかけ」と定義することができる。

　アドボカシーをめぐる既存の研究において1つの重要な論点となってきたのが，政府への財政的依存とアドボカシーの関係である。そもそもアドボカシーは，自立した組織が自らの追求する理念・ミッションにしたがって自由意思にもとづいて行われることが望ましい。さもなければ，アドボカシーによって，広く知られていない社会問題の存在をアピールしたり，多様な要求・利害を政治過程に表出したり，政府を批判・監視したりすることは不可能になるからである。

　しかしながら，実際には多くのサードセクター組織は安定的な収入基盤を構

築するために，寄付，会費，補助金，助成金，収益事業収入といったかたちで，外部アクターから資源を得る必要がある。結果的に，財政面で自立しているというよりは，外部アクターに大きく依存していることが多い。とりわけ，多大な資源を有する政府に財政的に依存する傾向が強い（Saidel 1991）。

では，政府に対して財政的に依存することが多いサードセクター組織は，果たして本当に自由闊達にアドボカシーを行うことができるのであろうか。もし政府への財政的依存がアドボカシーにマイナスに作用しているのであれば，サードセクター組織は政府への財政的依存の状況を脱却し，より財政的に自立していくべきではないのか。このような問題関心の下，政府への財政的依存とアドボカシーの関係が探究されてきた。この論点は委託疲れ，行政の「下請け」化，ミッション・ドリフトなどの切り口で議論されている「政府への財政的依存がサードセクター組織にもたらす様々な悪影響」に関する研究（Smith and Lipsky 1993；Moulton and Eckerd 2012；田中 2006；後 2009）とも強く関連しており，注目されるべきものとなっている。

(2)「抑制」説

政府への財政的依存とアドボカシーの関係についての先行研究では，「政府への財政的依存がアドボカシーを抑制する」とする「抑制」説と，逆に「政府への財政的依存がアドボカシーを促進する」とする「促進」説の双方が存在し，両者の間で論争が続いている。以下では，それぞれの説の主たる理論的根拠を順次確認していこう。

「抑制」説が理論的根拠としているのは，資源依存理論（resource dependence theory）である。資源依存理論は，ある組織が存続のために必要な資源の提供元を外部アクターに依存する場合，当該組織は資源へのアクセスを確保するために，重要な資源提供元である外部アクターの要求や期待に沿うような行動をとるようになる，と捉える（Pfeffer and Salancik 1978）。

資源依存理論にしたがえば，補助金や委託事業収入などのかたちで政府からの公的資金収入に財政的に依存するサードセクター組織ほど，政府の意向に反した行動はとりにくくなり，政府が快く思わないようなアドボカシーを行うことに抑制的になるはずである。仮にある組織がそのようなアドボカシーを行っ

た場合，政府は補助金削減や委託打ち切りなどの「制裁」手段を発動する可能性がある。組織存続にとって大きな損失となる「制裁」をおそれるがあまり，政府への財政的依存が高い組織ほど，アドボカシーに抑制的になることが考えられる。

　さらに，政府への財政的依存が高い組織ほど，今後も公的資金収入を安定的に確保したいと考えるために，組織の有する限られた物的・人的資源を，補助金や委託事業獲得のための内部組織体制の構築や委託事業実施のほうに優先的に振り分ける傾向がある。ゆえに，その分アドボカシーに振り分けられる資源量は少なくなり，アドボカシーが行われにくくなることが考えられる（Smith and Lipsky 1993；Alexander et al. 1999；Chaves et al. 2004；Neumayr et al. 2015）。

(3)「促進」説

　「促進」説が理論的根拠としているのは，以下の2つの理論である。

　第1に，資源増大理論である。政府は，徴税という手段によって強制的に資源を集めることができるため，常に潤沢な資源を有し，正統性の面でも群を抜いた存在である。それゆえ，政府から資金収入を得ている組織ほど，安定的な収入源を確保できるため，財政力は拡大し，組織の専門職化を図ることができる。また，政府との関わりの実績によって，組織の社会的信用力も向上させることができる。このようにして得た財政力，組織の専門職化，社会的信用力は，サードセクター組織がアドボカシーを行う能力を高めるものである。したがって，政府への財政的依存はアドボカシーを促進すると考えられる（Mosley 2011；Neumayr et al. 2015）。

　第2に，パートナーシップ理論である。現代国家においては，サードセクター組織が政府に資源面で依存しているのと同程度に，政府も公共サービスの供給局面や政策立案過程においてサードセクター組織の力量に大きく依存している。サードセクター組織が政府に一方的に寄りかかる依存関係というよりも，両者は相互に依存し合うパートナーシップ関係にある，とみるほうが適切である。ゆえに，政府から補助金や委託事業収入を得ている組織は，政府と無関係の組織よりも，政府から「公共の担い手のパートナー」として信認を得ている存在であり，政府に対してより大きな交渉力を有している，と考えられる。ま

た，政府とパートナーシップ関係を形成することによって，サードセクター組織は政府内部とのネットワークを構築することができ，そのネットワークはアドボカシーを行う際にチャネルとして機能する。さらには，政府とのパートナーシップ関係を維持するなかで，政策知識や法制度上の不備，政治的争点に触れる機会がより多くなるために，アドボカシーへの関心が自然と高まる。以上のように，政府への財政的依存が高い組織は，政府との間に相互依存的なパートナーシップ関係を形成している組織であり，それゆえにアドボカシーにより積極的な組織であると考えられる（Saidel 1991；Salamon 2002；Chaves et al. 2004）。

(4) 実証分析の知見

先行研究では，米国の非営利組織を題材としたものを中心に，さまざまな実証分析が行われている。それらの分析結果では，「促進」説を支持するものが比較的多い（Salamon 2002；Chaves et al. 2004；Mosley 2011；Moulton and Eckerd 2012）。他方，「抑制」説を支持する分析結果（Alexander et al. 1999；Schmid et al. 2008；Nicholson-Crotty 2009；Guo and Saxton 2010）や，政府への財政的依存がアドボカシーに与える影響は確認されないとする分析結果（Leech 2006；Garrow and Hasenfeld 2014；Neumayr et al. 2015）も一定数存在している。実証分析の結果は両義的であり，「抑制」説と「促進」説のいずれが正しいのか，正しくないのか，についての議論は目下のところ収束していない。

なぜ実証分析の結果は両義的なのであろうか。Neumayr et al. (2015) が指摘するように，分析に用いられる指標の非一貫性，あるいは分析対象となる組織の地域性や活動領域の違いが与える影響が大きいことは確かであろう。しかし，本章ではそれらの理由とは別に，理論的にも先行研究が見落としてきた重要な点があると考える。この点について，次節で詳しくみていこう。

2 理論枠組みと検証データ

(1) 「逆U字型」モデル

先行研究の実証分析では，政府への財政的依存がアドボカシーに与える影響をすべて線形的に捉えてきた。つまり，政府への財政的依存が単調減少的にア

ドボカシーに対してマイナスに作用するのか，それとも逆に，政府への財政的依存が単調増加的にアドボカシーに対してプラスに作用するのか，を検証してきただけにすぎない。

しかし，「抑制」説と「促進」説のそれぞれが依拠する理論がいずれも正しいものだと仮定すれば，政府への財政的依存とアドボカシーの関係は線形的というよりも，むしろ非線形的になる，と考えたほうが適切である。

「抑制」説の資源依存理論が想定する因果メカニズムは，単に政府からの公的資金収入があるというだけで作用するものではない。組織の総収入に占める公的資金収入の割合が相当程度高い，すなわち政府への財政的依存度がかなり高い場合にのみ作用する，と考えるのが妥当であろう。

したがって，政府への財政的依存度が一定の範囲内にある場合には，資源依存理論はそれほど強くはあてはまらないために，その分だけ「促進」説の資源増大理論とパートナーシップ理論の効果が強く作用する。その結果，政府への財政的依存度の増加がアドボカシーにプラスの影響を与える状態が観察されることになる。他方，政府への財政的依存度がある閾値を超えると，資源依存理論の効果が強く作用するようになり，「促進」説の理論の効果は打ち消される結果，政府への財政的依存度の増加がアドボカシーにマイナスの影響を与える状態が次第に観察されるようになる。

このように考えれば，政府への財政的依存とアドボカシーの関係は線形的な関係としてとらえるよりも，むしろ「逆U字型」の二次関数的な関係としてとらえた方が適切であることがわかる（図8-1）。本章では，以下，この「逆U字型」モデルの妥当性を日本のデータを用いて検証していく。

(2) 検証データと変数の操作化

本章の検証で用いるのは，第4回サードセクター調査のデータである。現在活動している組織のうち，直近の決算（平成27年（2015年度）または平成28年（2016年度））の実績で回答してもらった年間総収入額が1円以上ある1,167組織を直接の分析対象とする。

組織のアドボカシーの水準を捉える基本的な指標として，「行政に対する直接的働きかけ」の設問（第4回サードセクター調査問40）に対する回答を用いる。

第Ⅱ部　市民社会と政治・行政の相互作用

図8-1　政府への財政的依存とアドボカシーの逆U字型関係

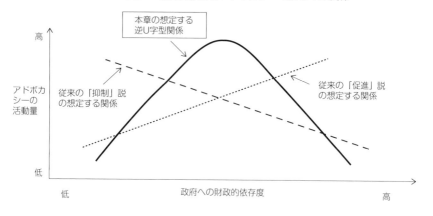

具体的には，中央省庁の課長クラス，都道府県の課長クラス，市区町村の課長クラスに対する電話や面会での働きかけの頻度（いずれも5件尺度）の回答から，アドボカシーの水準を操作化する。

加えて，「行政に対する直接的働きかけ」だけでは十分把握することができない，(A) 政府の意向に反する内容をともなう抗議的なアドボカシー，(B) 政治家に対するアドボカシー，をそれぞれ捉えるために，別の種類の指標も補足的に用いる。(A) については，「政府の政策・方針の修正・阻止に成功した経験の有無」（問41），および「デモ，ストライキなどの直接的行動」と「請願のための署名」についての行動頻度（問42，いずれも5件尺度）の回答を用いて操作化する。(B) については，「与党の国会議員に接触（電話，会見など）」「野党の国会議員に接触（電話，会見など）」「地方議員に接触（電話，会見など）」についての行動頻度（問42，いずれも5件尺度）の回答を用いて操作化する。

各組織の政府への財政的依存度は，年間の収入実績（問32）の回答から「総収入に占める公的資金収入の比率」を，国，都道府県，市区町村のレベルごとに算出したものを用いる。第4回サードセクター調査では，国，都道府県，市区町村のカテゴリごとに，「補助金・助成金・会費等」として政府から「もらった収入」の額と，「事業委託・指定管理者制度・バウチャー制度・その他」として政府から「稼いだ収入」の額を尋ねており，両者の額を足し合わせたものを「公的資金収入」の総額とみなし，それを用いて総収入額に対する「国から

第 **8** 章　政府への財政的依存とサードセクター組織のアドボカシー

図8−2　行政からの収入比率と行政への直接的働きかけの関係

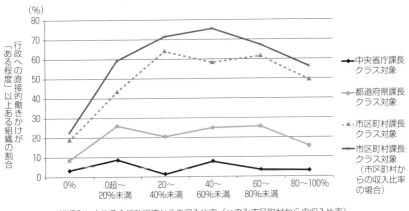

の収入比率」「都道府県からの収入比率」「市区町村からの収入比率」を求めることができる[2]。

3　データ分析

（1）二変数間の関係

　政府への財政的依存度とアドボカシーの関係はどのようなものであるかを，まず二変数間の関係として概観してみよう。図8−2は，横軸に総収入に占める全行政組織からの収入比率，縦軸に行政への直接的働きかけを「ある程度以上」（5件尺度で3以上）行っている組織の割合をとったものである。

　図8−2より，①アドボカシーを行う組織の割合は，働きかけ対象が中央省庁＜都道府県＜市区町村の順で多くなること，②行政からの収入がまったくない組織よりも，行政からの収入が一定割合ある組織のほうがよりアドボカシーを行う傾向にあること，③全行政組織からの収入比率が80〜100％である，行政への財政的依存度がきわめて高い組織では，中程度の依存度の組織に比べて，アドボカシーを行う傾向がより弱いこと，が確認できる。「逆U字型」モデルの存在を示唆するような傾向がみてとれよう。

　図8−2の一番上にプロットされているのは，横軸の変数を「市区町村から

の収入比率」に差し替えたものであるが，こちらではより一層「逆Ｕ字型」の傾向が明確になっていることがわかる。市区町村から一切の収入を得ていない，行政から財政的に完全に自立した組織では市区町村課長クラスに対して「ある程度」以上のアドボカシーを行っているのは22.7％であるのに対し，総収入に占める市区町村からの収入比率が40〜60％未満の組織では同様のアドボカシーを行っているのは実に75.5％にのぼり，3倍以上の割合でアドボカシーを行っている。他方，市区町村からの収入比率が80〜100％の組織で同様のアドボカシーを行っているのは，56.3％である。市区町村からの収入比率が市区町村課長クラスへのアドボカシーに与える影響は，単調増加でも，単調減少でもなく，「逆Ｕ字型」であることが示唆される。

　もっとも，上記は単純な二変数間の関係をみただけのものであり，他変数の影響を受けた疑似相関の可能性も残る。たとえば，財政規模の大きい組織ほど，行政からの収入を得やすく，アドボカシーもしやすい，という関係が強く存在する場合，二変数間では「政府への財政的依存→アドボカシー」という関係がみかけ上存在したとしても，財政規模の影響を統制すると，「政府への財政的依存→アドボカシー」という関係がまったくみられなくなる場合がある。そのような偽の関係性の可能性をできるだけ排除するためには，回帰分析によって交絡因子の影響を統制したうえで「政府への財政的依存→アドボカシー」という関係が統計的に有意かどうかを確かめる必要がある。

(2) 回帰分析による「逆Ｕ字型」モデルの検証

　以下では，回帰分析の結果をみていこう。従属変数である「行政に対する直接的働きかけ」，および「デモ，ストライキなどの直接的行動」・「請願のための署名」・「与党の国会議員に接触（電話，会見など）」・「野党の国会議員に接触（電話，会見など）」・「地方議員に接触（電話，会見など）」についての行動頻度は，いずれも5件尺度のデータから得られるため，回帰分析としては順序ロジスティック回帰を選択するのが一般的である。同様に，従属変数である「政府の政策・方針の修正・阻止に成功した経験の有無」は二値変数のデータが得られるため，二項ロジスティック回帰を選択するのが一般的である。本章では，これらのより適切な分析モデルを使った推定結果も確認し，主要な結論に相違は

ないことを把握したうえで，より容易に分析結果を解釈したり相互比較したりするために，従属変数をすべて二値変数に加工したうえで単純な重回帰分析（OLS）を行い，その推定結果を提示することにしたい。

独立変数である「国からの収入比率」「都道府県からの収入比率」「市区町村からの収入比率」「全行政組織からの収入比率」は，それぞれ標準化したうえで二乗項を作成し，一乗項とともに重回帰分析に投入する。推定結果において，一乗項の係数が正，二乗項の係数が負で，それぞれ統計的に有意であることが確認されれば，「逆U字型」の影響力の存在が実証されることになる。

統制変数として重回帰分析に投入するのは，組織の活動年数（第4回サードセクター調査問17），財政規模（総収入額を対数変換した値，問32），活動の地理的レベル（問26），活動分野（環境・国際・人権分野，問25），法人格（脱主務官庁制の非営利法人格を個別にダミー変数として投入，問1），政府・行政分野出身の代表者・役員の有無（問5），といった変数である。

図8-3は，回帰プロットまたはキャタピラ・プロットと呼ばれるもので，回帰分析の推定結果をわかりやすく視覚化したものである。「従属変数－独立変数」の異なる組み合わせによる8つの重回帰分析（モデルA～I）の推定結果のうち，図では独立変数の非標準化係数の推定値（●の部分）とその95％信頼区間（横棒）を示している。

図8-3の中央の0の縦軸線に信頼区間が重なっていれば，当該独立変数は統計的に有意ではなく（推定値が0である可能性を排除できない），逆に重なっていなければ統計的に有意である，と判断することができる。

分析からモデルB，モデルC，モデルD，モデルIにおいて，「逆U字型」モデルを支持する結果が確認された。自治体レベルでは，行政からの収入比率はアドボカシーに対して，「逆U字型」の影響を及ぼしている，とみてよさそうである。

他方，モデルA，モデルG，モデルHの国レベルでは「逆U字型」モデルを支持する結果は，少なくとも本章のデータからは明確には得られなかった。国レベルで「逆U字型」モデルを支持する結果が得られなかった原因としては，そもそも国レベルのアドボカシーを行っている組織や国から収入を得ている組織自体が全体のなかではかなり少なく，従属変数も，独立変数もレアイベント

図8-3 重回帰分析による逆U字型関係の検証

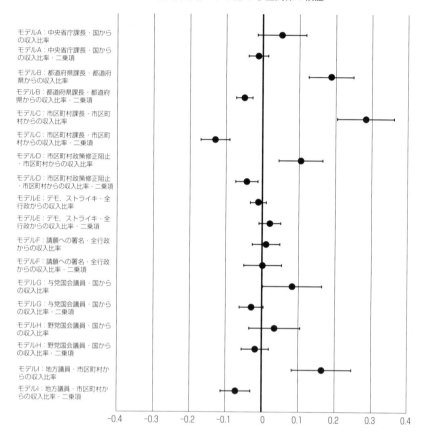

になっていることが影響していると考えられる。いずれのモデルにおいても，統計的に有意ではないにせよ，一乗項，二乗項ともに，係数符号は「逆U字型」モデルが想定するかたちになっている。したがって，サンプル数を大きく増やした再分析を行うことによって，国レベルでも統計的に有意な「逆U字型」の関係が確認される可能性はあるといえよう。

モデルE，モデルFの抗議的なアドボカシーについては，「逆U字型」モデルを支持する結果は得られなかった。デモや署名活動を行うことは，行政からの収入比率の高低に左右されることなく，行う団体は行うし，行わない団体は行わない，と解釈できる結果である。換言すれば，行政から収入を得たとして

も，デモや署名活動が抑制されるような事態は想定されない結果といえる。ただし，モデルDでは「逆U字型」モデルを支持する結果が確認されたので，政府の意向に反する内容をともなう抗議的なアドボカシー全般について，そういえるわけではない点には注意する必要がある。

　本章の主たる関心から逸れるが，モデルCの推定結果から，統制変数として投入した各変数の結果を参考までに紹介すると，総収入，公益財団法人，認定特定非営利活動法人，特定非営利活動法人，市区町村役場職員出身の代表者・役員がいる，地方議員・首長出身の代表者・役員がいる，の各変数は，係数が正で有意であった。同様に，市区町村を超える活動範囲は係数が負で有意であった。他方，活動年数，活動分野が環境・国際・人権，一般社団法人（非営利型），一般財団法人（非営利型），公益社団法人，国会議員・中央省庁職員・都道府県庁職員出身の代表者・役員がいる，の各変数は有意な関係はみられなかった。その他のモデルにおいても，総収入とアドボカシー対象に関係する政府・行政分野出身の代表者・役員の存在は，おおむね係数が正で有意であった。以上は統制変数として投入した結果なので，その解釈は慎重であるべきで，詳細な検討を別途行う必要はあるものの，財政規模が大きい組織，あるいは政治・行政の「天下り」人材を抱える組織ほど，アドボカシーを行いやすい傾向にあることが一応うかがえる（⇒第4章の図4-3）。

　図8-4は，モデルCの推定結果を用いて，統制変数はそれぞれ平均値で固定したうえで，独立変数である市区町村からの収入比率（標準化した値から元のスケールに戻している）の変化が，市区町村課長クラスへのアドボカシーを行う確率にどのような影響を与えるかをシミュレーションしたものである。ある組織の総収入に占める市区町村からの収入比率が49.8％の時，当該組織がアドボカシーを行う推定確率は69.3％となり，アドボカシーを行う確率として最大の値となる。この収入比率が49.8％を下回っても，上回っても，アドボカシーを行う確率は下がる。換言すれば，この閾値からみて，収入比率がより低い状態では「促進」説が妥当し，逆に収入比率がより高い状態では「抑制」説が妥当するのである。「逆U字型」モデルの存在を前提にすると，「抑制」説と「促進」説は，どちらか一方が正しいというわけではなく，いずれも正しいのである。ただ，それぞれがあてはまる局面が異なっているにすぎない。

図8-4　市区町村からの収入比率が市区町村課長クラスへの直接的働きかけに与える影響

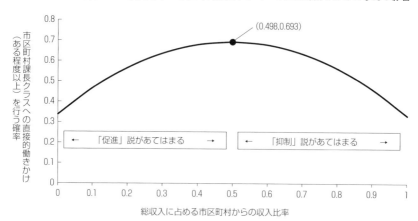

4　結論と含意

　本章では，政府への財政的依存とアドボカシーの関係について，第4回サードセクター調査のデータを用いた検証を行った。分析の結果，自治体についてみた場合，政府への財政的依存はアドボカシーに対して「逆U字型」の二次関数的な影響を及ぼしていることが明らかとなった。政府への財政的依存は，ある一定のレベルまではアドボカシーを促進する効果をもつが，一定のレベルを超えて財政的依存が進むと，今度は逆にアドボカシーを抑制する効果をもつ。この知見は，「抑制」説と「促進」説が並存・対立してきた先行研究に対して，新たな視座を与えるものといえる。「抑制」説と「促進」説は，どちらか一方が正しいというわけではなく，いずれも正しい。ただ，それぞれの説があてはまる局面が，財政的依存のレベルの高低によって異なっているにすぎない。「逆U字型」モデルで捉えることによって，政府への財政的依存とアドボカシーの関係はより深く理解することが可能になったといえよう。

　本章の知見の実務への含意としては，自治体への財政的依存は，少なくともアドボカシーに関していえば，ほどほどの水準を保っておくのがよい，ということができよう。自治体からの公的資金収入をまったく得ないことも，逆にあ

まりにも公的資金収入に依存した組織財政となることも，いずれも組織のアドボカシーを活性化させるうえでは，マイナスに作用する可能性が高い。

日本の実務の文脈においては，依然として行政に対する強い嫌悪感をもつ「市民派」の議論の影響力が大きく，極端な事例だけを取り上げて「行政と関わってもロクなことがない」と強引に決めつける言説が広く受け入れられている。しかし，本章で議論してきたように，そのような単純な「抑制」説的見解は，実証分析の観点からはミスリーディングなものといわざるをえない。

行政とは，適度な距離感を保ちつつ，是々非々で関わっていく。それこそが，サードセクター組織のアドボカシーをより健全に発展させていくうえでは重要なのである。

注
1）本章は，RIETI ディスカッションペーパーである坂本（2016）およびそれを加筆修正し学会誌に投稿・掲載された坂本(2017)で発表済みの理論枠組の一部を用いつつ，別の新たなデータをもとにやや異なる角度からの分析を行ったものである。それゆえ，本章の記述において，それら既発表論文と重複する部分が一部あることを予めお断りしておく。
2）坂本（2017）では，第3回サードセクター調査のデータを検証に用いているが，同調査では政府からの収入を国，都道府県，市区町村に分けて尋ねていないため，全行政組織からの公的資金収入比率しか用いることができなかった。第4回調査によって初めて公的資金収入の出所を国，都道府県，市区町村に分けて把握することが可能になった。これにより，本章で試みているように，「国から多くの収入を得ている組織は，国にアドボカシーをしているのか」といった資金の出所と働きかけ先を一致させた分析もできるようになった。
3）多くの組織はアドボカシー関連の設問で「まったくない」と回答しており，回答分布はかなり偏っている。そこで，特にレアイベントである「中央省庁課長クラスへの働きかけ」「デモ，ストライキなどの直接的行動」「請願のための署名」「与党の国会議員に接触」「野党の国会議員に接触」「地方議員に接触」については，「あまりない」以上（5件尺度で2以上）の回答があった場合を，「アドボカシーあり」とみなし，二値変数に加工した。他方，「都道府県課長クラスへの働きかけ」「市区町村課長クラスへの働きかけ」については，「ある程度」以上の回答があった場合を，「アドボカシーあり」とみなし，二値変数に加工した。
4）図8-3には示していないが，「政府の政策・方針の修正・阻止に成功した経験の有無」については，国レベルでは二項ロジスティック回帰で分析すると10%水準ではあるが「逆U字型」モデルの存在を支持する結果が得られた（ただし，重回帰分析では有意な結果はみられない）。他方，都道府県レベルでは統計的に有意な関係はみられなかった。
5）モデルIの独立変数を「都道府県からの収入比率」およびその二乗項に差し替えても，「逆U字型」モデルを支持する結果が確認された。
6）モデルA, G, Hの独立変数である「国からの収入比率」およびその二乗項は，同時投入すると多重共線性の問題が疑われる結果となった。そこで，独立変数を「全行政組織からの収入比率」およびその二乗項に差し替えて分析を行ってみたが，結論に違いは生じなかった。特にモデルGの「国からの収入比率」およびその二乗項は，10%水準では統計的に有意であるが，「全行政組織からの収入比率」およびその二乗項に差し替えると，統計的に有意ではな

くなるので,安定した推定結果とみなすべきではない。

参考文献

後房雄,2009,『NPO は公共サービスを担えるか――次の10年への課題と戦略』法律文化社.
坂本治也,2016,「政府への財政的依存が市民社会のアドボカシーに与える影響――政府の自律性と逆 U 字型関係に着目した新しい理論枠組み」RIETI Discussion Paper Series 16-J-036.
坂本治也,2017,「政府への財政的依存と市民社会のアドボカシー――政府の自立性と逆 U 字型関係に着目した新しい理論枠組み」『ノンプロフィット・レビュー』17 (1): 23-37.
田中弥生,2006,『NPO が自立する日――行政の下請け化に未来はない』日本評論社.
Alexander, Jennifer, Renee Nank and Camilla Stivers, 1999, Implications of Welfare Reform: Do Nonprofit Survival Strategies Threaten Civil Society? *Nonprofit and Voluntary Sector Quarterly*, 28 (4): 452-475.
Chaves, Mark, Laura Stephens and Joseph Galaskiewicz, 2004, Does Government Funding Suppress Nonprofits' Political Activity? *American Sociological Review*, 69 (2): 292-316.
Garrow, Eve E. and Yeheskel Hasenfeld, 2014, Institutional Logics, Moral Frames and Advocacy: Explaining the Purpose of Advocacy Among Nonprofit Human-service Organizations, *Nonprofit and Voluntary Sector Quarterly*, 43 (1): 80-98.
Guo, Chao and Gregory D. Saxton, 2010, Voice in, Voice out: Constituent Participation and Nonprofit Advocacy, *Nonprofit Policy Forum*, 1 (1): article 5.
Leech, Beth L., 2006, Funding Faction or Buying Silence? Grants, Contracts, and Interest Group Lobbying Behavior, *Policy Studies Journal*, 34 (1): 17-35.
Mosley, Jennifer E., 2011, Institutionalization, Privatization, and Political Opportunity: What Tactical Choices Reveal About the Policy Advocacy of Human Service Nonprofits, *Nonprofit and Voluntary Sector Quarterly*, 40 (3): 435-457.
Moulton, Stephanie and Adam Eckerd, 2012, Preserving the Publicness of the Nonprofit Sector: Resources, Roles, and Public Values, *Nonprofit and Voluntary Sector Quarterly*, 41 (4): 656-685.
Neumayr, Michaela, Ulrike Schneider and Michael Meyer, 2015, Public Funding and Its Impact on Nonprofit Advocacy, *Nonprofit and Voluntary Sector Quarterly*, 44 (2): 297-318.
Nicholson-Crotty, Jill, 2009, The Stages and Strategies of Advocacy Among Nonprofit Reproductive Health Providers, *Nonprofit and Voluntary Sector Quarterly*, 38 (6): 1044-1053.
Pfeffer, Jeffrey and Gerald R. Salancik, 1978, *The External Control of Organizations: A Resource Dependence Perspective*, Harper & Row.
Saidel, Judith R., 1991, Resource Interdependence: The Relationship between State Agencies and Nonprofit Organizations, *Public Administration Review*, 51 (6): 543-553.
Salamon, Lester M., 2002, Explaining Nonprofit Advocacy: An Exploratory Analysis, Center for Civil Society Studies Working Paper Series 21, Center for Civil Society Studies, Johns Hopkins University.
Schmid, Hillel, Michal Bar and Ronit Nirel, 2008, Advocacy Activities in Nonprofit Human Service Organizations: Implications for Policy, *Nonprofit and Voluntary Sector Quarterly*, 37 (4): 581-602.
Smith, Steven Rathgeb and Michael Lipsky, 1993, *Nonprofits for Hire: The Welfare State in the Age of Contracting*, Harvard University Press.

第III部

市民社会が直面する困難

第9章　サードセクター組織のビジネスライク化と雇用

仁平典宏

　本章では，1990年代後半から進められた一連のサードセクター制度改革が，組織の雇用の規模・質に対して与えた影響について検討する。ここで注目する変化はサードセクター組織の「ビジネスライク化」で，特に法人格の転換，商業化，専門化という3つの要素が，職員数や賃金水準，雇用の安定性にいかなる影響を与えているかを分析した。
　主な知見は次のとおりである。第1に，全体として主務官庁制の法人群が雇用に対してプラスの効果を与えている一方，特定非営利活動法人群の賃金水準の低さが目立つ。第2に，商業化に関して，事業収入の比率が大きいことは雇用の量を増やす面がある一方，職員間の賃金格差や雇用の不安定さに結びついているおそれがある。第3に，専門化に関して，職員研修の賃金水準に対する効果は両義的な可能性がある。

1　はじめに

　多くの規範理論において，自発的アソシエーションは，国家や市場のシステムに対抗して政治的公共圏をかたちづくるものとして期待されてきた(Habermas 1990＝1994)。日本でもNPOやNGOなどを規範概念のように捉える議論が多くみられる。しかし実際のサードセクター組織では，多くの団体が行政の下請けとなっており，国家，企業に対しても自律性や影響力が限定的であることが指摘されている。その要因として組織基盤の弱さが挙げられてきたが，本章では，雇用の側面から検討していく。主な注目点は次の2つである。
　第1に，サードセクター組織の多様な法人間の差異に焦点を当てる。そのうえで特に特定非営利活動法人の雇用の特徴を把握したい。特定非営利活動法人に注意を払うのは，後にみるように，上述の自発的アソシエーションの理念に近いものとして期待され，制度的にもそれを実装することがめざされてきたためである。よって，日本のアソシエーショナルな民主主義を評価するうえでも，

特定非営利活動法人の雇用の現状は注目に値する。第2に，多様な法人類型の差異を貫く共通の変化の影響に注目する。1990年代以降，制度面や環境面でサードセクター組織は大きな変化の影響下にあるが，本章ではそれを「ビジネスライク化」と捉え，雇用にどういう影響があったのか検討していきたい。

2 サードセクター組織の変化

(1) 二重構造の打破をめざして

本書で繰り返されているように，サードセクター組織には多様な法人格があるが，ある程度は日本のサードセクターの二重構造との関係で整理できる。二重構造とは，政府が公益性の定義を独占し非営利団体に対する法人格の許認可権限を握っているため，法人格を付与された団体は社会的信頼や資源の獲得が容易であり発展しやすい一方で，その外部にある団体は発展が妨げられるというものである（Pekkanen 2006＝2008）。特に主務官庁制下にある公益法人は政府にコントロールされ，民主主義の担い手としての役割を十分に果たせないことが批判されてきた。この状況に風穴を開けたのが次の2つの改革である。

第1に，1998年の特定非営利活動促進法の施行がある。これは，行政による恣意的な統制を受けずに非営利組織が法人格を取得できるようにする初めての法律であり，特定非営利活動法人は自律的な市民社会を形成するうえで意味をもつと評価された。民主主義の深化をめざす方向で生まれた法人といえるだろう。第2に，2006～2008年にかけての公益法人制度改革がある。これは社団・財団法人を主務官庁制から解放し自律的な設立・運営を可能にするものであり，やはり二重構造を揺るがす意味を有していた。しかしその政治的文脈は特定非営利活動法人の誕生とは異なり新自由主義に棹さすものだ。1990年代後半から2000年代にかけての「構造改革」は，規制緩和を通じて公共サービスの民営化と準市場化を大幅に進めたが，公益法人制度改革もその一環と位置づけられた。

このように，同じ脱主務官庁制の非営利法人ではあるが，特定非営利活動法人と新型の社団・財団法人の政治的な系譜は異なっている。この点は，新型の社団・財団法人のなかでも一般社団法人と特定非営利活動法人との比較を通じ

て明確にみえてくるだろう。この２つは，法人格の取得が簡便で一般市民もアクセスしやすく，その意味で市民社会制度改革の理念を特に体現している。しかし両者の大きな差異として，一般社団法人のほうが規制が少ないということが挙げられる。たとえば，特定非営利活動法人は，特定非営利活動促進法に定められた20の非営利活動分野に活動内容が限られ，公益の増進に寄与するものでなければならないが，一般社団法人にはそのような制約がない。また特定非営利活動法人は，市民への情報公開や民主的な統治の実装を通じて公共性を担保しようとした結果として，経営状態や役員・定款の公開や報告が厳正に求められ，会員に入会制限を付すことも厳しく制約されている。しかしその文脈と無縁な一般社団法人にはそのような制約はない。この制度的に実装された差異は，民主主義と新自由主義という理念的差異ともパラレルである。現在，特定非営利活動法人の新規認証が減り，代わって一般社団法人が増大しているとされるが（早瀬2017），特定非営利活動法人が体現する民主主義的理念よりも「自由」さが好まれた部分もあるのかもしれない。

　このように各法人の政治的起源は相互に異なっており，それが生み出す差異への目配りは重要である。しかし同時に大事なのは，その差異にもかかわらず，いずれも公共サービスの準市場化という共通の変化に巻き込まれていたことである。次にその変化を「ビジネスライク化」というキーワードで捉えていこう。

（2）非営利組織のビジネスライク化

　1990年代は日本のみならず，世界的にサードセクターへの注目が高まった時期であった。それが民主主義のみならず，新自由主義という思想的な背景をもつことも同様である。1980年代以降，新自由主義は，社会サービスの削減・準市場化や減税を進めたが，それは非営利組織に次のような影響を与えた。第１に，社会サービスを担う非営利組織への助成金が削減した。第２に，減税によって寄付に対する税額控除のメリットが減少し，非営利組織への寄付が減少した。第３に，公共サービスを担うための事業者間の競争に巻き込まれるようになった（仁平2017）。以上の結果，非営利団体は大きな同型化圧力にさらされることになったと考えられる。

　これについて，フロレンティン・マイアーらは，「非営利組織のビジネスラ

図9-1　非営利組織のビジネスライク化に関するキー概念

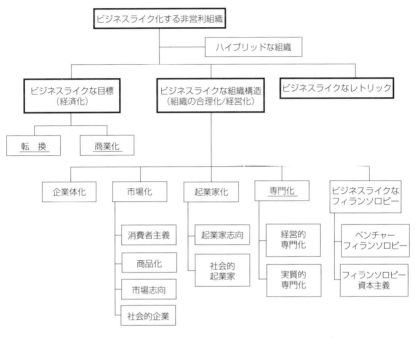

出所：Maier et al. (2016) Figure1をもとに筆者作成。

イク化」（becoming business-like）という包括的な概念で捉え，多くの研究結果を整理するメタ分析を行った（Maier et al. 2016）。図9-1は，そこで用いられるさまざまな概念間の関係を整理したものである。

図9-1のそれぞれの変化の概要については，マイヤーらの論文か仁平（2017）の紹介に譲り，本章ではこのうち，調査項目の制約上，「転換（conversion）」「商業化（commercialization）」「専門化（professionalization）」という概念に注目する。

「転換」とは，非営利組織が市場に適合的なかたちに法人格や性格を変更することを指し，非営利法人から営利法人に転換することがその典型例とされる（Goddeeris and Weisbrod 1998）。「商業化」とは，非営利組織が物やサービスの販売による収入に依存するようになることを指す（Salamon 1993）。「専門化」とは，エキスパートが役割を担うようになることを意味し，スタッフの専門性を高めることや，無償ではなく有給スタッフが業務を行うことなどがここに含まれる

(Lundstrom 2001)。

　社会運動論や政治学などでは，この種の「ビジネスライク化」は「理念や政治性の喪失」の要因として否定的に捉えられることが多かった（仁平 2017）。しかしここには負の側面しかないのだろうか。これらの結果，組織基盤が強化され，公共的な活動をしつつ「食っていける」場が増えるとしたら，それは望ましいともいえるのではないだろうか。以上の観点から，本章では，これらの変化が「雇用の量・質の強化」に結びつくのか検証していく。

3　指標と分析枠組

　本章では，独立行政法人経済産業研究所（RIETI）が実施した「日本におけるサードセクターの経営実態に関する調査」のうち，雇用の設問が充実している2014（平成26）年度の第3回調査のデータを用いる。
　被説明変数（仮説上，「結果」とみなされる変数）にあたるのは，雇用に関する指標であるが，これを量と質の両方から考える。
　雇用の量に関しては，団体ごとの現在の雇用数（常勤職員数（週30時間以上勤務），非常勤職員数（週30時間未満勤務））と，過去3年間の職員雇用の有無と人数に着目する。
　雇用の質としては，就業形態，収入水準，雇用の安定性の諸側面から捉える。就業形態については総職員数に占める常勤職員の比率を，収入水準については常勤職員の年収（最高額と最低額）の平均をそれぞれ指標とし，雇用の安定性については5年後の職員数の予測値を用いる。具体的には，現在の職員数（常勤＋非常勤）を5年後の予測職員数で除したものを職員増減率とし，この指標によって，現在の雇用を確保できる見通しがあるのか捉える[1]。
　説明変数（仮説上，「原因」とみなされる変数）にあたるのは，前節の「転換」「商業化」「専門化」に関する変数である。
　「転換」に関しては，今回の調査対象の対象から営利法人は外れているため直接検証できない。その代わり今回は，サードセクター内の団体類型間の比較というかたちをとる。前述のようにサードセクター改革においては，任意団体が準市場に適応しやすいように新たな法人格制度が創設された。特に，一般社

団法人は規制が小さく収益事業に対しても制約がない。つまり，任意団体が新型の法人格を取得していく動きのなかには「転換」の側面も含まれているようにも思われる。もっとも，今回の調査では法人格取得の効果を直接捉えられるわけではないが，団体類型間の比較によって，任意団体（人格なき社団）に比べて各法人格を保持することが，雇用にいかなる効果があるかを検討するにとどめる。

　法人の種類としては，主務官庁制下にある旧来型の公益法人群（社会福祉法人，学校法人，医療法人，職業訓練／更生保護法人，その他の公法人），市民主義の文脈で新設された特定非営利活動法人群（特定非営利活動法人，認定特定非営利活動法人），新自由主義の文脈で新設された新型社団・財団法人群（一般社団法人，一般財団法人，公益社団法人，公益財団法人），協同組合群（消費生活協同組合，農業協同組合，漁業協同組合，森林組合，中小企業等協同組合，その他の協同組合）の区別を重視する。これらと法人格のない任意団体とを比較することで，それぞれの法人類型の「効果」を捉えていきたい。よって，多変量解析の際は任意団体を基準値にする。

　次に「商業化」は，会費や寄付などの贈与的収入ではなく，市場や準市場における事業を通じた稼得的収入の比率が大きいことを指標とする。具体的には，調査前年（2013年）の収入源の内訳の比率を用いる。このうち大きく贈与的収入（会費，寄付収入，助成金・補助金など）と，稼得的収入（事業収入）に分け，調達元のセクターとして，それぞれ市民，政府行政，サードセクター，企業を分けて変数化する（総収入が0のものは除外する）。多変量解析の際は市民贈与比率を基準値とする。

　「専門化」は，ボランティアへの依存度を減らし，職員の専門性を高める研修を実施していることと捉える。ボランティア依存の指標として，有償および無償のボランティア数を用いる。それに加え職員研修制度の有無を指標とする。

　このほか，条件を統制（コントロール）するために次の2つも説明変数に加える。第1に，団体の雇用数や賃金水準は団体の財政規模によって大きく左右されるため，前年度（2013年度）の年間総収入の対数値を投入する。第2に，団体の活動年数である。旧来型法人には歴史が長いものが多く，また現在の社団・財団法人のなかにも主務官庁制の旧法人格の時から活動していた団体が多く含まれてい

第Ⅲ部　市民社会が直面する困難

図 9-2　分析モデル

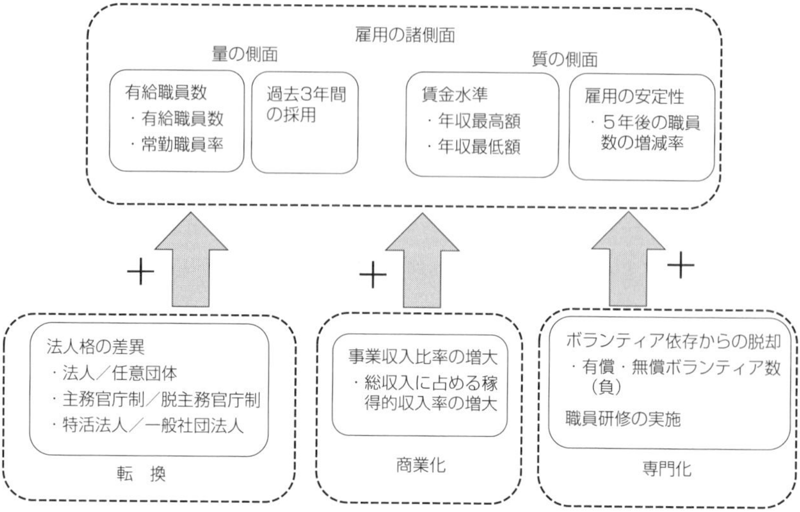

```
          雇用の諸側面
    量の側面            質の側面
┌──────┬──────┐┌──────┬──────┐
│有給職員数│過去3年間││賃金水準 │雇用の安定性│
│・有給職員数│の採用  ││・年収最高額│・5年後の職員│
│・常勤職員率│        ││・年収最低額│数の増減率│
└──────┴──────┘└──────┴──────┘
    ↑+         ↑+         ↑+
┌──────────┐┌──────────┐┌──────────┐
│法人格の差異    ││事業収入比率の増大││ボランティア依存からの脱却│
│・法人／任意団体 ││・総収入に占める稼││・有償・無償ボランティア数│
│・主務官庁制／脱主務官庁制││得的収入率の増大 ││（負）         │
│・特活法人／一般社団法人 ││          ││職員研修の実施    │
└──────────┘└──────────┘└──────────┘
   転　換         商業化         専門化
```

る。法人類型の直接効果をより適切に捉えるため，調査年の「2014」から団体の活動開始年を引いた値を「活動年数」として分析に加えた。

　上記の説明変数と被説明変数との関係について大まかに図式化すると図9-2のとおりになる。

4　分　析

(1) 結果の示し方について

　雇用に関する基本的な情報は**第2章**などで示されているため，ここでは上記のモデルにもとづく重回帰分析の結果だけ示したい。重回帰分析というのは，ここでは簡単に，複数の説明変数（原因とみなされる変数）が被説明変数にどのような効果を与えているかを分析したものと理解してほしい。「複数の」というのがポイントだ。1つの変数だけで「説明」しようとすると，しばしばおかしなことになるためである。たとえば，10〜15歳の人たちに対する調査で，説明変数「身長」が被説明変数「学力」に影響を与えるという仮説を立てたとしよう。実際に身長が高い人ほど学力が高いという傾向がみられたとして，身長

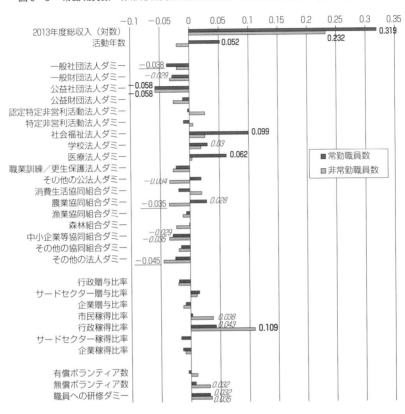

図 9-3 常勤職員数・非常勤職員数を従属変数にした重回帰分析の標準化偏回帰係数

が学力にプラスの効果をもつと結論づけることはできるだろうか。もちろんできない。「年齢」というここで考慮されていない変数が「身長」「学力」の両方に影響を与えているため，身長と学力の間に強い関係があるようにみえるだけだ。よって，「身長」のほかに「年齢」「家庭環境」といった「学力」に影響を与えうる複数の説明変数を同時に投入して，重回帰分析を行う必要がある。そうすることで初めて，ほかの説明変数の影響を取り除いた（統制した）時の，注目したい説明変数の効果を捉えることができる。上の例で言うなら，「年齢」「家庭環境」が同じだった場合の「身長」単独の効果を取り出すことができる。

図 9-3 は，重回帰分析によって得られた標準化偏回帰係数の値をグラフに示したものである。それぞれの値は，他の説明変数の影響を取り除いたうえで

の効果の大きさを示す。詳しい説明は省くが，グラフが右に長い変数はそれだけプラスの効果が大きく，左に長い変数はマイナスの効果が大きい。このうち数値が書かれているものだけが統計的に意味がある（有意な）ものである。数値が太字のものが有意水準1％未満，下線つきのものが5％未満，斜字のものが10％未満でそれぞれ有意ということを示している（有意水準1％未満，5％未満，10％未満の順で統計的に信頼できる）。その他の統計量に関する情報は仁平（2018）をご覧頂きたい。

(2) 職員数・採用

図9-3は，常勤，非常勤の職員数を被説明変数とした重回帰分析における各説明変数の標準化偏回帰係数をグラフにしたものである。

ひと目でわかるのは，常勤・非常勤いずれにおいても団体の財政規模が最も大きな影響力をもっているということだ。予算規模が大きい団体のほうが職員も多いという常識どおりの結果である。そのうえで，仮説に関しては以下の結果がみられた。

常勤職員数に関して，団体類型をみると，社会福祉法人，医療法人，学校法人，農業協同組合などがプラスの効果を示し，旧来型の法人で多くの雇用を生み出している傾向が確認される。他方，脱主務官庁制のなかでは，新型社団・財団法人群の多くがマイナスの値を示している。つまり，団体財政規模や活動年数など他の効果を取り除くと，これらの法人の職員数はむしろ少ない傾向があるのだ。「商業化」に関連して収入源比率をみると，行政からの稼得収入比率のみがプラスの効果を示しており，行政の委託事業などを盛んに行う団体ほど多くの常勤職員がいる傾向があることがわかる。

非常勤職員数に関しては，団体類型をみると，基準値として比較対象になっている任意団体に比べてマイナスの効果を示す団体が多くみられる。これは少なくとも本調査においては，任意団体は非常勤職員に依存する傾向があるようで，法人格取得の正の効果はみられなかった。他方収入源比率に関しては，行政から稼得収入比率や市民からの稼得収入比率が多いほど非常勤雇用が多い傾向が示された。これは「商業化」の効果の一端と評価できるだろう。

なお「専門化」に関しては，職員研修が常勤・非常勤職員数ともにプラスの

値を示している。ただこれは職員数が多い団体ほど研修を行う傾向があると読むほうが自然だろう。ボランティア数については，非常勤職員数に対してのみ無償ボランティア数がプラスの効果を示している。仮説とは異なり，無償ボランティア数は必ずしも雇用を抑制せず，ボランティアをコーディネートするための労働力需要を発生させることが示唆される[5]。

　加えて仁平（2018）では，過去3年間の採用の有無を従属変数とした分析（二項ロジスティック回帰分析）も行っている。紙幅の都合で詳しく書けないが，結果の一部を紹介しよう。団体類型については，社会福祉法人と学校法人に加え，特定非営利活動法人，認定特定非営利活動法人でも採用実績にプラスの効果を与えていた。近年に限れば，特定非営利活動法人が雇用を生み出しているとある程度いえるかもしれない。収入源に関しては，行政の補助金に加え，行政や市民相手の事業収入の割合も直近3年間の採用にプラスの効果を与えている。図9-3の結果とも合わせて「商業化」が一定程度，雇用を促進しているといえそうである。

(3) 常勤職員の年収

　次に雇用の質的側面として，年収の規定要因について確認する。

　図9-4は常勤職員の年収最高額と最低額（いずれも対数値）を従属変数とした重回帰分析における各説明変数の標準化偏回帰係数をグラフで示したものである。

　はじめに年収最高額に注目しよう。ここでも団体の財政規模が最大の効果量をしている。法人類型では，社会福祉法人，学校法人，医療法人，農業協同組合という旧来型の団体に並んで，新型の社団・財団法人のいずれも有意な正の効果を示しており，相対的に「稼げる」類型であることを示す。その他，収入源比率をみると，行政からの助成金や補助金や企業からの寄付などが，賃金を引き上げていることがわかる。また職員研修は仮説どおり中核的な賃金の上昇に結びついていた。

　次に，年収最低額に目を向けよう。法人類型については，新型社団・財団法人群，消費生活協同組合，医療法人でプラスの効果がみられる。年収最高額の結果とも合わせて，賃金という観点では新型社団・財団法人は安定した水準に

第Ⅲ部 市民社会が直面する困難

図9-4 常勤職員の年収最高額と最低額（対数値）を従属変数にした重回帰分析の標準化偏回帰係数

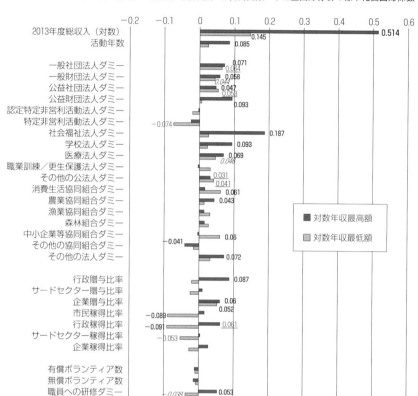

あることがわかる。対照的なのが特定非営利活動法人であり，団体類型のなかで突出したマイナスの効果を示している。

収入源比率については企業からの贈与的収入のみがプラスの効果をもつ一方，稼得的収入（行政，市民，サードセクター）比率には年収の最低額を引き下げる傾向がみられた。事業収入への依存が周辺的な職員に対する賃金の下方圧力を生み出しているのだとしたら，これは「商業化」のマイナスの効果といえるかもしれない。

「専門化」に関しては，ボランティア数が賃金を抑制する効果はみられなかった。研修制度は，年収最高額に対する効果とは対照的にマイナスの効果を示していた。その意味について確定的なことはいえないが，団体で研修を導入・実

施することが，その機会を享受できる中核的な職員の専門性を高め賃金を上げる一方，その機会のない周辺的な職員の賃金に対しては抑制的に働くといった仮説が考えられる。今回はそのメカニズムや因果関係の解明はできないため，職員個人を対象とするさらなる分析が必要である。

以上に関連して，仁平（2018）では，各団体内の常勤職員間の年収格差の規定要因に関する重回帰分析を行っている。結果だけ示すと，団体類型では消費生活協同組合，中小企業組合等協同組合で格差が小さく，協同組合らしさというべき特徴を示していた（ただし農業協同組合は職員間の賃金差が大きい）。収入源については，行政からの贈与収入比率のほか，すべての稼得的な収入比率がプラスの効果を示しており，「商業化」が職員間の格差を広げる傾向が示唆された。職員研修も同様に団体内賃金格差にプラスの効果を示し図9-4の結果とも整合的である。

（4）雇用維持の見通し

最後に5年後の予測職員数の増減率を従属変数とした重回帰分析の結果を示そう。紙幅の関係で結果だけを示すが，詳細は仁平（2018）をご参照願いたい。

法人類型に関しては，一般社団法人がプラスの効果を示し，雇用の拡大に前向きな態度を示した。収入源比率については，行政からの稼得収入比率で大きなマイナスの値がみられた。次いで行政からの贈与収入比率や企業からの稼得収入比率もマイナスの効果を示している。考えられる1つの解釈は，収入の安定性である。基準値である市民からの贈与収入（一般市民の会費や寄付）は組織のミッションに共鳴して提供されているため，相対的に年ごとの変動量は小さいと考えられる。他方で，事業収入は市場・準市場の変動の影響を受けやすく，助成金・補助金は次回も獲得ができるかはわからないリスクがある。以上のことから，それらに依存している団体は，雇用の拡大・維持において慎重にならざるをえないという解釈が考えられる。この点はさらなる分析が必要である。

5 結　語

本章では，サードセクター組織の雇用・労働環境について，近年のサードセ

クター組織の基本的な変化の傾向とされるビジネスライク化——そのなかでも「転換」「商業化」「専門化」——に注目して，分析してきた。

「転換」に関しては，法人類型の差異に注目してそれぞれの特徴を明らかにした。4つのグループのなかで最も雇用の量・質ともに充実していたのが主務官庁制の公益法人群だった。これらは行政に対する自律性が小さい存在としてしばしば批判の対象になってきたが，雇用という観点でみると重要な役割を果たしている。

脱主務官庁制の団体のなかでは，特定非営利活動法人群に気になる結果がみられた。特に常勤職員年収の最低額が低く，いわゆる「やりがい搾取」のような働き方が広がっていないか懸念される結果となった。前述のように，近年は特定非営利活動法人の認証数が減り一般社団法人が増えているとされるが，雇用の抱える問題が改善されなければ，民主主義的理念を制度化するかたちでつくられた特定非営利活動法人からの撤退がますます進む可能性がある。労働環境の整備が急務であると考えられる。

これは二重構造が雇用の面で継続していることを示唆するが，政治意識という点でも重要な意味がある。図9-5は，第4回サードセクター調査を用い，サードセクター組織類型ごとのリーダー層の政治意識の平均値について，ナショナリズム因子と保守主義因子を二軸としてプロットしたものである。[6] 主務官庁制の公益法人群，農協・漁協などの協同組合，新型の社団・財団法人群の団体の多くが，両因子ともプラスの象限に位置しているのに対し，特定非営利活動法人群は，消費生活協同組合と並んで，両因子ともマイナスの象限に位置している[7]。日本におけるリベラルの脆弱さは，民主主義的な活動の受け皿となる傾向がある特定非営利活動法人が「食っていける」組織としては基盤が弱いこととも関係しているのかもしれない。政治と雇用の関係はさらに考えていく必要がある。

「商業化」については，総収入に占める稼得所得の比率を指標として分析してきた。そのなかで，多くの項目でプラスの効果を示したのが行政からの事業収入の比率だった。これは，公共サービスの準市場化がサードセクター組織の雇用促進にプラスの効果をもったことを示唆する。他方で，常勤の年収の最低額に対しては下げる効果をもち，職員間の年収格差を広げているおそれも示さ

第 9 章 サードセクター組織のビジネスライク化と雇用

図 9-5 サードセクター組織類型別リーダー層の政治意識の布置

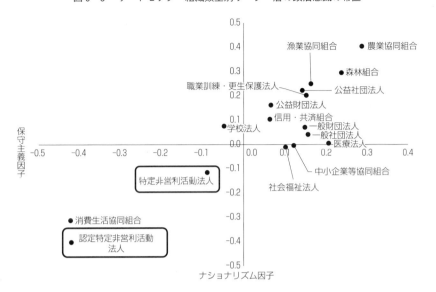

れた。さらに職員数の将来予測にもマイナスの効果を示し，長期的に安定した雇用には結びついていない可能性がある。行政からの委託事業が低賃金で不安定な就労をサードセクターに広げることになっていないか分析を深めていく必要がある。

「専門化」については，ボランティアの活用が有給職員の数や賃金水準の抑制に必ずしもつながっていないことを明らかにした。むしろ，無償ボランティアを多く活用するために，非常勤職員を増員させるというベクトルも見出せた。職員研修の導入に関しては，中核的な職員の賃金を押し上げる一方，周辺的な職員の賃金を抑制している可能性がみられた。サードセクター組織のなかでは，現在，ファンドレイジングなどの研修が推奨されている。専門性を高めることはいうまでもなく重要だが，研修内容の質の向上やすべての職員に幅広く研修機会を提供するなど，改善を図る必要があるかもしれない。

以上，限られた指標で試行的に分析を行ってきたが，クロスセクションデータを用いたもので必ずしも因果関係が実証されたものではないことに注意が必要である。指標の精緻化やパネルデータの活用などを通じて，今回仮説的に提

示された知見の妥当性やメカニズムについてさらなる検討を行い，サードセクター組織の雇用の課題や改革の帰結について解明していく必要がある。これらは今後の課題としたい。

注
1) ただし，現在の職員数が0の場合，適切な値を出せないので，分子と分母それぞれに1を足した値を補正値として用いる。
2) 後述の重回帰分析ではこれらに加えて「その他の法人群」も投入しているが，考察の対象からは外している。
3) ただし，この「任意団体」は経済センサスに掲載されているものなので，規模が大きいものに偏っていることに注意が必要である。
4) 基準値とは，各団体類型の効果の比較対象を意味する。たとえば，「一般社団法人ダミー」という変数は，一般社団法人であることは任意団体であることに対してどの程度効果があるかということを意味する。同様に収入源比率では「市民贈与比率」を基準値にしている。
5) 仁平（2018）の詳細な分析結果によると，偏回帰係数は0.004である。これは300人規模のボランティアの活用につき非常勤職員1人が増加することが期待される程度であり，効果は決して大きくない。
6) 用いた変数は「福祉を削減してでも税負担を軽くするべきだ」「集団的自衛権の行使は認めるべきだ」「今の憲法は改正するべきだ」「選択的夫婦別姓制度は導入すべきではない」「外国人労働者の受け入れは今後も増やすべきではない」「環境保護よりも経済発展を重視すべきだ」の6つであり，それぞれ5件法の質問である。因子抽出は最尤法，回転はプロマックス法を用いた。因子負荷率の一部を示すと，ナショナリズム因子に対して「今の憲法は改正するべきだ」が0.924，「集団的自衛権の行使は認めるべきだ」が0.816，保守主義因子に対して「外国人労働者の受け入れは今後も増やすべきではない」が0.545，「選択的夫婦別姓制度は導入すべきではない」が0.508，「福祉を削減してでも税負担を軽くするべきだ」が0.447などである。
7) 労働組合など本章で「その他の法人」に含めた団体は図示していないが，労働組合も第三象限にプロットされ，両因子とも大きな負の値を示す。

参考文献
仁平典宏，2017，「政治変容──新自由主義と市民社会」坂本治也編『市民社会論──理論と実証の最前線』法律文化社，158-177.
仁平典宏，2018，「サードセクター組織の法人格の差異・商業化・専門化が雇用に与える影響──2014年度サードセクター調査に基づく基礎的分析」RIETI Discussion Paper Series 18-J-011.
早瀬昇，2017，「特定非営利活動法人が減少？　大切な参加の機会づくり」『ウォロ』514: 15.
Goddeeris, John and Burton Weisbrod, 1998, Conversion from Nonprofit to For-profit Legal Status: Why Does It Happen and Should Anyone Care? *Journal of Policy Analysis and Management*, 17: 215-233.
Habermas, Jürgen, 1990, *Strukturwandel der Öffentlichkeit: Untersuchungen zu einer Kategorie der bürgerlichen Gesellshaft*, Suhrkamp.（＝1994，細谷貞雄・山田正行訳『公共性の構造転換──市民社会の一カテゴリーについての探究　第2版』未來社.）
Lundstrom, Tommy, 2001, Child Protection, Voluntary Organizations, and the Public Sector in

Sweden, *Voluntas*, 12: 355–371.

Maier, Florentine, Michael Meyer and Martin Steinbereithner, 2016, Nonprofit Organizations Becoming Business-Like: A Systematic Review, *Nonprofit and Voluntary Sector Quarterly*, 45 (1): 64–86.

Pekkanen, Robert, 2006, *Japan's Dual Civil Society: Members without Advocates*, Stanford University Press.（＝2008, 佐々田博教訳『日本における市民社会の二重構造——政策提言なきメンバー達』木鐸社.

Salamon, Lester, 1993, The Marketization of Welfare: Changing Nonprofit and For-profit Roles in the American Welfare State, *Social Service Review*, 67: 16–39.

第10章 非営利組織の財源とミッション・ドリフト

小田切 康彦

　ミッション・ドリフトは，非営利組織が本来行うべき社会的活動以外の事業活動に資源を集中させる結果，社会的な目的＝ミッションから遠ざかってしまう問題である。本章では，このミッション・ドリフト問題を非営利組織の財源の観点から議論する。

　具体的には，非営利組織のミッション・ドリフトに関する次の3つの言説が日本の実態として確認されるのか否か，データにもとづき検討している：①商業的活動への依存がミッション・ドリフトを引き起こす，②政府委託への依存がミッション・ドリフトを引き起こす，③財源多様性がミッション・ドリフトを抑制する。

1 ミッション・ドリフトとは何か

　ミッション・ドリフトという言葉を聞いたことがあるだろうか。ミッション（mission）は，組織に対して用いられる場合は「使命」と訳されることが多い。ドリフト（drift）は，漂流して遠ざかるという意味合いをもつ。つまり，ミッション・ドリフトとは，使命が漂流すること，具体的には，組織の資源や活動が，その組織の社会的な使命から逸れたり変化したりすることを指す（Minkoff and Powell 2006）。Drucker（1998＝2000）が，「すべての非営利組織は人々の生活と社会に明らかな変化をもたらすために存在している。変化を起こすことが使命，すなわち組織の最終目的であり，まさに存在理由である」と述べるとおり，非営利組織にとってミッションはきわめて重要である。そのようなミッションが逸脱・漂流するとなれば，これは組織の存在意義に関わる非常に大きな問題となる。たとえば，非営利組織が，普遍的な公共サービス供給を望む政府の意向にミッションや活動を合わせたり，外部の寄付者が活動に介入しミッションや目標を置き換えてしまう例が指摘されている（小田切 2017a）。非営利組織は，活動に必要な諸資源を自ら調達することが容易でなく，組織外部に多くの資源

を依存している。安定的運営のための外部資源を獲得すればするほど，ミッションの維持が問題となる。一方で，ミッションにもとづく自律性を守ろうとすればするほど，資源不足に悩まされることとなる。非営利組織は，資源を外部に依存しながら自律的にそのミッションを果たさなければならないジレンマを抱えているのであり，ミッション・ドリフトは構造的な問題ともいえよう。

もっとも，このミッション・ドリフト問題については，欧米での議論の蓄積に比べ，日本での議論は途上である。特に，「ミッション・ドリフトに注意すべきだ」といった規範論的指摘や個別のケーススタディが行われている一方で，全体像を解明するような体系的な理解は進んでいるとは言い難い。こうした文脈をふまえ，以下では，日本の非営利組織におけるミッション・ドリフトの全体像を，特に財源との関係に着目して明らかにすることとしたい。

2 ミッション・ドリフトをめぐる言説

(1) 商業的活動への依存がミッション・ドリフトを引き起こす

まず，これまでミッション・ドリフトの発生についてどのような理解がなされてきたのか，代表的な言説を確認しておきたい。第1に，商業的活動とミッション・ドリフトとの関係である。これは，非営利組織が資金獲得のための商業的活動に依存することによって，ミッションの逸脱が起こるという言説である。非営利組織は，営利企業によって提供されないような公共財を提供するという特徴をもつ。しかし，その財源が寄付や会費等からサービスへの対価収入に変わることによって，営利企業との境界は曖昧になる。こうした状況は，「非営利組織の商業化」と呼ばれる。一般に，商業的活動による収入は，寄付や会費といったほかの財源と比べて柔軟性があり，予測や管理も容易である。しかし，他の主体や組織との競争を勝ち抜いて市場に合うサービスを提供する必要があり，活動の多様化や弱者の切り捨てをはじめ，市場指向につながる可能性がある（Froelich 1999）。それゆえ，非営利組織がこのような商業的活動に時間やエネルギー等を集中的に投入することは，本来のミッションから活動を遠ざける危険性を高めるのである（Weisbrod 1998, 2004）。

(2) 政府委託への依存がミッション・ドリフトを引き起こす

　第2に，政府との関係，とりわけ政府委託とミッション・ドリフトとの関係である。これは，上記の商業化の一部とみなすこともできるが，特に新自由主義的行政改革やパブリック・ガバナンス等の文脈で議論されてきた点である。具体的には，政府の事務事業や公共サービスの受託への過度の依存によって，非営利組織のミッションが歪曲化するという言説である。たとえば，政府事業の受託によって，組織のミッションよりも雇用の確保，組織の存続目的が上位に位置すること，自主事業よりも受託事業により多くの時間と人材を投入すること，寄付を集めなくなり，資金源を過度に受託事業に求めることなどが起こると指摘される(田中 2006)。活動資源の自己調達が難しい非営利組織にとって，寄付金や会費といった財源に比べて規模の大きい政府委託は，重要な資源獲得の機会となる。しかし，その政府委託への過度の依存は，官僚主義的な価値や行動様式を受け入れることにつながる。その結果，組織がもつ本来のミッションから，政府の志向に合わせたミッションへと変化が起こる。個別具体的なサービスが政府の好む広く普遍的なサービスに切り替わったり，本来行うべき政府へのアドボカシー活動が抑制されたりするのである（Kay 1996＝1999；Johnson 1999＝2002；小田切 2017a)。

(3) 財源多様性がミッション・ドリフトを抑制する

　第3は，非営利組織の財源多様性とミッション・ドリフトとの関係である。もっとも，これは前述の2つの言説とは異なり，ミッション・ドリフト問題に対処するための方法論として指摘されているものである。すなわち，1つの財源に依存せずに多様な財源を獲得することでミッション・ドリフトを抑制するというものである。非営利組織におけるあらゆる財源に制約があるとすれば，それらの獲得を通じたミッションへの影響は避けられない。それゆえ，組織外部の特定の主体からのプレッシャーを平準化させるため，多くの財源を保持すべきという言説である。たしかに財源が多様化すれば，特定の主体からの影響も相対的に少なくなるし，財源が分散されるという意味では組織の安定的運営にもつながる。資金提供者は誰か，金額はどの程度かなどに留意しながら，資源提供主体の期待と組織のミッションとのバランスを考慮し自律性を保つと

いったマネジメントの必要性が指摘されている（石田 2007, 2008）。

　以上の3つの言説は，いずれも非営利組織における財源のあり方がミッション・ドリフトの発生に影響するという文脈で議論されている。もっとも，特定の財源のみがミッション・ドリフトに影響しているわけではない。たとえば，個人や企業からの寄付金や助成金もミッションに影響を与える可能性はあるし（Froelich 1999），特定の商業的収入をもたない非営利組織がミッション・ドリフトを起こすこともある（Jones 2007）。また，非営利組織外部の制度的圧力の影響や，組織内部のメンバーによる先見的な対応によってもミッション・ドリフトは生じる（Minkoff and Powell 2006；村田 2009；Greer and Horst 2014）。すなわち，非営利組織のミッション・ドリフトを発生させる要因は多様で複雑なのである。本章では，その多様な要因のなかでも，特に定量的かつ全体的な分析が可能な財源に着目するという立場をとっている。

3　データからみるミッション・ドリフト

(1) ミッション・ドリフトの全体像

　以上のミッション・ドリフトに関する言説は実証されるのだろうか。日本の実態をもとに検証してみたい。分析に用いるデータは，第4回のサードセクター調査のデータである。ここでは，調査票の財源に関する回答（組織の年間収入総額とその内訳）に誤記がなかった1,040サンプルを分析対象とする[1]。

　調査では，ミッションと活動との一致度について質問がなされている（調査票問16）。これは，「あなたの組織では，『組織が掲げる目的・使命等』と『実際の活動内容』はどのような関係になっていますか」という質問である。選択肢は，「完全に一致している」「ある程度一致している」「あまり一致していない」「ほとんど一致していない」「わからない」という5つである。以下では，この質問を用いてミッション・ドリフトを分析していく。なお，本調査におけるミッション・ドリフトの評価は，回答者の判断に委ねる主観的評価方法である。このような方法を用いた最大の理由は，非常に抽象的かつ広義の概念である組織のミッションは多くの場合明文化されておらず，その逸脱・漂流を適切に識別できる客観的指標の設定が困難であったためである。それゆえ，組織の実態を

図10-1　法人類型とミッション・ドリフトとの関係

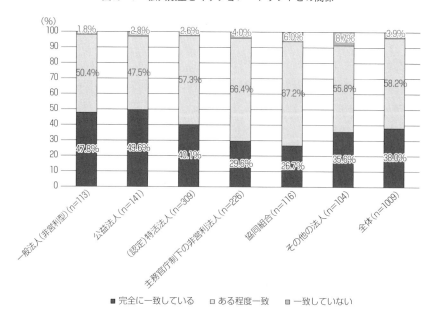

　最もよく理解する関係者に評価を委ねる方法を採用した。主観的方法によってミッション・ドリフトを議論している点に留意が必要である。

　「ミッションと活動との一致度」の単純集計結果によれば，最も多くを占めるのが「ある程度一致している」で56.7％，「完全に一致している」が36.8％，「あまり一致してない」が2.3％，「ほとんど一致していない」が1.4％，「わからない」が1.9％であった。結果として，全体の9割以上がミッションと活動との関係に肯定的な評価を行っている。日本の実態としてミッション・ドリフトは大きな問題として捉えられていないことがわかる。後（2009）や坂本（2015）が，政府資金を通じたミッション・ドリフト問題は日本において顕在化していない可能性を指摘しているが，本調査の結果もそれらを支持するものとなっている。すなわち，個々の事例としてミッション・ドリフトが生じるケースは存在するものの，それは全体的な傾向ではないといえる。一方で，ミッションと活動が完全に一致していると評価されているのは全体の4割に満たない。過半数の団体が，ミッションと活動との間に何らかの距離や格差を認識してい

るという見方もできる。

　法人格別の傾向を確認しておきたい。図10-1は、「脱主務官庁制の非営利法人（一般法人・非営利型，公益法人，（認定）特活法人）」「主務官庁制下の非営利法人」「協同組合」「その他の法人」という法人類型別のクロス集計結果である。脱主務官庁制の非営利法人の特徴がわかりやすく，他の法人類型と比較して「完全に一致している」の比率が高く，また「一致していない」の比率は低い。特に一般法人・非営利型と公益法人は半数近くの法人が「完全に一致している」と回答している。特定非営利活動促進法制定や公益法人制度改革にもとづく新しい非営利法人のほうが，ミッション・ドリフトは問題化していない傾向にあることが確認できる。

(2) 商業的活動とミッション・ドリフトとの関係

　では，前述の3つのミッション・ドリフト言説がデータから確認されるか否か，検証してみたい。まず，商業的活動への依存がミッション・ドリフトを引き起こす言説である。ここでは，非営利組織の年間収入総額に占める「事業収入額」の比率を，商業的活動の指標として設定する。調査では，「個々の市民」「企業セクター」「政府行政セクター」「サードセクター」という4つの資金提供主体それぞれについて，「もらった収入（寄付や会費，補助金等）」と稼いだ収入（委託料，事業収入等）に分けて質問されている（調査票問32）。事業収入は，後者全体にあたるものである。

　事業収入比率とミッション・ドリフトとの関係を図10-2に示す。結果から読み取れるのは，事業収入比率の高さとミッション・ドリフトの発生が関連している点である。「完全に一致している」と回答した組織の事業収入比率が52.7％であるのに対し，「ある程度一致している」は61.0％，「一致していない」は66.3％である。すなわち，事業収入比率が高まるほどミッション・ドリフトの傾向があると解釈できる。これは，言説が示すとおりの結果といえる。一方，関係する主体別に分析すると，必ずしもそのような傾向を示してはいない。個々の市民からの事業収入は全体の傾向と類似しているが，企業セクターやサードセクターからの事業収入はそれぞれ異なる傾向といえる。なお，参考までに，民間（個々の市民，企業セクター，サードセクター）からの寄付金比率，および会

第Ⅲ部　市民社会が直面する困難

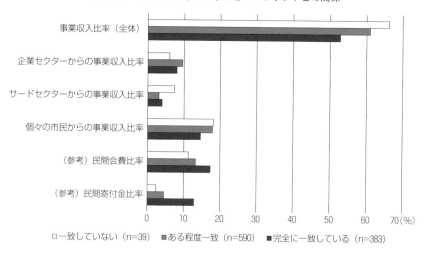

図10-2　事業収入比率とミッション・ドリフトとの関係

費比率とミッション・ドリフトとの関係をみてみると，事業収入比率とは正反対の傾向であることがわかる。寄付金比率・会費比率が高まるほどミッション・ドリフトは抑制される傾向と解釈できる。

(3) 政府委託とミッション・ドリフトとの関係

　次に，政府委託への依存がミッション・ドリフトを引き起こすかどうかについてである。図10-3は，非営利組織の年間収入総額に占める「政府委託（政府行政セクターからの事業収入額）」の比率を，ミッション・ドリフトとの関係で分析したものである。この政府委託比率には，政府行政セクターからの委託事業，指定管理者制度，バウチャー制度等による事業収入の比率が含まれる。結果からは，政府委託比率の高さとミッション・ドリフトの発生が関連している点が読み取れる。「完全に一致している」と回答した組織の政府委託比率が26.1％であるのに対し，「ある程度一致している」は30.4％，「一致していない」は34.8％と，その比率が高まるほどミッション・ドリフトの発生率も高まる傾向である。上述の商業的活動と同じく，言説どおりの結果を示しているように思われる。もっとも，委託元の主体別にみると，都道府県で同様の傾向がみられるものの，国や市区町村の場合はまた異なった結果となっている。なお，参考

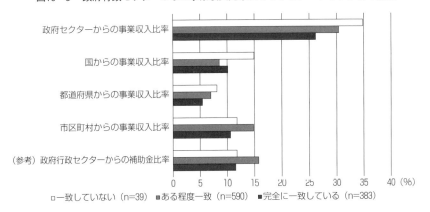

図10-3　政府行政セクターからの事業収入比率とミッション・ドリフトとの関係

として政府行政セクターからの補助金比率についても検証したが，政府委託比率と同様の結果は得られなかった。

(4) 財源多様性とミッション・ドリフトとの関係

　財源多様性がミッション・ドリフトを抑制するかどうか，分析を行った。財源多様性をどのように測定するかという点が課題となるが，ここでは，Herfindahl - Hirschman Index（HHI）を用いた。HHIは，たとえば，ある市場における参入企業のシェアを分析するようなケースに適した指標であり，市場の集中度や分散度を評価できる。ここでは，4つの主体別（個々の市民，企業セクター，政府行政セクター，サードセクター）に，「もらった収入」と「稼いだ収入」を分類した計8つの財源を用いてHHIを算出した。HHIは，組織の年間収入総額の規模にかかわらず，単独の財源から収入を得ているほど値は1に近づき，逆に，多くの財源を有するほど値は0に近づくことになる。

　結果は図10-4のとおりである。「完全に一致している」と回答した組織のHHIの値が0.781，「ある程度一致している」が0.764，「一致していない」は0.757であった。単独の財源をもつほど「完全に一致している」と回答しており，逆に，複数の財源をもつほど「一致していない」と回答している。これは，財源多様化によるミッション・ドリフトの抑制という理論的想定とは逆の結果である。この結果にしたがうとすれば，財源多様性はミッション・ドリフト抑制と

図10-4 財源多様性(HHI)とミッション・ドリフトとの関係

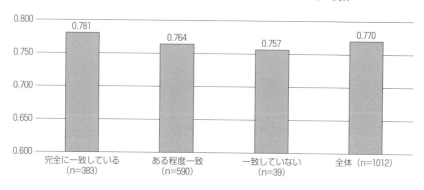

いう文脈における有効な戦略にはなりえないといえる。

(5) 分析結果の頑健性について

　以上の分析は、いずれも財源とミッション・ドリフトとの2変数間の関係性をみたものである。しかし、先に触れたように、ミッション・ドリフトの発生には、非営利組織の内外における非常にさまざまな要因が影響を与えていると考えられ、それらを考慮して分析することが不可欠である。また、坂本(2017)では、非営利組織の政府への財政的依存が、ある一定レベルまでは組織のアドボカシー活動に好影響を与えるが、一定レベルを超えると逆に悪影響を及ぼすことが実証的に明らかにされている。つまり、非営利組織における財源のあり方と諸活動の促進・抑制との関係は、単純な線形関係でない場合があり、この点はミッション・ドリフトの文脈においても考慮することが求められる。

　その意味では、2変数間の関係のみを対象としている本章の分析結果をもって、3つのミッション・ドリフト言説について明確に結論づけることは難しい。もっとも、本章と同じ調査データを用いて、このような多様な要因や非線形関係を考慮した統計的分析が進んでいるところである。暫定的な結果ではあるが、ここで一部を紹介しておきたい(小田切 2017b, 2018)。第1に、非営利組織の財政規模、人数、活動年数、地理的条件、法人格、事業活動の分野といった多様な要因をコントロールした統計的分析を行った場合でも、本章で示した商業的活動(事業収入比率)と財源多様性(HHI)に関する分析結果は支持されると

いう点である。一方，政府委託（政府行政セクターからの事業収入比率）については，本章の分析結果と同様の傾向を示すものの，統計的な有意性は確認できていない。第2に，政府委託とミッション・ドリフトとの関係については，前者の比率がある閾値を超えると後者の発生確率が逆に低くなることが統計的に確認できる点である。つまり，政府委託の比率の高さとミッション・ドリフトの発生確率の高さは関係があるものの，それは単純な線形関係ではない可能性がある。今後，特に政府委託とミッション・ドリフトとの関係についてはさらなる検証が必要といえる。

4 非営利組織のミッションと自律性

　本章の分析から得られた主な知見をまとめると，第1に，非営利組織における「商業的活動」への依存がミッション・ドリフトを引き起こすという言説は，日本の実態として確認された。また，政府委託への依存がミッション・ドリフトを引き起こすという言説についても，（さらなる検証は必要だが）同様の傾向が垣間見えたといえる。ただし，これらの知見は，ただちに「ミッション・ドリフトを回避するために，ミッションと関係の弱い商業的活動を回避するべきである（Weisbrod 2004）」といった含意を導くものではない。なぜなら，日本において，深刻なミッション・ドリフトが実際に生じていると推察される組織は，全体の1割に満たないからである。また，組織が新しい環境へ適応するプロセスにおいてはミッションの広がりや再定義が生じる（Minkoff and Powell 2006）のであり，ミッション・ドリフトが組織の成長過程で一時的に起こっているのだとすれば，それを必ずしもネガティブに捉える必要もないのかもしれない。すなわち，商業的活動や政府委託にともなうミッション・ドリフトは起こりうるが，日本の現状として深刻な問題として理解する必要はないということである。もっとも，日本における非営利組織と政府との関係を通じたミッション・ドリフトが顕著化しない理由の1つに，その関係性の未成熟さが指摘される（小田切 2014）。これは，一方では，非営利組織市場が成熟すれば問題が全体化することを意味する。ミッション・ドリフトが日本の非営利組織にとっての将来的な課題になりうることが推察される。

まとめの第2として，財源多様性がミッション・ドリフトを抑制するという言説は実証されず，逆に，その発生に結びつく実態が確認された。これは従来の議論とは異なるものである。なぜこのような結果が得られたのだろうか。理由として考えられるのは，財源の多様化が，外部のステイクホルダーからのプレッシャーとミッション追求とを整合させる難しさをはらんでいる可能性である。たしかに，特定のステイクホルダーのミッションへの介入を防ぐ目的では財源多様化は有効な戦略かもしれない。しかし，資金を提供してくれるステイクホルダーの増加は，同時に，多方面からのプレッシャーを調整するコストや，それらを自組織のミッションと整合させるコストを増大させることにつながる。多様な財源にもとづいて多様な活動を制約や影響を受けながら行うことは，最終的には組織のミッションを曖昧にしてしまいかねない（Weisbrod 1998；石田 2007）という指摘もあり，財源多様化が進展すると，むしろミッション・ドリフトが生じやすくなると推察される。財源多様化は，外部へ活動資源を依存する非営利組織における重要な運営戦略の1つであるが（Moulton and Eckerd 2012），その多様化のバランスや適正水準については引き続き議論を要すると考えられる。

注
1）　ここでいう誤記とは，年間の収入のうち，寄付や会費，事業収入といった各収入の合計額が総収入額と一致しないケースを指す。
2）　図10-2以降の分析では，「完全に一致している＝0」「ある程度一致している＝1」「一致していない（あまり一致していない＋ほとんど一致していない）＝2」という変数を作成して分析を行っている。
3）　HHIは以下の式によって計測される（Scherer and Ross 1990）。
$$HHI = (r_1/R)^2 + (r_2/R)^2 + \cdots + (r_n/R)^2$$
$$= \Sigma (r_i/R)^2, i = 1, 2, \cdots, n$$
　nは財源の数であり，riはi番目の財源からの収入額，Rは全財源からの収入の合計値である。

参考文献
石田祐, 2007, 「財源の多様性と団体の自立性——行政委託事業収入が与える影響を中心に」独立行政法人労働政策研究・研修機構『労働政策研究報告書 NPO就労発展への道筋——人材・財政・法制度から考える』82: 115-156.
石田祐, 2008, 「NPO法人における財源多様性の要因分析——非営利組織の存続性の視点から」『ノンプロフィット・レビュー』8 (2): 49-58.
後房雄, 2009, 『NPOは公共サービスを担えるか——次の10年への課題と戦略』法律文化社.
小田切康彦, 2014, 『行政-市民間協働の効用——実証的接近』法律文化社.
小田切康彦, 2017a, 「協働——官民関係は何を生み出すのか」坂本治也編『市民社会論——理論

と実証の最前線』法律文化社.
小田切康彦, 2017b,「サードセクター組織におけるミッション・ドリフトの発生要因」RIETI Discussion Paper Series 17–J–068.
小田切康彦, 2018,「サードセクター組織におけるミッション・ドリフトの実態とその発生要因」日本NPO学会第20回年次大会報告論文, 1–18.
坂本治也, 2015,「サードセクターと政治・行政の相互作用の実態分析――平成26年度サードセクター調査からの検討」RIETI Discussion Paper Series 15–J–025.
坂本治也, 2017,「政府への財政的依存と市民社会のアドボカシー――政府の自立性と逆U字型関係に着目した新しい理論枠組み」『ノンプロフィット・レビュー』17 (1): 23–37.
田中弥生, 2006,『NPOが自立する日――行政の下請け化に未来はない』日本評論社.
村田文世, 2009,『福祉多元化における障害当事者組織と「委託関係」――自律性維持のための戦略的組織行動』ミネルヴァ書房.
Drucker, Peter F., 1998, *The Drucker Foundation Self-Assessment Tool: Participant Workbook*, Jossey-Bass.（＝2000, 田中弥生監訳『非営利組織の成果重視マネジメント――NPO・行政・公益法人のための「自己評価手法」』ダイヤモンド社.）
Froelich, Karen A., 1999, Diversification of Revenue Strategies: Evolving Resource Dependence in Nonprofit Organizations, *Nonprofit and Voluntary Sector Quarterly*, 28 (3): 246–268.
Greer, Peter and Chris Horst, 2014, *Mission Drift: The Unspoken Crisis Facing Leaders, Charities, and Churches*, Bethany House Publishers.
Johnson, Norman, 1999, *Mixed Economies of Welfare: Comparative Perspective*, Prentice Hall Europe.（＝2002, 青木郁夫・山本勉監訳『グローバリゼーションと福祉国家の変容』法律文化社.）
Jones, Marshall B., 2007, The Multiple Sources of Mission Drift, *Nonprofit and Voluntary Sector Quarterly*, 36 (2): 299–307.
Kay, Richard, 1996, Contract Management for Voluntary Organizations, in Stephen P. Osborne ed., *Managing in the Voluntary Sector: A Handbook for Managers in Charitable and Non-profit Organizations*, International Thomson Business Press, 187–201.（＝1999, ニノミヤ・アキイエ・H監訳『NPOマネージメント――ボランタリー組織のマネージメント』中央法規出版.）
Minkoff, Debra C. and Walter W. Powell, 2006, Nonprofit Mission: Constancy, Responsiveness, or Deflection? in Walter W. Powell and Richard Steinberg eds., *The Nonprofit Sector: A Research Handbook*, 2nd ed., Yale University Press.
Moulton, Stephanie and Adam Eckerd, 2012, Preserving the Publicness of the Nonprofit Sector: Resources, Roles and Public Values, *Nonprofit and Voluntary Sector Quarterly*, 41 (4): 656–685.
Scherer, Frederic M. and David Ross, 1990, *Industrial Market Structure and Economic Performance*, Houghton Mifflin.
Weisbrod, Burton A., 1998, The Nonprofit Mission and its Financing, *Journal of Policy Analysis and Management*, 17 (2): 165–174.
Weisbrod, Burton A., 2004, The Pitfalls of Profits, *Stanford Social Innovation Review*, 2 (3): 40–47.

第11章 協同組合の現状と課題——ビジビリティとアイデンティティを高めるために

栗本　昭

　本章は「日本におけるサードセクターの経営実態と公共サービス改革に関する研究」の調査結果をふまえながら，サードセクターにおける協同組合の課題を考察することを目的とする。サードセクターにおける協同組合の捉え方については米欧で大きな違いがあり，アメリカではサードセクターは非営利セクターと同義語であるが，ヨーロッパではサードセクターは「社会的経済」とされ，その有力な構成部分として協同組合を含めている。

　日本の協同組合は世界有数の規模をもつが，日本におけるビジビリティ（可視性，認知度）が低いのはなぜか，2012年の国連・国際協同組合年においてもインパクトを与えることはできなかったのはなぜかという問いに対して，各種協同組合が法律，産業政策によって制度的に分断され，異なる発展経路，政治志向，組織文化をもったことから，セクターとしてのアイデンティティが弱かったことを指摘する。最後に，日本のサードセクターにおける協同組合の課題を提示する。

1　問題状況

(1) サードセクター調査の結果にみる協同組合の実情

　「日本におけるサードセクターの経営実態と公共サービス改革に関する研究」のプロジェクトリーダーである後房雄は，ペストフの福祉トライアングルにおけるサードセクターを位置づけるという枠組みが最も有効であると考え，サードセクターの範囲に協同組合を含めている。サードセクターは国家と市場の二元論に対する批判から，公共セクター，民間営利企業セクターと並んで社会経済を構成する独立したセクターであるという点である種のコンセンサスが成立しているが，その範囲や意味づけにはさまざまの捉え方がある。アメリカではサードセクターは「非営利セクター」と同一のものと捉えられている。ジョンズ・ホプキンス大学のサラモンとアンハイヤーは非営利セクター国際比較プロジェクト（JHCNP）において，非営利組織の基準として，①公式に組織されて

第11章　協同組合の現状と課題

表11-1　協同組合と非営利組織の違い

	協同組合	非営利組織
公式に組織されたもの	共　通	
民間の非政府組織	共　通	
ボランタリー性	共　通	
利潤分配の有無	利潤分配の制限	利潤の非分配
管　理	民主的管理（1人1票）	自己統治
会員制	会員制	会員制＋財団
公益か共益か	共益＋公益	公益＋共益

いること，②民間の組織であること，③ボランタリーであること，④利潤を分配しないこと，⑤自己統治していること，という5点を提示している。この基準の多くは協同組合にもあてはまるが，④の「利潤の非分配制約」が協同組合と非営利組織を分けるメルクマールとなっており，協同組合は国際比較研究には含まれていない（表11-1）。

　サードセクター調査は非営利組織と協同組合，地縁組織を包含した組織形態横断的な調査として実施されているが，これは非営利組織や協同組合の経営実態と相対的力量を推測するという点でユニークな試みである。

　第1回調査（2010年）が対象とした協同組合は以下のとおりである。①農業協同組合（農協），②消費生活協同組合（生協），③中小企業等協同組合（中協），④労働者協同組合（労協），⑤その他協同組合。

　第2回調査（2012年）では「その他の協同組合」と一括していたものを漁業協同組合（漁協），森林組合（森組），信用金庫・信用組合・労働金庫（信用金庫等），共済組合に区分した。第1回調査では含まれていた労働者協同組合はまだ制度化されていないことを考慮して削除された。第3回調査（2014年），第4回調査（2016年）も同様の分類で調査が行われた。第4回調査における協同組合の有効回答回収率は7～14％にとどまり，非営利組織より低かった。

　この調査による「サードセクター組織の組織的力量」について，協同組合は低下傾向にある。すなわち，第1回調査では，生協と農協は「高い」，中協は「中間」に位置づけられていたが，第3回調査では生協と農協は「中間」に，中協は「低い」に低下している。信用金庫等，共済組合という金融事業の協同組合は「高い」をキープしているが，漁協や森組は「低い」となっている。この結果は種別協同組合の規模と経営力量を反映しているが，生協と農協の力量が低

表11-2 2012年版『世界協同組合モニター』における協同組合ランキング

	組織名	国名	事業高*	業種
1	全国共済農業組合連合会	日本	70.70	保険・ミューチュアル
2	全国農業組合連合会	日本	60.88	農業・食品加工協同組合
3	エデカ・ツェントラーレ	ドイツ	58.16	消費者・小売協同組合
4	ステート・ファーム・グループ	アメリカ	56.87	保険・ミューチュアル
5	日本生命	日本	55.50	保険・ミューチュアル
6	レーヴェ・グループ	ドイツ	52.10	消費者・小売協同組合
7	ルクレール	フランス	46.53	消費者・小売協同組合
8	クレディ・アグリコール	フランス	45.73	銀行・金融協同組合
9	カイザー・パーマネンテ	アメリカ	44.20	保険・ミューチュアル
10	明治安田生命	日本	37.81	保険・ミューチュアル

注：*は2010年度統計にもとづく，単位10億ドル，銀行等は純金融事業収入，保険等は掛け金収入。

下しているという調査結果は，この4年間で協同組合の制度，統計上の実勢に大きな変化はないという点にかんがみてさらに検証する必要がある（後 2015）。

公共サービス改革とサードセクター組織の収入構成の変化は本調査の最も重要な部分である。公的資金の割合と稼いだ収入の割合を4つの象限にマッピングすると，市場での事業収入の割合が高い協同組合は「公的資金の割合」が最も低く，「稼いだ収入の割合」が高い象限に位置することになる。また，健康保険や介護保険など準市場で活動する協同組合はバウチャー制度による「稼いだ収入」を受け取っていることは他の法人形態の組織と同じである（後 2015）。

（2）統計にみる日本の協同組合の規模

世界の協同組合の業界団体である国際協同組合同盟（ICA）は2006年から『グローバル300』として大規模協同組合のランキングの発表を始めたが，2012年からは『世界協同組合モニター』として発表している。これによれば，日本の協同組合は世界有数の経済規模をもっていることがわかる。特に農協は世界の協同組合のトップクラスにある（表11-2）。組織別ランキングでは全国共済農業組合連合会（全共連）は世界第1位，全国農業組合連合会（全農）は第2位の地位を占め，農林中央金庫（農林中金）も銀行・金融サービス分野で重要な地位を占めていた。その後円安の進行によってこれらの組織の順位は下がってきているが，2017年版『世界協同組合モニター』でも全共連は依然として第5位の座をキープしている。日本国内においてもこれらの組織は有力な保険会社，

総合商社，都市銀行と肩を並べる規模にある[1]。

　生協の発祥の地であるヨーロッパではフランス，ドイツなどの生協は組織，事業ともに大きく後退したが，北欧諸国，スイス，イタリア，スペインなどの生協は各国の流通業界において支配的な位置を占めている。ヨーロッパの生協の業界団体であるユーロコープが発表している18か国の生協の統計と比べると，日本の生協はヨーロッパの大半の生協の組合員数の71％，事業高の27％を占める最大の組織となっている（2011年）。国内においては生協グループ全体ではイオングループ，セブンアンドアイグループに次ぐ売上高をもっている。

　しかし，日本には協同組合に関する包括的な統計はない。いくつかの部門では種別協同組合に関する官庁別の統計はあるが，そのレベルは大きく異なっている。たとえば農林水産業にかかわる協同組合については農林水産省による質・量ともに充実した統計があるが，生協については厚生労働省の統計は限られている。中小企業等協同組合についての公式統計はない。他方，業界団体あるいは業界別の統計は部分的には存在するが，信頼性，網羅性，比較可能性の点で解決すべき問題がある（栗本 2011）。

（3）協同組合のビジビリティの低さ

　このように日本の協同組合は農産物の流通，食品の小売，信用や共済というそれぞれの分野において一定のシェアをもっているが，一般市民の協同組合に対する認知度はきわめて低い水準にある。2011年12月に都道府県別・年代別にサンプルを割り付けたインターネットによる「協同組合と生活意識に関するアンケート調査」が行われたが，その調査結果によれば，「以下の団体を知っていますか」という問いに対して，「知っている」と答えた回答は，漁協83.0％，農協81.8％，購買生協等79.4％，労働金庫・信用組合・信用金庫75.4％，共済生協61.5％と一定の認知度があった（大高 2012）。また，「あなたが加入もしくは利用している団体をすべて選んでください」という問いに対して，回答は，購買生協等23.9％，共済生協21.6％，労働金庫・信用組合・信用金庫16.5％，農協14.0％という結果であったが，「加入しているものはない」という回答は48.1％もあった。しかし，「あなたは協同組合を知っていますか」という問いに対しては，「知っている」と答えた回答は36.4％にとどまったが，

第Ⅲ部　市民社会が直面する困難

図11-1　種別協同組合を協同組合であると認識している回答の割合

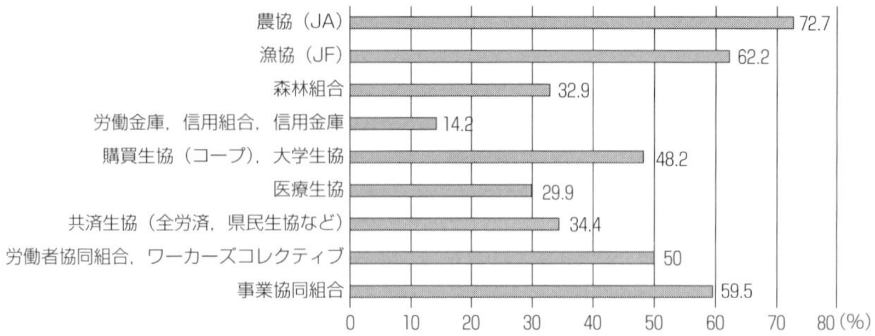

- 農協（JA）　72.7
- 漁協（JF）　62.2
- 森林組合　32.9
- 労働金庫，信用組合，信用金庫　14.2
- 購買生協（コープ），大学生協　48.2
- 医療生協　29.9
- 共済生協（全労済，県民生協など）　34.4
- 労働者協同組合，ワーカーズコレクティブ　50
- 事業協同組合　59.5

出所：大髙（2012）。

相対的に高年代，男性，高所得者の認知度が高かった。

　他方，「次の団体のうち，協同組合だと思われるのはどれですか」という問いに対する回答は，農協72.7％，漁協62.2％，購買生協等48.2％，共済生協34.4％，労働金庫・信用組合・信用金庫14.2％という結果となり，種別協同組合に対する協同組合としての認知にギャップがあることがわかった（図11-1）。これは種別協同組合を略称で表記していることとも関わるが，組織の名称に協同組合が入っている場合と入っていない場合の認知度の差があるということを示している。これと前述の各団体への加入・利用状況とのクロス分析をしたところ，加入・利用者（組合員）が加入している団体を協同組合であると理解している割合は，農協82.0％，漁協73.7％，購買生協等60.1％，共済生協41.0％，労働金庫・信用組合・信用金庫15.7％という結果となった。これは組合員が自ら加入している団体を協同組合であると理解している割合には大きなバラツキがあり，特に共済事業や信用事業を行う協同組合の組合員は協同組合のアイデンティティに関する感覚が希薄であることを示している。このように，このアンケート調査では，国民の協同組合に対する認知度が全体として低く，また，協同組合の種別によって大きなばらつきがあることがわかった。

2　分析の枠組

　それでは協同組合のビジビリティ，認知度はなぜ低いのか。これは市民レベ

ルのみならず，オピニオンリーダーとしての政府，メディア，アカデミズムにおける認知度が低いこととも関連している。結論からいえば，法制度や公共政策によって協同組合が制度的に分断されているために，各種協同組合は異なる発展経路をとり，独自の政治志向と組織文化を生成したことから，協同組合セクターとしてのアイデンティティが弱いということが考えられる。

(1) 法制度による協同組合の分岐

日本には10を超える業種別の協同組合法があり，所管する行政庁も異なる。これは単一協同組合法（ドイツ，スペイン，フィンランドなど），協同組合基本法と個別協同組合法の組み合わせ（イギリス，フランス，イタリアなど）という法制度と異なり，協同組合としての共通の法的枠組が存在しないことを意味する。非営利法人制度と同様，協同組合法制度も個別法の分立と経路依存性により「ガラパゴス化」している（出口 2015）。

個別協同組合法の制定年と監督官庁は**表11-3**のとおりである。

これらの種別協同組合法は以下のような特徴をもっている。

①各種協同組合の組合員，管理，設立，合併，解散および精算，登記，監督について規定する組織法としての条文とともに，行うことができる事業の種類を制限列挙し，事業のあり方を規定する事業法としての条文をもっている。各種協同組合法は信用事業や共済事業を含む金融事業を事業の範囲に含めているが，生協法は信用事業を認めていない。各協同組合法は信用事業や共済事業について銀行法，金融商品取引法，保険業法の条文を広範に準用している。

②組織法としては組合員資格を厳密に定義し，組合員の加入，脱退，出資金の払い込みと払い戻し，議決権および選挙権について規定している。農協法では農業者である正組合員のほかに非農業者（組合の地区内に住所を有する個人または組合の事業を継続して利用している者）である准組合員に関する規定が設けられている。また，組合の管理(ガバナンス)については詳細な規定を設けているが，近年は代表理事や組合員代表訴訟に関する規定が導入され，会社法の準用が増加している。

③協同組合特有の事業規制としては，非営利原則，区域，員外利用，専属利用契約などがあるが，法によって規制の仕方は異なっている。各種協同組合法には「組合員に最大の奉仕をすることを目的とし，営利を目的としてその事業

表11-3 個別協同組合法の制定年と監督官庁

制定年	監督官庁
1947	農業協同組合法（農協法）：農林水産省
1948	消費生活協同組合法（生協法）：厚生労働省
	水産業協同組合法（水協法）：農林水産省
1949	中小企業等協同組合法（中協法）：経済産業省，金融庁
	協同組合による金融事業に関する法律：金融庁
1950	信用金庫法：金融庁
1953	労働金庫法：厚生労働省，金融庁
1958	たばこ耕作組合法：財務省
1978	森林組合法：農林水産省
1993	協同組織金融機関の優先出資に関する法律：金融庁
2001	農林中央金庫法：農林水産省，金融庁（前身は1823年の産業組合中央金庫法）

を行ってはならない」旨の非営利原則が盛り込まれている。生協法では地域または職域を区域としているが、地域の組合は都道府県の区域を超えて組合を設立することはできない。員外利用は生協法では100％禁止であるが、他の法律では20〜25％の範囲で認められている。農協法では1年に限って組合と組合員の間の専属利用契約を許容している。

④各種協同組合法には行政庁による組合の設立、合併、解散の認可のほか、検査、処分、取消し、届出、決算関係書類等の提出など、広範な監督に関する条文が置かれていることも日本の協同組合法制の特徴である。

⑤各種協同組合に共通して適用される法律は独占禁止法と法人税法である。

(2) 公共政策による協同組合の分岐

各種協同組合は官庁による産業政策によって対照的な発展経路をとった。戦後の農業政策は保護主義を基本とし、終戦直後の食糧増産政策から高度成長期以降の減反政策に大きく舵を切ったが、農協は農政の実行部隊となった。食糧管理法は食糧の需給と価格の安定のために、その生産・流通・消費にわたって政府が管理する制度を確立したが、農協はコメの指定集荷業者として位置づけられ、また米価闘争を推進する強力な圧力団体となった。農地法は農地改革の理念にもとづく耕作者主義に立って農地の権利移動を厳しく制限してきた。農協法についても1954年の改正で中央会制度が導入され、行政庁の監督権限が大幅に強化されたが、これはドッジライン以降頻発した農協の経営破たんを防ぐために立法された一連の不振組合再建整備のための立法を補強するものであっ

た。1961年には農業生産力の増強と農工間の所得格差の是正をめざして農業構造改革を図るために農業基本法が制定されたが，同年に農協の経営力を強化するための農協合併助成法が制定された。このように，農協は農業保護政策の下でさまざまの便益を与えられ，食糧管理制度，農地制度と制度補完性をもった独特の制度として進化してきた（大田原 2016）。農協は農政に強い影響力をもつ最強の圧力団体となったが，官庁，族議員，業界団体の結束による農政の推進は青木昌彦の「仕切られた多元主義」の典型とみることができる。

　他方，中小企業政策も保護主義を基本とし，金融政策，振興政策，指導・組織化政策など，さまざまな支援施策が整備され，1956年には全国中小企業団体中央会が設立された。競争政策上も中小企業事業分野調整法や下請代金支払遅延等防止法など中小企業の不利を補正する政策がとられてきた。中小企業政策に関連して，小売商業政策においては大規模小売業と中小小売業の利害調整のために百貨店法，大規模小売店舗法（大店法）が立法され，1970年代から1980年代にかけて各地で大型店出店に関する紛争が激化し，大店法の運用が強化された。このような政策の流れのなかで中小小売商団体や商工会議所は生協をスケープゴートとして規制強化を求めて1950年代からたびたび反生協運動を展開し，国会や行政に対する働きかけをすすめてきた。その結果，1959年には小売商業調整特別措置法が制定され，それにともなう生協法の改正により員外利用禁止規定が強化された（斎藤 2003）。小売商団体や国会商工族による生協規制の動きは1980年代後半まで断続的に続き，その後90年代に規制緩和の流れのなかで収束したが，生協は厳格な員外利用禁止によって制度的な「封じ込め」の対象となったことから，政治過程や公共政策に影響を与えることはできなかった。

　しかし，市場経済のグローバル化は日本の政治経済システムに大きなインパクトを与えている。企業の制度や組織は大きく変わり，従来の日本型経営，系列構造，護送船団は後退し，金融・商品・労働市場の規制緩和が進み，公共サービスは縮小された。また，これまでの業界秩序を支えてきた政・官・業のトライアングルにも亀裂が走った。農業政策は農産物輸入自由化と規制緩和の圧力により段階的に競争力強化政策に転換し，牛肉・オレンジの輸入自由化や新食糧法の制定が行われた。小売商業政策も2000年に大店法が廃止され，環境規制

を基本とする大規模小売店舗立地法に置き換えられた。ほぼ60年ぶりの大幅改正となった2007年の生協法改正は，員外利用の禁止原則は維持しつつ，県域制限については隣接する都府県で生協が合併することが可能になった。また，共済事業を行う生協の兼業規制が導入され，日本生協連からコープ共済連が分離独立した。2015年の農協法改正は全国農協中央会（全中）の一般社団法人への移行と農協に対する全中監査の義務づけの廃止（公認会計士監査の義務づけ），農協の選択により株式会社等に組織変更できる規定の新設，農協理事会の体制の強化，事業利用の強制の禁止など，大幅な制度改正を導入した。

（3）協同組合セクターとしてのアイデンティティの弱さ

　このように縦割りの法制度や公共政策によって協同組合が制度的に分断されているために，各種協同組合は異なる発展経路をとり，独自の政治志向と組織文化を生成してきたことが協同組合としてのアイデンティティの形成を阻害してきたのではないかと考えられる。農協は戦時中の統制団体であった農業会の「包括的承継」によって成立したが，強力な政治力をもって農業政策に影響力を行使するとともに，農政の実施において中心的な役割を果たし，欧米の農協とは異なる日本型農協を生成してきた。すなわち，経済的には農産物の販売や農業資材の購買などの農業関連事業のみならず，信用・共済事業により営農上・生活上のニーズに幅広く対応する総合農協として発展し，医療・福祉，資産管理，新聞・出版，旅行などの事業を含めて広範な領域をカバーする農村のインフラとなった。政治的には自民党の重要な支持団体となり，全中を頂点とするトップダウンの集権的な組織文化を生み出した。これと反対に，生協は員外利用全面禁止を逆手に取って全顧客を組合員にする戦略をとり，主婦を中心とする組合員構成，宅配に力点を置いた小売事業，社会運動としての側面をもった日本型生協を生成してきた。生協法の「特定の政党のために利用してはならない」という規定によって生協は政治的活動を厳しく抑制されてきたが，近年は政党に対しては全方位外交をとり，署名やロビイングを通じて食品安全政策や消費者政策の現代化において一定の影響力をもつようになった（品川 2010）。生協は草の根の消費者運動から生まれたことから各都道府県で異なる傾向をもつ生協が競合し，全国レベルでも複数の連合会が並存するという分権

型の組織文化を育んできた。

　農協も生協も金融協同組合もそれぞれの業界動向には強い関心をもつが，業界を超えた協同組合セクターという概念には関心が低い。種別協同組合ごとの全国連合会はあるが，それを包括する協同組合としての連合組織はない。この点は業種ごとの業界団体はあるが包括的な連合組織はない民間非営利セクターと共通しているが，縦割りの業界団体に加えて日本経団連というアンブレラ組織をもつ民間営利セクターと異なる。そのために，個別事例を除いて「協同組合間協同」も低調になっている。サードセクターについていえば，生協はしばしば非営利組織とともにその構成団体としてカウントされるが，農協においては農業団体としてのアイデンティティを超えるセクターとしての概念は希薄であった。

3 サードセクターにおける協同組合の課題

　以上のように協同組合の認知度は低く，非営利組織論中心のサードセクター研究においてもしばしば無視されている。しかし，日本のサードセクターの発展のためには自立した協同組合セクターの存在と非営利組織との協働が不可欠であると考える。そこで，サードセクターを前進させるための協同組合の課題を指摘したい。

　まず，地域レベルでのサードセクター組織の間の協働の組織化と集約が必要である。グローバル化の進行のなかで人口や産業，雇用が縮小し，診療所，商店などの生活上のインフラも失われて困難に陥っている地域は全国各地で広がっている。地方創生などの公共政策も重要であるが，地域の経済・社会の再生・維持に多くの草の根の組織が携わることが決定的に重要である。そのなかには，撤退した学校や農協事業所を借りて地域再生に取り組む特定非営利活動法人，買い物弱者に商品を配達する生協や特定非営利活動法人がある。過疎地の医療を支える農協厚生連や都会における保健予防活動をすすめる医療生協，高齢者介護や保育・子育て支援に取り組む特定非営利活動法人や生協も多い。また，障害者の自立支援や就労をすすめる労働者協同組合，ワーカーズコレクティブがあり，引きこもりの人々の居場所づくりに取り組む特定非営利活動法

人もある。大規模自然災害に対する救援活動や再建支援活動は特定非営利活動法人や各種協同組合によって継続的に取り組まれている。問題はこのような草の根の取り組みの間の協働が限られており，多くのところで活動の継続が困難になっていることである。一定の組織力や経営資源をもつ非営利組織（公益法人や社会福祉法人など）や協同組合（農協，生協，協同組織金融機関，協同組合共済など）が特定非営利活動法人やボランティア組織と協働することがサードセクターの凝集力を高めるうえで重要である。とりわけ，最大の経済力をもつ農協が自立した協同組合として改革をすすめ，他の諸団体とさまざまのレベルでの地域における協働の核となること，最大の構成人員をもつ生協が開かれた協同組合として地域における協働をすすめることが求められている。

　第2にマクロレベルでのサードセクターの包括的な統計を整備することである。非営利組織については国連ハンドブックにもとづいてサテライト勘定がつくられているが，協同組合についても包括的な統計を整備することが求められている。また，経済センサスは従来の産業分野ごとの統計を基幹統計に集約した点で評価されるが，「経営組織」の分類において会社については「株式会社，有限会社」など詳しい区分で統計がとられているのに対して，その他の組織は「会社以外の法人」や「法人でない団体」という大雑把なくくりで統計がとられている。少なくとも，協同組合や非営利組織に関する区分された統計をつくることが求められている。サードセクターの統計的把握はその潜在能力を可視化し，セクターとしての凝集力を強め，公共政策における役割を位置づけさせることにつながる。

　第3にサードセクターの有力な柱である協同組合のアイデンティティを強めるために，各種協同組合法を超える統一的な法制度を整備することである。会社については2006年に施行された新会社法はこれまでバラバラだった会社に関する法律を一本化し，現代語化と併せて実質的な改正も大幅に行った。また，2006年の公益法人制度改革関連3法の制定は法人格取得と公益認定を切り離し，準則主義による非営利法人の設立と主務官庁制の廃止（独立機関による公益認定）という大転換を行った。大半の各種協同組合法は制定後60年以上経過して定着していることから，これを一本化することは現実的ではないが，既存の法律と並存する協同組合基本法を制定することは可能である。2012年に発効し

た韓国の協同組合基本法は各種協同組合法を補完し，準則主義による一般協同組合の設立を可能にしたことから，3年間で8,000を超える新協同組合が設立された（チャン 2018）。また，既存の協同組合法を改正する際には協同組合基本法の精神に則って改正するという条文が入ったことから，後者は協同組合法制度に対する規範的影響力をもっている。

第4にサードセクターを推進するためにも，まず協同組合についての総合的なシンクタンク，開発支援機関を確立することである。各種協同組合連合会の財政的支援により業界別の研究所が設立されているが，それぞれの研究分野は縦割りで，協同組合全体の統計や法制度などの領域横断的な研究はきわめて限られている。業界を超えた協同組合についての学際的・国際的な研究とサードセクターとの交流の場として，また新しい協同組合の設立，運営を支援する開発支援機関として総合的な協同組合のシンクタンクを確立することが求められている。この点で2018年4月に協同組合間連携の推進・支援・広報，持続可能な地域のくらし・仕事づくりに向けた教育・調査・研究を目的として日本協同組合連携機構（JCA）が設立されたことは重要な第一歩となりうる。

4 結論と含意

本章はサードセクターにおける協同組合の位置について考察するとともに，経済産業研究所の「サードセクター調査」の結果における協同組合の実態を紹介した。また，既存の統計にみる協同組合の規模を提示し，それとアンケート調査にみられる協同組合の認知度に大きなギャップがあることを指摘した。「協同組合のビジビリティはなぜ低いのか」という問いに対して，種別協同組合法と産業別公共政策による分岐によって各種協同組合が異なる発展経路をとり，独自の政治志向と組織文化を生成してきたことが協同組合としてのアイデンティティの形成を阻害してきたことを重要な要因として指摘した。最後にサードセクターの発展に向けての協同組合の課題を提起した。

本章の知見から導き出される政策的な含意について，2点指摘したい。

第1に，協同組合に関する行政の窓口を決定し，関連する省庁の連絡調整を進めるべきである。国際協同組合年に際して日本の行政窓口が決まらなかった

ことが協同組合の認知度を高めるうえでマイナスに作用した可能性がある。国連や国際機関の協同組合に関する政策を受け止める窓口がないことは，持続可能な開発目標（SDGs）などの国際公共政策をすすめるうえでも制約となる。アメリカの農務省は農業政策を所管しているが，農協，生協，金融協同組合などの各種協同組合をカバーする包括的な統計の作成を支援した。カナダの農務省のなかに設置された協同組合セクレタリアートは政府の協同組合に関する政策をコーディネートしている。ドイツ各州の経済省はすべての協同組合が加入を義務づけられている協同組合検査団体に検査権を付与している（アシェホフ・ヘニングセン 2001）。日本では協同組合の所管官庁は，農林水産省，経済産業省，厚生労働省，金融庁などに分かれているが，官庁横断型の政策課題に柔軟に対応することができる行政窓口を設置することが求められている。

　第2に，法人格の種別によって組合員の資格，事業の種類や行政との関わりが大きく異なる現状を改善していくことが必要である。これは法人の設立認可・許可に関する組織法のなかに行政監督を目的とする事業法を取り込み，中央官庁による行政システムという観点からみれば合理的にみえるが，その結果法人格が濫立し，税法とあいまって複雑な法人制度が生成された。このような硬直化した法人制度によって社会経済におけるニーズの変化に迅速に対応することが困難となっている。たとえば，生産者と消費者が加入する産消混合型の協同組合や再生可能エネルギーの協同組合をつくることは現行制度では困難である。また，第1種社会福祉事業の主体が自治体や社会福祉法人に限定されていることから，生協は特別養護老人ホームを経営するために社会福祉法人を設立しなければならなかった（最近，農協については可能になった）。縦割りの協同組合法制と参入規制のために協同組合の自由な設立や事業運営が阻害されていることは，結社の自由や法人形態間のイコールフッティングの観点からみて望ましくない。法人制度の改革と事業規制の改革があいまって，市民が自由に組織形態を選択することができるような公共政策の改革が求められている。

注

1）　なお，ここには日本生命などの相互会社が含まれているが，保険協同組合と保険ミューチュアルの国際組織である ICMIF は，ミューチュアルを契約者が所有・運営する協同組合に類似した組織として取り扱っている。ミューチュアルには総代会や利用高割り戻しがあるが，出

資金がない点で協同組合と異なる。
2) 農協の前身である産業組合は購買・販売・信用・利用の総合事業を兼営したが，戦時経済のなかで営農指導と農政のための全員加入の系統組織である農会と統合されて統制団体としての農業会となり，戦後農地改革の成果を固めるために制定された農協法のもとで農業会の資産，職員を引き継いで農協が設立された。

参考文献

アシェホフ，G.／E. ヘニングセン，2001，関英昭・野田輝久訳『新版 ドイツの協同組合制度——歴史・構造・経済的潜在力』日本経済評論社．
後房雄，2015，「公共サービス改革の進展とサードセクター組織——社団法人，財団法人の新たな展開」RIETI Discussion Paper Series 15-J-023．
大髙研道，2012，『協同組合と生活意識に関するアンケート調査結果』全労済協会．
大田原高昭，2016，『新 明日の農協』農山漁村文化協会．
栗本昭，2011，「日本の社会的経済の統計的把握に向けて」大沢真理編『社会的経済が拓く未来』ミネルヴァ書房，71–101．
斎藤嘉璋，2003，『現代日本生協運動小史』コープ出版．
品川尚志，2010，「消費者・市民主体の社会経済システム」現代生協論編集委員会編『現代生協論の探究——新たなステップをめざして』コープ出版，321–342．
チャン，ヂョンイク，2018，「協同組合基本法によって設立された協同組合の特性と政策的含意」『共済総合研究』76．
出口正之，2015，「制度統合の可能性と問題——ガラパゴス化とグローバル化」岡本仁宏編『市民社会セクターの可能性——110年ぶりの大改革の成果と課題』関西学院大学出版会，157–160．
International Co-operative Alliance, 2012, *2012 World Co-operative Monitor*.
Kurimoto, A., 2011, Divided Third Sector in the Emerging Civil Society: Can DPJ Contribute to Changes? A paper for the workshop Continuity and Discontinuity in Socio-Economic Policies in Japan: From the LDP to the DPJ, University of Sheffield, 4 March 2011.
Kurimoto, A., 2015, To estimate the Scope and Size of the Social Economy in Japan: Challenges for Producing Comparative Statistics, in M. J. Buchard and D. Rousseliele eds., *The Weight of the Social Economy: An International Perspective*, Peter Lang.

第12章 社会運動を受容する政治文化──社会運動に対する態度の国際比較

山本 英弘

> 社会運動は市民社会におけるアドボカシー機能を果たす重要な政治参加活動である。しかし，社会運動に参加したことがある日本人は少ない。本章では，このような日本における運動不参加の背景にある政治文化的要因を探究していく。
> 一般有権者を対象に行った国際比較調査（日本，韓国，ドイツ）にもとづく分析から，日本では他国と比べて社会運動の代表性や有効性に対する評価が低く，秩序不安感が強いことが示される。さらに，こうした態度の影響を受けて，社会運動への参加経験，および運動参加の受容度が低くなっている。ここから，日本人の運動参加が少ない理由を探るうえで，社会運動に対する否定的なイメージが重要なポイントであるといえる。

1 市民社会と社会運動

(1) 市民社会における社会運動

市民社会の重要な機能の1つとしてアドボカシーを挙げることができる（Jenkins 2006；Avner 2013；坂本 2017）。市民社会の団体・組織あるいは個人は，直接的にあるいは世論を介するなど間接的に，さまざまな手段を用いて政治的エリートへ働きかけることによって，選挙だけでは十分に反映されない社会におけるさまざまな価値や利益を政治過程へと表出することができる。こうしたアドボカシー機能を果たす代表的なものの1つが社会運動である（della Porta and Diani 2011；山本 2017a）。

社会運動には多様な定義があるが，その多くに共通するのが，制度政治の外で活動し，世論を喚起するなどして人々に幅広く問題提起し，社会の変革をめざす活動であるという点である（McAdam and Snow 1997；片桐 1995）。実際に，社会運動はこれまで社会に大きなインパクトを与えてきた。たとえば，1960年代をピークにアメリカの公民権運動やベトナム反戦運動，先進民主主義各国の

学生運動などが大きな盛り上がりをみせた。これらの運動は人権，平和，環境などの新しい価値を社会に流布するうえで大きな役割を果たした。また，1980年代後半からの東欧の民主化運動は社会主義諸国の体制転換につながった。21世紀に入ってからも，中東・北アフリカ地域における「アラブの春」やニューヨークにおけるオキュパイ・ウォールストリートをはじめ，さまざまな社会運動が注目を集めている。このように，社会運動は社会を変える原動力となりうる。そして，こうした運動には個々の市民の参加が必要とされるのである。

(2) 日本における運動参加

しかしながら，日本では，社会運動を含め投票以外の政治参加が少なく（西澤 2004；山田 2004, 2016），さらにこうした活動に対する受容度も低いことが示されてきた（朝岡 2014；山本 2017b）。2010〜14年に行われた世界価値観調査 (World Value Survey) によると（山田 2016），日本における署名の経験者の割合は28.0％で，調査対象48か国のうち全体の10位であり，まずまず多いといえる。しかし，ボイコットは1.4％（全体の40位），デモは3.6％（同39位），ストライキは3.5％（同29位），その他の抗議行動は1.7％（同28位）とほとんど参加経験者がいないといってよい。

もっとも，近年における脱原発運動などの盛り上がりにより，人々の参加が活発化したとも考えられる。しかし，2014年に実施されたISSP（国際社会調査プログラム）の結果からは，署名，デモなどを含む政治的・社会的活動参加は2004年と比べてむしろ減少傾向にあることが示されている（小林 2015）。

このように，社会運動として行われることの多い非制度的な政治参加は他国と比べて低い水準であり，好意的に受け止められていないことが示唆される。

(3) 社会運動を受容する政治文化

それでは，なぜ日本では社会運動への参加者が少なく，また，支持されないのだろうか。そもそも社会運動を行うだけの社会や政治に対する不満が存在しないからだろうか。しかし，日本においても長期にわたる経済停滞や雇用環境の悪化，社会保障の行き詰まりがみられ，それに対して有効な対応がとれない政府に対する人々の不満は高い。

それならば，人々が参加に足るだけの資源が乏しいからだろうか。しかし，世界でも相対的に経済水準も教育水準も高い日本において，運動や政治に参加できないほどに資源が不足しているとは考え難い。

だとすれば，原因は政治に対する態度や志向性なのだろうか。日本における投票以外の政治参加に関する研究では，参加を逃避する意識が注目されてきた。西澤（2004）は，投票は行うがそれ以外は行わない政治参加の二重構造を指摘し，その背景に他者からの働きかけという動員の効果とともに，関わりたくないという参加逃避意識があることを指摘している。また，山田（2004）は，投票以外のさまざまな政治参加形態に共通して，動員の有無と参加受容度（参加逃避意識の逆）の効果を示している。

こうした参加逃避意識は，社会運動によりあてはまりやすいと考えられる。なぜなら，社会運動はたしかに社会を変えうる力があるものの，運動の主張や要求によって変わったと多くの人々が実感するほどの明確な成果をあげるものは数少ない。そのため，こうした活動の効果に対して疑問を抱く人々もいるだろう。また，運動にともなう示威的行為は暴力につながったり，社会に混乱を招くなど，時として社会秩序を攪乱することもある。そのため，人々は必ずしもそれを肯定的に受け止めるとは限らない。このような社会運動に対する評価が，参加を受容したり，逃避する態度につながっていると考えられる。

さらに，社会に影響を及ぼそうとする社会運動を検討するにあたっては，他者の参加が許容されるかという規範的判断も重要である（Jasso and Opp 1997；Opp 2001）。すなわち，社会運動という手段で政治に働きかけることに対する社会的コンセンサスが十分に形成されているのかどうかも注目に値する。社会運動が市民の参加を求めるものであり，かつ，社会に向けて主張や要求を行う活動だとすれば，潜在的な参加者である市民の支持や評価は，社会運動を取り巻く重要な環境的要因となる。

このように社会運動を受容する態度は，実際に人々が運動に参加したり，運動を支持する背景としての政治文化を形成している[2]。そこで本章では，個人の運動参加経験とともに運動参加に対する受容度に注目し，人々が社会運動のどのような側面を評価しているのかを考慮しつつ，国際比較分析により日本の特徴を把握する。それによって，社会運動を受容する政治文化という点から，日

本における運動参加の少なさという課題を探究していきたい。

2 分析の方針とデータ

(1) 国際比較分析

上記の課題に取り組むために，本章では，日本，韓国，ドイツの3か国の比較分析を行い，とりわけ日本の特徴に焦点を合わせて，運動参加の少なさの理由を考察していく。

日本と韓国は同じ東アジア文化圏に属し，産業構造や社会構造の類似点が多い。しかし，政治体制においては日本が第二次世界大戦直後に民主化したのに対して，韓国では権威主義体制が続き1987年に民主化を遂げた。こうした政治体制や民主化の経緯により，社会運動や市民社会には異なる特徴が現れている。しばしば指摘されるのがアドボカシーであり，韓国においては制度外のアドボカシー活動が盛んであるのに対して（磯崎 2001；Oh 2012），日本では弱いといわれる（Pekkanen 2006＝2008）。

ドイツについては欧米民主主義国の一例として，東アジア諸国との対比を明確に示すために比較対象とする。ドイツは環境運動や反原発運動などが盛んであり，抗議活動による政治参加が恒常化している（青木 2013；井関 2016）。ドイツにおいても，学生運動等の大きな盛り上がりを経て1960年代後半以降に環境，反原発，反核平和，女性運動等の新しい社会運動が噴出した。また，1980年代後半の民主化運動が旧東ドイツの体制転換を促し，再統一へとつながった。このように，社会運動が社会に対して大きなインパクトをもたらした経験が多い。

(2) データ

本章では，他の章とは異なり，筆者が3か国の一般有権者（18～69歳の男女）に行った質問紙調査データを用いて分析する。2012年10月に日本，2014年1月に韓国とドイツにおいて，（株）マクロミルに委託し，登録モニタに対してウェブ調査を行った[3]。

調査の計画サンプル数は，日本は2,000，韓国とドイツはそれぞれ500である。回答者の性別と年代（10歳刻み）は，各国の有権者の構成比と同じになるよう

第Ⅲ部　市民社会が直面する困難

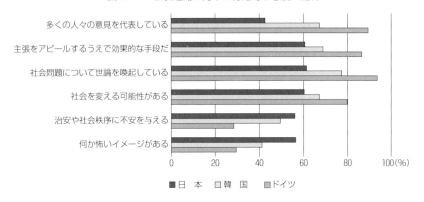

図12-1　社会運動に対する肯定的な態度の割合

に割り当てた。実際に回収したのは日本2,063，韓国518，ドイツ520サンプルである。分析に際しては，日本のサンプルを無作為抽出によって約4分の1の517にし，3か国のサンプル数が同等となるように調整してから合併したデータ（総サンプル数1,555）を用いた。

3　社会運動への参加経験と態度

(1) 社会運動に対する態度

　まずは社会運動に対する態度についてみていこう。これらについては調査において，「そう思う」「ややそう思う」「あまりそう思わない」「そう思わない」という4段階で尋ねているが，図12-1は各項目について肯定的な回答の割合を示している。[4]

　「多くの人々の意見を代表している」「主張をアピールするうえで効果的な手段だ」「社会問題について世論を喚起している」「社会を変える可能性がある」の項目については，ドイツにおいて80～90％と肯定的な回答が非常に多い。これに対して，韓国では60～70％，日本では60％程度である（「多くの人々の意見を代表している」については40％程度）。全般に社会運動の代表性や有効性に対しては肯定的な傾向がみてとれるが，国による差異も明確である。

　これに対して，「治安や社会秩序に不安を与える」と「何か怖いイメージがある」では，日本で55％程度と高く，韓国で40～50％，ドイツで30％程度と続

230

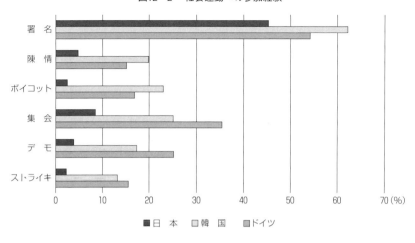

図12-2 社会運動への参加経験

く。日本や韓国では半数程度の人々が社会運動に秩序不安感を抱くのに対して，ドイツでは少数である。

これらの結果から，ドイツにおいては社会運動に対して好意的な態度を抱く人々が相対的に多いのに対して，日本では否定的な傾向にあることがわかる。

(2) 参加と受容度の分布

続いて，社会運動の各行為形態への参加の経験をみていこう。ここでは署名，陳情，ボイコット，集会，デモ，ストライキという6つを取り上げて検討する。

図12-2は，各形態についてこれまで参加した経験があるという割合を示している。各国とも署名が最も多く，韓国で62.2％，ドイツで54.2％と半数を超えている。日本ではやや少ないが45.3％と一定程度みられる。署名は低コストであり，他者から働きかけられて受動的に行うことも多いため，敷居の低い参加形態だといえる。

続いて各国とも大きく離れて集会が続く。ドイツで35.4％，韓国では25.1％とある程度みられるが，日本では8.5％と少ない。以下，韓国，ドイツともに10～25％の参加経験がみられるものの，日本ではすべて5％未満の参加経験であり，ほとんど参加経験がないといえる。

社会運動に対する受容度をみていこう。調査においては，運動のさまざまな

第Ⅲ部 市民社会が直面する困難

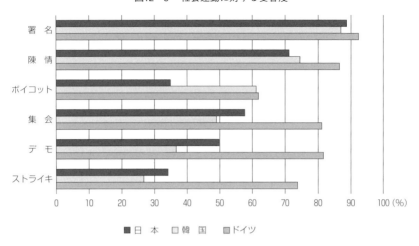

図12-3 社会運動に対する受容度

行為形態について,「一般的に言って,次にあげる活動を行ってもよいと思いますか。」という質問を設けている。運動に対する態度と同じく4段階で質問しているが,図12-3では肯定的な回答の割合を示している。

3か国とも署名については90％前後,陳情についても70～80％と肯定的な回答の割合が高い。以下,国によって受容度の順序は異なるものの,穏健な形態と比べれば,示威的な形態ほど受容度は下がる傾向を示している。

3か国で比較すると,どの行為形態においても全般にドイツの受容度が最も高い。とりわけ,集会,デモ,ストライキといった示威的な形態において明確である。こうした結果は社会運動に対する態度と同様であり,ドイツにおいて運動を政治参加の手段として受容する政治文化の存在がうかがえる。

日本と韓国の受容度を比べると,署名,陳情ではあまり差がみられず,ボイコットでは韓国のほうが高い。しかし,デモやストライキといった示威的な形態については日本のほうが高い。韓国では示威的な形態への参加経験者が日本よりも多い一方で,こうした行為自体を受容する態度は弱いようである。

(3) 社会運動に対する態度と参加経験・受容度

以上にみてきたように,日本では韓国やドイツと比べて,社会運動に対する

評価が低く,かつ,一部を除けば参加経験や受容度が低いことがみてとれる。ここから,日本においては運動に対する評価が低いために,実際の参加経験や参加してもよいという意識が低いと考えることができそうである。この点をより正確に確認するために,多変量解析によって検討していこう。

従属変数である社会運動への参加については,図12-2に示した6つの形態への参加の有無を表すダミー変数に対してカテゴリカル主成分分析を行い,固有値が突出して大きい1つの主成分を抽出した。社会運動の受容度についても同様に,6つの形態への受容度を4値の順序尺度とみなしてカテゴリカル主成分分析を行い,固有値1を基準として1つの主成分を抽出した。分析には,これらの主成分得点を用いる。

社会運動に対する態度は先に示した図12-1の諸項目を4値の順序尺度とみなしてカテゴリカル主成分分析を行い,固有値1を基準として2つの主成分を抽出した。1つ目は,「多くの人々の意見を代表している」「主張をアピールするうえで効果的な手段だ」「社会問題について世論を喚起している」「社会を変える可能性がある」の諸項目の主成分負荷量が高いため,代表性・有効性を表す主成分だといえる。2つ目は,「社会運動は治安や社会秩序に不安を与える」「社会運動には何か怖いイメージがある」という項目の主成分負荷量が高いため,秩序不安感を表す主成分だといえる。分析にはこれらの主成分得点を用いる。

各国の特徴については,韓国,ドイツをそれぞれダミー変数として投入することで,日本と比べた相違を捉える。このほか,性別,年齢,学歴,職業,世帯年収といった社会的属性の諸変数と各種の団体での活動の程度を統制変数として投入している。また,社会運動への参加経験は運動への態度および受容度にそれぞれ影響を及ぼすと考えられるので,参加経験を従属変数とする場合を除き,統制変数として投入している。もっとも,ここでは社会運動に対する態度がもたらす影響に焦点を合わせるため,これらの統制変数に関する結果の表記は割愛する。

表12-1は,社会運動に対する態度を規定する要因を探るために行った重回帰分析の結果である。運動の代表性・有効性については,日本を基準とした場合,韓国,ドイツともにプラスで統計的に有意な係数を示している。また,秩

表12-1 社会運動への態度，参加経験，受容度の規定因：重回帰分析

従属変数	代表性・有効性	秩序不安感
韓 国	0.213**	−0.152**
ドイツ	0.532**	−0.166**
日本（基準）		
自由度調整済み R^2	0.207	0.030
N	1485	1485

*: $p < .05$　**: $p < .01$　標準化係数
注：性別，年齢，学歴，職業，世帯年収，団体活動も統制変数として分析に投入しているが，結果は割愛する。

序不安感については，韓国，ドイツともにマイナスに有意な係数を示している。つまり，どちらの国も日本よりも運動の代表性や有効性を評価しており，かつ，運動による秩序の攪乱に不安を抱いていない。これらの結果は図12-1で確認したとおりである。

表12-2は，運動参加経験と参加受容度のそれぞれを従属変数とした重回帰分析の結果である。それぞれ，社会運動に対する態度を投入しない分析結果と，投入した分析結果を比べることで，運動に対する態度によって各国の差異をどの程度説明できるのかを検討する。

運動参加経験については，社会運動に対する態度を投入しない場合，韓国，ドイツともプラスに統計的に有意であり，日本よりも参加経験があることを示している。この結果は図12-2に示したものと整合的である。

運動に対する態度を投入した場合，代表性・有効性はプラスに統計的に有意な効果をもつが，秩序不安感には有意な効果がみられない。表12-1の結果と合わせると，日本と比べて韓国やドイツのほうが運動の代表性や有効性を認識しており，それゆえに運動に参加していると解釈することができる[5]。その一方で，秩序不安感は各国間に差異がみられるものの，参加経験には影響を及ぼさない。

もっとも，運動の代表性や有効性を統制しても，韓国，ドイツともプラスに統計的に有意な効果がみられる。したがって，国による参加経験の差には，運動に対する態度の相違による部分があるものの，それだけには還元されない部分も残されている[6]。

参加受容度については，運動に対する態度を投入しない分析結果より，韓国

表12-2 社会運動への態度，参加経験，受容度の規定因：重回帰分析

従属変数	参加経験	参加経験	受容度	受容度
韓国	0.184**	0.158**	−0.052	−0.179**
ドイツ	0.271**	0.208**	0.345**	0.059
日本（基準）				
代表性・有効性		0.121**		0.520**
秩序不安感		−0.027		−0.038
自由度調整済み R^2	0.229	0.234	0.134	0.348
N	1555	1485	1485	1458

*: $p<.05$ **: $p<.01$ 標準化係数
注：性別，年齢，学歴，職業，世帯年収，団体活動，運動参加も統制変数として分析に投入しているが，結果は割愛する。

では統計的に有意ではなく，日本との差がみられない。図12-3から，日本と韓国ではボイコットやデモなど行為形態によって受容度の大小関係に相違がみられた。それゆえ，各行為形態が合成された尺度では両国の差がみられなかったと考えられる。ドイツについてはプラスに統計的に有意であり，日本よりも運動参加を許容する傾向にある。これは，図12-3においてどの行為形態でもドイツのほうが受容度が高いことと整合的な結果である。

運動に対する態度を投入した場合，代表性・有効性はプラスに統計的に有意な効果をもつが，秩序不安感には統計的に有意な効果がみられない。表12-1の結果と合わせて考えると，参加経験の場合と同じく，やはり韓国やドイツのほうが運動に対する代表性や有効性を評価しているがゆえに，運動参加を受容していると解釈することができる。一方で，秩序不安感は受容度に対しても影響をもたないようである。

各国の変数については，韓国ではマイナスに統計的に有意であり，ドイツについては統計的に有意な効果がみられない。つまり，仮に運動の代表性・有効性に対する態度が同程度であるとすると，韓国では日本よりも運動参加の受容度が低く，ドイツにおいても日本との差がみられないのである。

4 まとめと考察

本章では，社会運動の各形態への参加経験，および運動参加に対する受容度について，日本，韓国，ドイツの3か国を比較してきた。分析の結果，日本の

運動参加経験は両国と比べて著しく低い。運動参加の受容度については，どの形態についても3か国でドイツが最も高い。日本と韓国では，ボイコットでは韓国のほうが高いものの，示威的な形態については日本のほうが高い。

　こうした各国間の参加経験や受容度の相違は，社会運動に対する態度によるところが大きい。すなわち，日本では，韓国とドイツに比べて，運動の代表性・有効性に対する認識が低いために，参加経験が少なく，運動を受容しないと考えられる。とりわけ，受容度については，運動に対する態度が同程度だとすると，日本のほうが韓国よりも高く，ドイツとも差がみられない。したがって，日本人の社会運動への参加が少ない理由を探るうえで，運動に対する否定的なイメージがいかに形成されたのかがポイントとなる。

　ここでは1つの可能性として，集合的経験による政治的社会化を挙げておく（山本 2017b）。日本では社会全体が共有できるような社会運動の目立った成功経験がない。戦後の日本において抗議活動が大きな盛り上がりをみせたのは，1960年の日米安全保障条約に対する抗議（いわゆる安保闘争）と1968～69年をピークとする学生運動である。しかし，これらはいずれも運動側の主張や要求が十分に受け入れられたとは言い難い。さらにいえば，学生運動から派生した暴力事件やそれを報道するマスメディアの姿勢により，社会運動や抗議活動に対する人々のイメージが悪化していったと考えられる（安藤 2013）。ここから，人々は社会運動の有効性に懐疑的であり，世論を代表するものだと捉えていないのかもしれない。

　これに対して，韓国においては1987年の民主化に際して，社会運動が大きな役割を果たした。ドイツにおいても旧東ドイツの民主化運動が1991年の再統一へとつながった。これらは個々人が直接的に体験していなくても，運動が大きなインパクトをもったという経験として社会全体で共有されていると考えられる。こうした経験が社会運動に対する肯定的な態度を形成し，人々の声を代表するものとしての運動に対する支持へと結びついているのかもしれない。

　このほかにも，社会運動に対する態度を規定する要因として，知り合いが参加していることや，日常的な政治的会話，政治教育，マスメディアによる報道，さらに近年ではソーシャルメディアなどが考えられる。それぞれが運動に対する態度にどのような影響をもたらすのか，また，それはほかの政治的態度に及

ぼす影響とどのように異なるのかなどが今後の課題として残される。

注

1) 社会運動には、新たな価値にもとづくサービスを提供する活動や、セルフ・ヘルプ・グループなどのような自助組織や自己変革をめざす活動も含まれる。しかし、本章では、政治に主張や要求を表出させようとして働きかける活動を念頭に置いて議論する。
2) 本章では政治文化論に倣い、人々に共有された政治的態度や信念という心理的側面を政治文化と呼ぶ。アーモンド・ヴァーバ（1963＝1974）は政治文化を、「国民の間にみられる政治的対象に対する指向パターンの特有の分布」と定義している（Almond and Verba 1963＝1974：訳12）。本章の分析では、社会運動という政治的対象に対する認知、感情、評価といった指向を検討していく。
3) ウェブ調査は無作為抽出にもとづくわけではないので、このサンプルが各国の有権者を適切に代表しているとはいえない。また、推測統計の理論があてはまるわけではない。したがって、本章の分析は試論の域を出ないものであり、これをもとに適切なサンプリングにもとづく調査によって検証を行う必要がある。
4) 「わからない」という選択肢も設けているが、これについては欠損とし、分析から除外した。社会運動の受容度についての質問も同様に処理した。「わからない」という回答自体が社会運動に対する態度表明と考えられるが、その詳細な分析は今後の課題としたい。
5) より精緻に検証するために構造方程式モデリングにより媒介分析を行ったところ、国による参加経験の差を運動に対する態度が媒介する効果が確認された。こうした媒介効果は運動に対する受容度についても確認された。
6) たとえば、身近に参加しやすい運動があるかどうかや、他者からの運動参加への働きかけなどの機会要因が考えられる。とりわけ、他者からの働きかけという動員の効果は、従来から指摘されてきたものの、本章の分析ではまったく取り扱っていない。この点は今後の課題である。

参考文献

青木聡子, 2013,『ドイツにおける原子力施設反対運動の展開——環境志向型社会へのイニシアティヴ』ミネルヴァ書房.
朝岡誠, 2014,「誰がデモに参加するのか？——デモは市民的活動か, 感情的行動か」田辺俊介編『民主主義の「危機」——国際比較調査からみる市民意識』勁草書房, 114-134.
安藤丈将, 2013,『ニューレフト運動と市民社会——「60年代」の思想のゆくえ』世界思想社.
井関正久, 2016,『戦後ドイツの抗議運動——「成熟した市民社会」への模索』岩波書店.
磯崎典世, 2001,「韓国——アドボカシー中心の民主化団体」重富真一編『アジアの国家とNGO——15ヵ国の比較研究』明石書店, 354-379.
片桐新自, 1995,『社会運動の中範囲理論——資源動員論からの展開』東京大学出版会.
小林利行, 2015,「低下する日本人の政治的・社会的活動意欲とその背景——ISSP国際比較調査『市民意識』・日本の結果から」『放送研究と調査』2015年1月号: 22-41.
坂本治也, 2017,「市民社会論の現在——なぜ市民社会論が重要なのか」坂本治也編『市民社会論——理論と実証の最前線』法律文化社, 1-18.
西澤由隆, 2004,「政治参加の二重構造と『関わりたくない』意識——Who said I wanted to Participate?」『同志社法学』55 (5): 1-29.
山田真裕, 2004,「投票外参加の論理——資源, 指向, 党派性, 参加経験」『選挙研究』19: 85-99.

山田真裕, 2016, 「社会・政治行動」池田謙一編『日本人の考え方 世界の人の考え方――世界価値観調査から見えるもの』勁草書房, 114–127.

山本英弘, 2017a, 「社会運動論――国家に対抗する市民社会」坂本治也編『市民社会論――理論と実証の最前線』法律文化社, 39–54.

山本英弘, 2017b, 「社会運動を許容する政治文化の可能性――ブール代数分析を用いた国際比較による検討」『山形大学紀要(社会科学)』47 (2): 1–19.

Almond, Gabriel A. and Sidney Verba, 1963, *The Civic Culture: Political Attitudes and Democracy in Five Nations*, Princeton University Press. (=1974, 石川一雄ほか訳『市民の政治文化――五カ国における政治的態度と民主主義』勁草書房.)

Avner, Marcia, 2013, *The Lobbying and Advocacy Handbook for Nonprofit Organizations: Shaping Public Policy at the State and Local Level*, 2nd ed., Fieldstone Alliance.

della Porta, Donatella and Mario Diani, 2011, Social Movements, in Michael Edward ed., *The Oxford Handbook of Civil Society*, Oxford University Press, 68–79.

Jasso, Guillermina and Karl-Dieter Opp, 1997, Probing the Character of Norms: A Factorial Survey Analysis of the Norms of Political Action, *American Sociological Review*, 62 (6): 947–964.

Jenkins, J. Craig, 2006, Nonprofit Organizations and Policy Advocacy, in Walter W. Powell and Richard Steinberg eds., *The Nonprofit Sector: A Research Handbook*, 2nd ed., Yale University Press, 307–332.

McAdam, Doug and David A. Snow, 1997, Introduction: Conceptual and Theoretical Issues, in Doug McAdam and David A. Snow eds., *Social Movements: Readings on the Emergence, Mobilization, and Dynamics*, Roxbury, xviii-xxvi.

Oh, Jennifer S., 2012, Strong State and Strong Civil Society in Contemporary South Korea: Challenges to Democratic Governance, *Asian Survey*, 52 (3): 528–549.

Opp, Karl-Dieter, 2001, Social Networks and the Emergence of Protest Norms, in Michael Hechter and Kark-Dieter Opp eds., *Social Norms*, The Russell Sage Foundation, 234–273.

Pekkanen, Robert, 2006, *Japan's Dual Civil Society: Members Without Advocates*, Stanford University Press. (=2008, 佐々田博教訳『日本における市民社会の二重構造――政策提言なきメンバー達』木鐸社.)

第13章　市民社会への参加の衰退？

善教 将大

> 本章では、市民社会の重要な担い手であるさまざまな団体と人々の関わりについて検討する。人々が団体に加入しなくなる脱組織化は、日本でどのくらい進んでいるのか。国際的な水準からみても日本人の団体加入率は低いのか。さらには日本人の団体加入を規定している要因は何か。本章では、明るい選挙推進協会と世界価値観調査の2つのデータを用いた分析からこれらの疑問にこたえていく。
> 分析の結果、明らかとなった主な知見は次のとおりである。第1に日本の団体加入は、加入率の低下よりもその水準の低さこそを問題視すべきである。第2に団体加入率を向上させるには、そのための社会経済的資源を向上させる必要がある。

1　課題としての日本の「組織離れ」

(1) 日本人の団体加入率の推移

団体は市民社会の重要な担い手である。しかし近年の日本では、その担い手たる団体に所属しない人が増加傾向にあるとされる。団体別にみると自治会・町内会，PTA，労働組合への加入率の低下が著しく（坂本 2010a），年齢別では若年層の低下が顕著だとされている（森・久保 2014）。さらにどの団体にも所属していない人の割合も多い。日本人の「組織離れ」論は，誰も疑うことのない通説的見解になっているといってよい。

日本人の団体加入率がどのように推移しているのかをデータから確認しよう。図13-1は，明るい選挙推進協会（明推協）が1972年から継続的に実施している，有権者を対象とする意識調査の結果を整理したものである。明推協の調査のなかにはどの団体に加入しているのかを尋ねる設問があり，この図はその結果を，主要団体毎に時系列にまとめている。

この図ははっきりと，多くの団体における加入率が低下傾向にあることを示している。ただし，大きく分けると1990年代ごろから急速に低下していくパター

図13-1 日本における主要な団体への加入率の推移（1972～2016年）

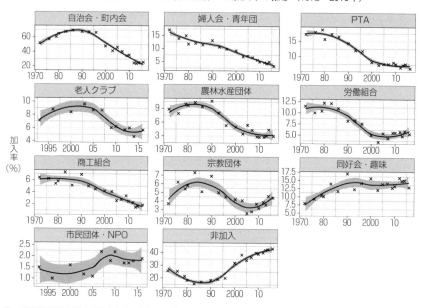

注：明推協の調査結果から筆者作成。老人クラブと市民団体・NPOの2団体は1993年調査に追加された項目である。
図中の曲線はLOWESS平滑化法によるスムージングを行った推定結果であり，灰色で塗りつぶしているのはその95％信頼区間である。

ンと，1970年代から低下し続けるパターンの2つがありそうだ。前者には自治会・町内会，農林水産団体，労働組合，商工組合，宗教団体の5団体が，後者には婦人会・青年団とPTAの2団体が該当する。このようにいつ低下するかという点では異なるものの，加入率の低下は共通傾向としてみられる事実である。最も低下しているのは自治会・町内会であり，加入率が高い1983年時と低い2013年時を比較すると約45.9％ポイントの差となる[1]。

さらに，どの団体にも加入していない人が1990年代から一貫して増加している点も重要である。1990年代には17％前後を推移していた非加入率は，1996年から2000年にかけて約11.9％ポイント，2000年から2003年にかけて6.4％ポイント増加した。今日では，半数近い人が「どの団体にも所属していない」と回答している。多くの日本人が団体に加入しない現状をこの図は示している。

(2) 団体加入はなぜ重要なのか

　なぜ団体加入率の低下が問題なのか。たしかに、バラバラな個人により織りなされる社会よりも、つながりが存在する社会のほうが「良い」ように感じられる。しかし、つながりは同時に、息苦しさや煩わしさを生むものでもある。団体加入率の低下を問題視する前に、団体加入にはどのような利点があるのかを考えてみる必要がありそうだ。

　パットナムによる社会関係資本（Social Capital, SC）の議論は、この問題を考えるうえでのヒントを提供している（Putnam 1993＝2001）。SC とは人々の間のネットワーク、互酬性の規範、相互信頼などを構成要素とする社会文化的な資本を総称する概念である（坂本 2010b）。パットナムによれば、人々がネットワークを構築し、ともに信頼し助け合う社会は、そうではない社会よりもさまざまな問題が効率的に解決される社会であり、さらにそこでは政府も自らのパフォーマンスを高めることができるとされている。

　このパットナムの議論とは異なる視点から協調の重要性を指摘しているのが、ワインガストである（Weingast 1997）。彼は、2つの市民団体Ａ、Ｂと政府（国家）の3者間ゲームの分析を通じて、ＡとＢが相互に協力しないような関係にある時、市民団体は政府の搾取を抑止することが困難となることを示した[2]。つまりワインガストは、人々が協力し合えるような社会には、政府による搾取を抑止する力があることを指摘しているのである。団体に加入しつながりを構築することは、この意味でも重要だと考えられる。

　さらに団体加入は、人々の政治参加を促すきっかけにもなる。投票以外の政治参加も含めて、団体加入者のほうが非加入者よりも政治に参加しやすいことはすでに実証的に明らかにされている（蒲島 1988；山田 2004）。団体加入が政治参加を促すメカニズムとしては、大きくは次の2点が考えられる。1つは動員である。団体に所属しているほうが政党や政治家、あるいはその関係者からの動員を受ける可能性が高く、それゆえに団体加入者のほうが参加しやすいと考えられる。もう1つは団体活動を通じた学習である。団体活動は、政治参加に必要な情報や技術といった資源を培うのに役立つがゆえに参加傾向が強くなると考えられる。これら以外にもいくつかのメカニズムを挙げることができるが[3]、いずれにせよ団体加入は人々の政治参加を促し、世帯収入や学歴など社会

経済的地位（Socio-economic Status, SES）の相違にもとづく政治参加の格差の是正にも貢献すると考えられる（蒲島 1988）。

　その他，団体加入は見知らぬ他者が自身と同じ問題関心や選好をもつ人なのかを判断するための手がかり（cues）となる点も指摘しておきたい。われわれはどのような目的であれ，それを達成するためには集団として活動しなければならないことがある。その際，団体所属は，自身と同じ選好を共有する人は誰なのかを判断するための手がかりとして利用できる。この点にも団体加入の利点があると考えられる。ただし団体所属は「友」のみならず「敵」を見つける手がかりにもなる。この点には注意しておく必要がある。

2　脱組織化論・再考

（1）測定尺度の信頼性と妥当性

　日本の脱組織化傾向は，一方では説得力のある議論として多くの論者に受け入れられているが，他方でいくつかの「落とし穴」がある通説的見解でもある。その1つは，明推協の調査は回答者の主観的評価にもとづくという点である。特に自治会・町内会加入率は，測定誤差が大きく，信頼性や妥当性に乏しい指標の可能性が高い。

　具体的に説明しよう。総務省の調査結果によれば，自治会・町内会数は2008年時点で29万4,359団体だとされている（福田 2009）。この団体数は2003年時点と比較しても大きく変わっていないので，2010年以降も大きくは変わらないと推測される。このことを前提に図13-1の2010年以降の自治会・町内会への加入率をみると，明らかに低い水準であることに気づかされる。自治会・町内会の加入率が低いと考えられる東京都特別区でさえ，2010年前後の自治会・町内会加入率平均値は約61％であったとされている。自治会・町内会加入率は回答者の主観に依存する指標であり，客観的な自治会・町内会加入率を推定する指標としては信頼性に欠けるように思われる。

　このことを明確に示しているのが図13-2である。この図は，統一地方選後の明推協の調査と，国政選挙後の調査の団体加入率を比較したものである。両者の相違は原則として「どの選挙の後の調査か」のみである。さて結果をみる

図13－2　国政選挙後調査と統一地方選挙後調査における団体加入率の比較

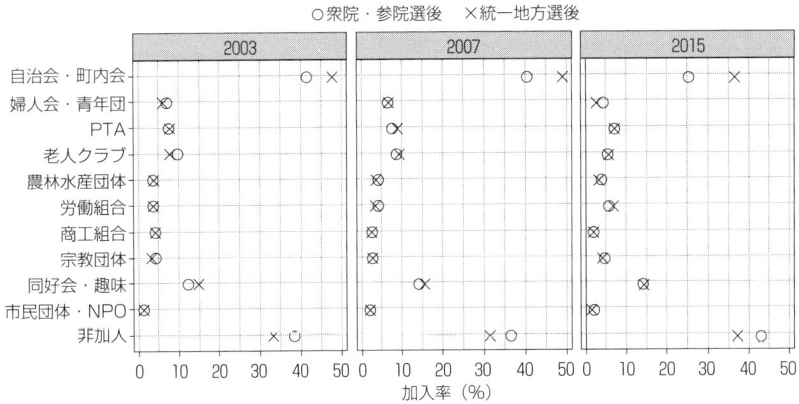
○衆院・参院選後　×統一地方選後
2003
2007
2015
自治会・町内会
婦人会・青年団
PTA
老人クラブ
農林水産団体
労働組合
商工組合
宗教団体
同好会・趣味
市民団体・NPO
非加入
0 10 20 30 40 50
加入率（%）

注：明推協の調査結果から筆者作成。2015年の国政後調査については2014年調査と2016年調査の平均と比較した。

と，自治会・町内会加入率のみ統一地方選後の調査のほうが常に高いことがわかる（約6～11％ポイント）。この結果は，統一地方選は多くの候補者が地元に密着するかたちで選挙運動をするため，有権者の自治会・町内会加入意識（記憶）が活性化されることに起因するものと考えられる。言い換えればこの分析結果は，自治会・町内会加入率は，主観的要素の強い指標であることを示しているのである。当然，自治会・町内会加入率の推移は非加入率の推移と強く相関するので，この指標の妥当性が疑わしい場合，団体非加入者が増加しているという事実も揺らぐことになる。

もちろん，図13－2は日本の脱組織化を全面的に否定するものではない。しかし，どのくらい日本では脱組織化が進んでいるのかという問題については，より多くの調査結果ないし指標を勘案しながら慎重に判断すべきであろう。少なくとも自治会・町内会加入率およびその推移については，測定誤差が大きな指標であることを念頭に置きつつ解釈しなければならない[6)]。また非加入率についても，自治会・町内会加入率と強く相関する以上，過大評価されたものではないかという点を慎重に検討する必要がある。

図13-3 団体加入率の国際比較（WVS第6波［2010～14年］）

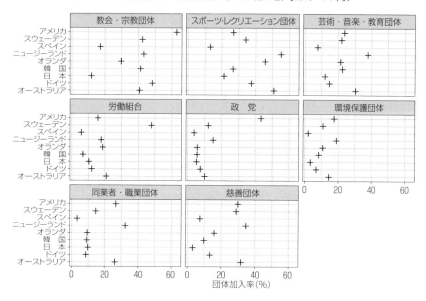

注：WVS第6波の調査結果から筆者作成。DK/NA回答者も分母に含めて団体加入率を計算した。

（2）国際比較という視点

　日本の脱組織化は，日本以外の国における団体加入率の低下を背景に議論されることもある。しかし日本の場合，労働組合にせよPTAにせよ，そもそも団体加入率が低いという実態が見落とされがちである。実際に図13-1をみても，自治会・町内会以外の団体加入率は軒並み低い水準にある。問題視すべきは団体加入率の低下ではなく，その水準の低さではないだろうか。

　図13-3は2010年から2014年にかけて9つの先進国の有権者を対象に，組織あるいは団体への加入について尋ねた世界価値観調査（World Values Survey, WVS）第6波の結果を整理したものである。第1波から継続的に尋ねられている8団体について，各国の回答者の団体加入率を示している[7]。

　この図をみると，組織ないし団体の種類にかかわらず，日本の団体加入率は先進国のなかでは総じて低いことがわかる[8]。特に教会・宗教団体と慈善団体への加入率は低く，9か国中最下位である。もちろんその他の団体についても低い水準にある。日本の場合，団体加入率が低くなったという「変化」よりも，

そもそもなぜ日本の団体加入率は先進国のなかで低いのかを問う必要があることを示す結果だといえるのではないだろうか。[9]

3 組織加入の規定要因の分析

(1) 組織加入を説明する諸要因

日本ではどのような人が団体に加入しやすいのか。以下では、WVSの日本データを用いた団体加入の規定要因に関する試論的な分析を行うことで、この点を明らかにする。具体的には、性別、年齢、学歴、世帯収入といった基本属性と、他者をどのくらい信頼できるか（一般的信頼）、政治参加や自由な表現を重視する価値観（脱物質主義）といった心理要因が団体加入とどのような関係にあるのかを分析した結果を概観していく。[10]

図13-4は、WVS第1波、第3波、第5波、第6波調査を用いて、上述した6つの要因が、団体加入に与える影響について分析した結果を整理したものである。[11] WVS第1波にはスポーツ・レクリエーション団体への加入に関する項目がないので、それを含む場合と（第3波〜第6波）、含まない場合の、2つの推定結果を示している。図中の印は、OLSの推定結果にもとづきシミュレートした各要因の効果量である。たとえば一般的信頼でいうと、信頼の値が最小値（0）から最大値（1）へと変化した時、どちらの推定結果においても、団体加入確率が約5.5％ポイント増加することを示す結果となっている。性別と年齢に関しては、基準となるカテゴリと比較した場合の確率変動となる。性別の基準は女性、年齢の基準は年齢（20〜39歳）である。横棒は各要因の効果の95％信頼区間である。[12] 0値に引かれている破線に信頼区間が重なっていない場合、その変数の効果は5％水準で有意だと判断する。

図13-4からは次の2点を指摘できる。第1にこの分析に含めている変数の多くは、いずれもその値が増えると団体加入確率が有意に増加するような影響を与える要因だといえる。ただし学歴と脱物質主義に関しては、効果量の期待値が小さいことに加えて、信頼区間が0の破線に重なっていることから、厳密には、どのような関係にあるのかを解釈することは難しい。[13] 第2に統計的に有意な関係にあると判断できる要因のうち、性別、年齢、世帯収入が特に強く関

第Ⅲ部　市民社会が直面する困難

図13-4　属性・心理要因が団体加入率に与える影響の推定結果

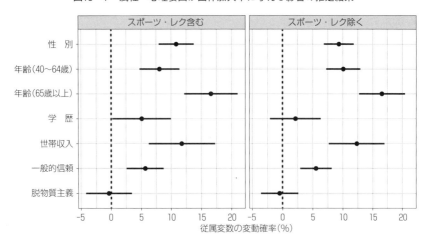

注：WVS 第1波，第3波，第5波，第6波を用いた分析結果から筆者作成。図中の印は，推定結果よりシミュレートした，各変数が団体加入確率に与える効果の推定値であり，横棒はその95％信頼区間である。0値の破線に信頼区間が重複していない場合，その要因は5％水準で統計的に有意となる。左図はスポーツ・レクリエーション団体への加入を含むデータを用いた推定結果にもとづき各要因の効果をシミュレートした結果（N＝4593），右図はスポーツ・レクリエーション団体への加入を含めないデータを用いた推定結果にもとづき各要因の効果をシミュレートした結果である（N＝5797）。

連している。性別は女性から男性へと変わると団体加入確率が約10％ポイント増加する。年齢は若年層（20～39歳）から高齢層（65歳以上）へと変化した時，団体加入確率が約17％ポイント増加するようである。また世帯収入に関しては，最小値（300万未満）から最大値（1,200万以上）へと変化した時，約13％ポイント団体加入確率が増加する。これらの推定結果は，スポーツ・レクリエーション団体への加入を含む場合でも，含まない場合でもほとんど変わらない。一般的信頼の影響は，5％水準で統計的に有意ではあるが，これら3つの要因ほど強くない。

（2）団体ごとの推定結果

　図13-4に整理した推定結果は，いずれかの団体に加入しているか否かという従属変数に対する，属性ないし心理要因の効果を明らかにするものであった。以下では，図13-4と同様の分析を加入する団体別に行い，規定要因の相違という観点からみた，それぞれの団体加入の特徴を分析していく。

図13-5 団体別の属性・心理要因が団体加入に与える影響の推定結果

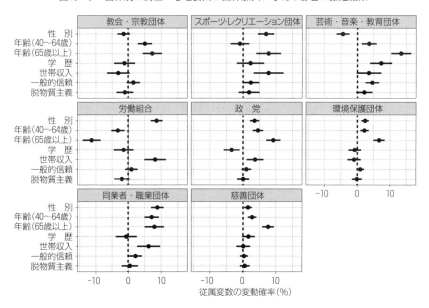

注：WVS 第3波，第5波，第6波を用いた分析結果から筆者作成。図中の印は，推定結果よりシミュレートした，各変数が団体加入確率に与える効果の推定値であり，横棒はその95％信頼区間である。0値の破線に信頼区間が重複していない場合，その要因は5％水準で統計的に有意となる。

　図13-5は，従属変数を図13-3に示した8つの団体への加入とした場合の推定結果を整理したものである。図の解釈の仕方は図13-4と同じであるため，ここでの説明は省略する。結果をみると，まず，団体別にみても学歴と脱物質主義については，団体加入とそれほど強い関係にはないことがわかる。ただし学歴については芸術・音楽・教育団体への加入に関してのみ，強い影響を与えるようである。加えて一般的信頼の効果も，団体ごとに大きく異なるわけではないようである。これについては，団体加入と統計的に有意といえる関係にはないか，有意であったとしても弱い関係しかないという推定結果になっている。[14]

　性別，年齢，世帯収入に関しては，団体ごとに効果の方向や大きさが異なる。まず性別については，特にスポーツ・レクリエーション団体，労働組合，同業者・職業団体への加入と強く関係する。ただし芸術・音楽・教育団体に関しては，男性よりも女性のほうが加入するようである。次に年齢については，高齢層（65歳以上）の影響が強い点は大きく変わらないものの，中年層（40～64歳）

の効果は団体により異なり，政党や同業者・職業団体への参加でやや強く，スポーツ・レクリエーション団体や環境保護団体などではやや弱いという結果であった。ただし労働組合については，若年層のほうが加入する傾向にあるようである。世帯収入の影響も同様に団体によって異なり，スポーツ・レクリエーション団体，労働組合，同業者・職業団体への加入に対して，特に強い影響を与えている。

（3）考　察

　図13-4や図13-5に示した分析結果から，どのような含意を導き出すことができるだろうか。以下ではこれらの点について簡単に述べていく。

　第1に団体加入の規定要因の分析結果は，部分的にではあるが図13-1で明らかにした推移のうち，同好会や趣味の団体への加入率のみ増加しているのはなぜか，という疑問にこたえるものとなっている。つまりこの団体加入率の増加は，高齢化社会の進展によりもたらされたものだと考えられるのである。団体加入に影響を与える要因のうち，平均値が1980年代以降増加し続けているのは年齢のみである。そして図13-5に示すとおり，スポーツ・レクリエーション団体への加入と芸術・音楽・教育団体への加入には，高齢層が特に強い影響を与えている。これらの結果から，「現役」を退いた，多くの時間的資源を保有する高齢者の増加により，趣味などの団体加入率の増加がもたらされた可能性を指摘できる。

　第2は性差の影響についてである。図13-4の結果は，男性のほうが女性よりも団体加入率が高い傾向にあることを示す。さらに図13-5の結果から，その傾向は特に労働組合や同業者・職業団体への加入において強いと判断できる。これは明らかに，日本には「労働」に関する団体加入について，大きなジェンダーバイアスが存在することを示す結果だといえるだろう。

　第3は金銭的資源の重要性である。先に述べたように世帯収入は，年齢に続く重要な団体加入の規定要因である。世帯収入の格差の拡大は，団体加入率の低下を引き起こす原因となる可能性がある。日本で団体加入率について検討する際，金銭などの社会経済的資源をどのように増やすかを議論することが，意外にも近道であることを示す結果だといえるのではないだろうか。

4 結　論

　本章では，まず❶で，日本の「脱組織化」についてデータにもとづきながら紹介し，団体加入がなぜ重要なのかを説明した。そして❷で，日本の団体加入率を議論する際，指標の妥当性に注意深くなる必要があることと，日本の団体加入の問題はその水準の低さにある点を指摘した。❸ではWVSを用いた分析から，日本人の団体加入率の規定要因としては年齢や世帯収入が重要であることを明らかにした。さらにこの結果から日本の団体加入率の推移や現状をどのように理解できるかについても検討した。

　ここで改めて強調すべきは，日本の団体加入率は，低下したというよりも元より低い水準にあったという点であろう。もちろん，自治会・町内会などのように加入率が高い団体もある。しかし多くの団体においてはそもそも加入者が少なく，さらに日本の団体加入率は先進国のなかでは低い水準にある。やはり問題視すべきは傾向ではなく団体に加入しない現実そのものであろう。この点で変化を強調する脱組織化というワードは，日本の団体参加に関する課題をやや誤認させるものなのかもしれない。

　本章の分析結果によれば，団体加入率を向上させるうえで重視すべきは，意識ではなく，人々の属性である。性別については，女性の社会参画を推進するための方策を進めていく作業を地道に進め，ジェンダーバイアスを縮小することが団体加入率の増加につながるだろう。また金銭的資源を有することが団体加入を促進する点にかんがみれば，世帯収入の格差を是正することも重要である。それゆえに現在国会などで議論されている「働き方改革」は，団体加入率，ひいては市民社会のあり方とも関わる重要な問題だといえる。

　また，年齢と団体加入の関係から次の2点についても指摘できる。第1は高齢層の加入率の高さである。高齢層が団体により加入するのは，彼ら彼女らが多くの時間的資源を保有しているからであろう。これから高齢化が進展するにともない，趣味のサークルなどへの加入者は，さらに増加する可能性がある。しかし，すべての高齢者が団体に加入するわけではないので，うまく団体加入へと誘うような仕組みが必要だろう。第2は若年層の加入率の低さである。若

年層があまり団体と関わりをもたない理由は，意識の問題というよりも，労働環境などの影響によるのかもしれない。そうであるならば，先に述べた世帯収入格差の是正などは，若年層の団体加入率の向上にも寄与することとなろう。

注
1）　なお図13-1に示すとおり，同好会や趣味のサークルへの加入率のみ増加傾向にある。
2）　ここでいう搾取とは，具体的には，政府が市民的権利を侵犯するような状態を意味する。実際にワインガストはこのモデルをイギリスの名誉革命に適用している。
3）　たとえば同じ政治的選好を有する人が多くいる環境に自身を置くことが，参加を促すというメカニズムも想定可能である。実際にわれわれの政治意識や政治行動は，自身を取り巻く情報環境の影響を強く受けている（池田 2007）。
4）　政治参加の国際比較研究によれば（Verba et al. 1979＝1981），日本はSESと政治参加の相関関係が強くないとされている。この理由として蒲島（1988）は，学歴や所得が決して高くない第一次産業従事者が団体に加入し，積極的に政治に参加していることを指摘している。しかし境家（2013）は，1990年代から2000年代にかけて，この団体加入者によりもたらされた参加の平等性が成立しなくなったことを明らかにしている。
5）　詳しくは特別区制度研究会第2期第4分科会の報告書（『基礎的自治体の規模・能力と自治』2014年）の12頁を参照されたい。なお，この約61％という値は世帯ベースでの加入率であり，個人レベルで尋ねている明推協の調査と加入率の測定法が一致していない点には注意されたい。
6）　ここで生じている誤差について，完全にランダム，もしくはすべての年度において同一であると仮定できない場合，図13-1に示す自治会・町内会参加率の減少傾向は，過大に見積もられたものである可能性を否定できないことになる。
7）　選択肢は「加わっており実際に活動している（1）」「加わっているがあまり活動していない（2）」「加わっていない（3）」であるが，ここでの目的は団体加入率について検討することであるため，1と2を統合した。なお図中の加入率は欠損を含む全回答者を分母とするものである。データはWVSのホームページからダウンロードすることが可能である（http://www.worldvaluessurvey.org/ 2017.2.25）。
8）　日本人の加入率の推移についてWVSを用いて分析したところ，スポーツ・レクリエーション団体と芸術・音楽・教育団体への加入率が増加傾向にあり，その他の団体加入率はほぼ横ばいであった。全体の傾向は明推協の調査結果と整合的である（趣味の団体への加入率は増加していた）。
9）　なお図13-3に掲載していない国まで含めて日本の団体加入率の順位を分析したところ，以下の結果となった。教会・宗教団体：44位（60か国），スポーツ・レクリエーション：23位（60か国），芸術・音楽・教育団体：23位（60か国），労働組合：33位（58か国），政党：41位（58か国），環境保護団体：42位（60か国），同業者団体：27位（59か国），慈善団体：39位（60か国）。発展途上国まで含めると日本より団体加入率が低い国はある。
10）　使用したデータはWVS第1波から第6波までが統合されたデータである。使用した変数のコードはそれぞれA165（一般的な信頼感），X001（性別），X003（年齢），X023R（教育水準），X047（世帯年収），Y002（脱物質主義）である。世帯年収と脱物質主義は加工せず分析に用いている。性別は男性を1，女性を0とするダミー変数，一般的な信頼感は信頼できるを1，用心にこしたことはないを0とするダミー変数，年齢は20-39歳，40-64歳，65歳以上とカテゴリ化したうえで，それぞれをダミー変数化した。教育水準は中卒を1，高卒を2，専門・

短大卒を3,大卒以上を4とする変数である。なお,調査年度ダミーも含めて分析しているが,結果を解釈可能な変数ではないため図からは除外している。
11) 従属変数はいずれかの団体に加入している場合を1,どれにも加入していない場合を0とする2値変数である。推定方法としてはロジットなどのほうが好ましいかもしれないが,回帰分析(OLS)の推定結果と変わらなかったことと,OLSのほうが結果を解釈しやすいという2点からOLSで推定した。なお,使用する変数に欠損値が多かったことからRのmiceパッケージを利用し,多重代入法により欠損値を補完したうえで推定している。作成したデータセット数(M)は100である。
12) 信頼区間とは,本当の効果量が存在すると考えられる範囲を意味するものと,とりあえずは考えればよい。図中の推定値はあくまで期待される値であり,真の効果とは異なる可能性がある。そのため統計的な分析では期待される値だけではなく,真の値が含まれると予測される範囲についても明示する。
13) スポーツ・レクリエーション団体への参加を含む推定結果に関してのみ(左図),学歴の効果は5％水準で統計的に有意であった。
14) 一般的信頼の,芸術・音楽・教育団体,環境保護団体,同業者・職業団体への加入に与える効果は統計的に有意だが,効果量は小さい。

参考文献

池田謙一,2007,「ソーシャル・ネットワークと投票,政治参加」池田謙一『政治のリアリティと社会心理——平成小泉政治のダイナミックス』木鐸社,133-166.
蒲島郁夫,1988,『政治参加』東京大学出版会.
境家史郎,2013,「戦後日本人の政治参加——『投票参加の平等性』論を再考する」『年報政治学』2013 (1): 236-255.
坂本治也,2010a,「日本のソーシャル・キャピタルの現状と理論的背景」関西大学政治・経済研究所『ソーシャル・キャピタルと市民参加』1-31.
坂本治也,2010b,『ソーシャル・キャピタルと活動する市民——新時代日本の市民政治』有斐閣.
福山厳,2009,「地縁による団体の認可事務の状況等に関する調査結果について」『地方自治』737: 116-128.
森裕城・久保慶明,2014,「データからみた利益団体の民意表出——有権者調査・利益団体調査・圧力団体調査の分析」『年報政治学』2014 (1): 200-224.
山田真裕,2004,「投票外参加の論理——資源,指向,動員,党派性,参加経験」『選挙研究』19: 85-99.
Putnam, Robert D., 1993, *Making Democracy Work: Civic Traditions in Modern Italy*, Princeton University Press. (=2001,河田潤一訳『哲学する民主主義——伝統と改革の市民的構造』NTT出版.)
Verba, Sidney, Norman H. Nie and Jae-on Kim, 1979, *Participation and Political Equality: A Seven-Nation Comparison*, Cambridge University Press. (=1981,三宅一郎訳『政治参加と平等——比較政治学的分析』東京大学出版会.)
Weingast, Barry R., 1997, The Political Foundations of Democracy and the Rule of the Law, *American Political Science Review*, 91 (2): 245-263.

終章 現代日本の市民社会の課題と展望──セクター形成の視点から

後　房雄

1　日本の非営利セクターの規模と構成

　本書では，主務官庁制下の非営利法人，脱主務官庁制の非営利法人，協同組合（全体として主務官庁制の下にある）の三重構造という仮説にもとづいて現代日本の市民社会（≒サードセクター）の内部構成を中心に分析を加えてきた。それによって，日本の市民社会全体（宗教法人，労働組合などは除く）の"レントゲン写真"を提供することができたと考える。

　この終章では各章の分析をセクター形成（後述）という視点から総括するが，その前にまず1つの補足を行っておきたい。というのは，日本の市民社会の全体像を把握するうえで，もう1つの重要な側面はそのマクロ的な規模と各要素の相対的比重だからである。これについては，われわれの調査ではアプローチすることができないので，他の代表的な調査を紹介しておこう。

　1990年を基準年とするジョンズ・ホプキンス大学の非営利セクター国際比較プロジェクト（12か国）は，1998年の特定非営利活動促進法や2008年施行の公益法人制度改革関連3法以前の日本の非営利セクター（中心は当時「公益法人」と呼ばれたもの。宗教組織，政治組織を除く）について貴重なデータを提供している（サラモン・アンハイアー 1996）。

　それによれば，日本の非営利セクターは総雇用者数の約2.5％，国内総生産の3.2％を占めていた。先進7か国の平均は，それぞれ3.4％と3.5％であった。

　次に，内閣府の経済社会総合研究所が作成した国民経済計算（SNA）にもとづく非営利サテライト勘定（われわれの調査との関係では，宗教法人，労働団体，任意団体を含め，協同組合を含めていない点が異なる）の数値をみてみよう。これは，ジョンズ・ホプキンス大学と国連統計局が共同で作成した非営利サテライト勘

図終-1　日本のNPI（非営利団体）の時系列推移（実額および経済全体に占める割合）

増減率（年率平均）(%)		90→95	95→00	00→05
産出額の伸び率	日本経済	1.4	0.3	0.3
	NPI	5.7	4.5	2.2
経済成長率 （付加価値（総）の伸び率）	日本経済	2.5	0.6	▲0.0
	NPI	6.1	6.0	0.9

出所：内閣府経済社会総合研究所国民経済計算部（2009：25）。

表終-1　法人種別のNPI（非営利団体）の規模とその構成（2004年）

（単位：10億円，％）

	法人種合計	公益法人（除く業界団体）	社会福祉法人	宗教法人	労働団体	業界団体	医療法人	学校法人	NPO法人	任意団体
産出	45,364	10,169	6,283	1,807	269	2,354	17,799	5,420	369	894
	(100.0)	(22.4)	(13.9)	(4.0)	(0.6)	(5.2)	(39.2)	(11.9)	(0.8)	(2.0)

出所：内閣府経済社会総合研究所国民経済計算部（2009：21）。

定に関するハンドブックにもとづくものであり，サラモンらの定義などを踏襲するものである。その結果によれば，日本の非営利組織の産出額のGDP比率は3.0％（1990年），3.7％（1995年），4.5％（2000年），5.0％（2005年）と着実に増加している（図終-1）。

　また，非営利セクターの内部構成について，われわれのサードセクター調査

で対象から除外した宗教法人，医療法人（2007年以前に設立されたもの）以外でみれば，日本の非営利セクターにおいて，学校法人，公益法人，社会福祉法人の3法人で産出額の大部分を占めていることも確認できる（表終-1）。この当時は，主務官庁制の外にある団体はNPO法人と任意団体だけであり，それらを合計しても産出額で非営利セクター全体の2.8%にすぎなかった。

こうした日本の非営利セクターのマクロ的特徴について，サラモンらは1990年の国際調査にもとづいて次のようなコメントを記している。

> （日本においては）規模としてはかなり大きな非営利セクターが存在するものの，それは分野ごとに異なった法律により，いくつもの別々のサブセクターに分断されている。こうした法律は比較的狭い範囲に限定した機能を行う場合に限り非営利組織の設立を認めるのであり，そしてその場合でも所轄省庁の認可がなくてはならないのである。それゆえ政府とは距離を置いた，そしてある程度は政府に対立して存在する，独立した民間のボランタリーセクターという概念は日本には存在しない。しかし，そうした概念が生まれはじめているようには見える。（サラモン・アンハイアー 1996: 121-122）

サラモンらも「所轄省庁」や「主務官庁」に言及しているように，「分野ごとに異なった法律により，いくつもの別々のサブセクターに分断され」た構造は，まさに本書が重視した主務官庁制の産物にほかならない（⇒第7章）。

2 脱主務官庁制の改革

それでは，こうした主務官庁制に縛られた日本の非営利セクターはサラモンらの指摘から20年余りを経てどの程度変化したのだろうか。「独立した民間のボランタリーセクターという概念」が日本でも生まれ始めているようにみえる，という予言は果たして実現したのであろうか。

まず確認できることは，1998年の特定非営利活動促進法，2006年の公益法人制度改革（関連3法の施行は2008年）によって，制度的に主務官庁制から脱却した非営利法人という新しい法人制度（特活法人，一般法人，公益法人）が生まれ，それらの法人数が急速に増加してきたということである。

サラモンは1995年の著書で「過去20年間の世界的なサードセクターの台頭」（サラモン 2007: 277）をアソシエーション革命と呼んだが，そのことは日本に

関してもある程度妥当するといえよう。法人数の増加自体は直接には上記のような法人制度の改革（簡素化）によるものであろうが，それだけでなく，**第1章**の「組織の活動開始年」に関する分析をみれば，1970年代以降に活動を開始した組織が多いことがわかる。これは日本におけるアソシエーション革命を反映するものとみることができる。

さて，第4回の本調査で母集団を把握した2017年3月末において，脱主務官庁制の非営利法人それぞれの法人数は次のようであった（後・坂本 2017）。

```
特定非営利活動法人      55,342
認定特定非営利活動法人      899
一般社団法人          42,679
一般財団法人           7,754
公益社団法人           4,150
公益財団法人           5,318
合計              116,142
```

主務官庁制の非営利法人（医療法人を含む）の合計が83,036なので，それを上回る法人数の「独立した民間のボランタリーセクター」が形成されているといえそうである。

ただし，これについてはいくつかの重要な留保を付けざるをえない。第1に，特活法人が新たに設立されたり，任意団体が法人格を取得するかたちで設立されているのに対して，新しい公益法人の大多数は旧制度における公益法人（制度移行期には特例民法法人）からの移行によって設立されたということである。

2018年4月16日現在の公益法人協会の集計によれば，こうした移行法人の割合は，公益法人の94.4％を占めている。なお，一般法人においては移行法人の割合は21.2％にとどまる（公益財団法人公益法人協会 2018）。

つまり，現在の公益社団，公益財団の圧倒的多数は，すでに主務官庁制の下で設立され活動していた法人なのである（公益社団については⇒**第6章**）。もちろん，移行という段階を経ており，現在は主務官庁制から脱却している以上，旧公益法人と実質が同じだということはできないが。

また，それに加えて留意する必要があるのは，主務官庁制の下にあった旧公益法人のすべてが行政への強い依存と従属を特徴としていたという単純なイ

メージは不正確だということである。これは，移行法人の比重の高さをどう理解すべきかという問題とも関連する。

1995年に実施された笹川平和財団による第二次公益法人調査（対象は社団と財団，回収数1,620）によれば，法人の「設立時の基金提供者」「運営費の出所」「代表者の現職・前職」によって行政業務代行型と民間イニシアチブ型に分類すると，法人数では前者は28％にとどまり，後者が72％を占めた（林・入山 1997: 50, 61）。

収入内訳をみると，行政業務代行型では，国・自治体からの稼いだ収入は21.3％，国・自治体からのもらった収入は9.7％，公益事業・収益事業の収入は42.7％であった。民間イニシアチブ型では，国・行政からの稼いだ収入は9.9％，国・自治体からのもらった収入は2.9％，公益事業・収益事業の収入は46.8％であった（林・入山 1997: 164）。全体として収入面での行政への依存はそれほど高くない。

もちろん，この時点では，「関係する各省が，それぞれ公益法人の設立および監督に関する規則をもっているほか，各省庁間に公益法人指導監督連絡会議なるものがあり，あれをしてはいけない，これはだめという類のご指導をたまわっている」（林・入山 1997: 198）という実態が残っていたことも事実ではある。それだけに，その後の主務官庁制の廃止という制度変化が旧公益法人（移行法人）の自律性に関してどの程度のインパクトを与えつつあるかは重要な問題となる。

いずれにしても，以上のことを前提にすると，本書の分析において脱主務官庁制としてカテゴリ化した法人のなかの公益社団，公益財団の特徴は，実は94.4％という圧倒的多数を占める移行法人の特徴にほかならないことに留意する必要がある（なお，2013年12月1日で移行期間は終わったので，それ以降は移行法人による設立はなくなった）。

他方で，新制度実施当初は高かった特活法人や一般財団法人の設立スピードは近年かなり低下してきているものの，一般社団法人は依然として1年で6,000前後の設立が続いていることを考慮すると（表終-2），全体として，最初から新しい制度の下で設立される脱主務官庁制の法人の比重は今後急速に高まっていくと予想される（法務省，内閣府）。

また，移行法人においても，主務官庁制から脱却した新しい制度の下での活

表終-2　3法人の年間設立数の推移

	2012年	2013年	2014年	2015年	2016年	2017年
一般社団	7,235	9,429	6,226	5,574	6,075	6,442
一般財団	3,172	3,940	1,553	344	324	344
特活法人	2,402	1,440	1,107	779	648	231

注：特活法人については年度。
出所：内閣府NPOホームページ，法務省。

動期間が長くなるにつれて新しく設立された法人との差異が解消されていく可能性を想定するのは自然であろう。

　こうして，依然として旧制度で形成された特徴（特に行政への依存，従属）を残存させつつも，制度的には主務官庁制から脱却した法人のグループ（なかでも特活法人と一般法人を合わせた約10万法人）が誕生したことは，日本の非営利セクターの歴史においては画期的に新しい事実であって，決して過小評価すべきではないと考える。

　こうして，サラモンらが指摘した「独立した民間のボランタリーセクターという概念」は特活法人や新しく設立されつつある一般法人（非営利型），公益法人を中心に日本でも定着しつつあるといえるだろうし，また，それは単なる概念としてだけでなく一定の規模の実体としても誕生しつつあるとひとまずいうことができると考える。

　そうした結果が生み出されるうえで，1998年の特定非営利活動促進法（社会運動を背景に議員立法で成立し，第1条は「市民が行う自由な社会貢献活動」を促進すると規定した）とその後のNPOブームは，日本におけるアソシエーション革命を制度上に噴出させたものといえ，サラモンらの定義に代表されるようなアメリカ型のNPOの概念を日本社会に普及するうえで大きな意義をもった。

　さらに，2006年の公益法人制度改革は，新自由主義的改革（行政改革）の一環として実現したもので，1998年の改革が意図しつつも実現できなかった民法34条の改正をも達成し，民法という基本法から主務官庁制を削除するに至った。それゆえ，これ以後の脱主務官庁制の改革は各種特別法の改正によってできることとなった。実際にも，一般社団法人の急増というかたちで日本のアソシエーション革命に新しい表現を与えつつある。

　さらに，2016年の社会福祉法改正による社会福祉法人改革の意図について，

「社会福祉法人についても，高い公益性・非営利性を担保するため，公益法人制度改革を参考に，法人が自律的に適正な運営を確保するためのガバナンスの強化を図ることとした」（厚生労働省社会・援護局福祉基盤課 2016：1）と明言されているように，依然として主務官庁制の下にある法人にも徐々に公益法人制度改革の影響が及んでいくことも十分予想される。

3 セクター意識

　以上の議論をふまえた現時点での結論としては，独立した非営利セクターの形成へ向かう動向は脱主務官庁制という意味では十分確認できるといってよい。そのうえで，依然として今後の推移を確認しなければならない重大な問題点が少なくとも2点存在すると考える。

　最大の問題点は，脱主務官庁制の非営利法人に含まれる特活法人，一般法人，公益法人の3グループの間に，同一のセクターに属しているというセクター意識が欠如しているか，きわめて弱いと思われることである。

　この点を直接検証できるデータはないが，象徴的なデータとして，われわれの調査の「NPO・市民団体」についてどのくらい信頼しているかを聞いた設問に対して，「まったく信頼していない」，または「あまり信頼していない」と回答した割合のかなり大きな格差が挙げられる（後・坂本 2017）。

　表終-3からは，特活法人と消費生活協同組合のグループと，学校法人，農協，漁協などのグループがかなり異質であることが浮かび上がる。同時に，社団，財団，社会福祉法人などがかなり前者のグループに近い意識をもつようになっていることも確認でき，そうした異質性が可変的なものであることも推測させる。

　この点に関して，第9章でも，ナショナリズム因子と保守主義因子を2軸として各法人をプロットしたところ，消費生活協同組合と特活法人（とりわけ認定特活法人）が他の法人とは対極に位置することが明らかになった。非営利セクターについていえば，「独立した民間のボランタリーセクター」という概念を最も反映していると思われる特活法人がこうしたやや孤立した位置にあることは，セクターの分断性の象徴的表現だといえるだろう。協同組合セクターにおいては，消費生活協同組合が同様の存在であると思われる。

表終-3 「NPO・市民団体」を信頼しない割合

(%)

	主務官庁制の非営利法人	学校法人	社会福祉法人	漁業協同組合	農業協同組合	脱主務官庁制の非営利法人	特定非営利活動法人	一般社団法人（非営利型）	一般財団法人（非営利型）	公益社団法人	公益財団法人	消費生活協同組合
信頼しない割合	47.8	69.8	44.3	82.4	63.6	24.8	17.6	39.1	40.4	43.5	31.3	23.1

このようなセクター内の異質性の存在とその可変性の両面をふまえていうなら，現在，法人ごとに中間支援組織ないしアンブレラ団体が組織されている現実は，主務官庁制による縦割り構造の産物であると同時に，それを補強する仕組みともいえるが，それだけに，それらの中間支援組織ないしアンブレラ団体相互の交流や連携が増えることがセクター意識を形成するうえで一定の効果をもつことも期待できると思われる。たとえば，公益財団法人・公益法人協会が日本NPOセンターなどの特活法人を中心とした中間支援組織との連携を試みていることはその萌芽的な動向として注目される。また，筆者自身が関わる公益社団法人・日本サードセクター経営者協会（JACEVO）が社会福祉法人や消費生活協同組合からも理事を迎え，ささやかながらサードセクターという概念を普及しようとしていることもそうした意図による。

さらに，その前提として，新しく誕生した法人でありしかも急増しつつある一般社団法人，一般財団法人に対しての中間支援組織が依然としてほとんどみられないことが重大な問題点となっている。当面は，特活法人向けに生まれた中間支援組織や公益法人向けに生まれた公益法人協会や全国公益法人協会（株式会社全国非営利法人協会の一事業部門）などが一般法人へと支援対象を本格的に拡大することが現実的だと思われる（萌芽的には行われつつあるようであるが）。

4 政府からの自律性

さて，セクター形成へ向けたもう1つの問題点に移ろう。それは，サラモンらが「独立した民間のボランタリーセクター」に，「政府とは距離を置いた，そしてある程度は政府に対立して存在する」という形容詞を付していたことに関わる。果たして日本の非営利セクターは政府との関係での自律性を強めてき

表終-4　非営利法人の収入内訳における公的資金の割合

	日本 2010年	日本 2012年	日本 2014年	日本 2017年	イギリス 2001年	イギリス 2004年	イギリス 2011年	アメリカ 2010年	アメリカ 2013年
稼いだ収入	42.7	50.5	70.8	54.9	17.7	23.9	28.3	23.1	24.5
もらった収入	20.9	10.5	4.7	7.5	19.5	14.7	6.5	9.2	8.0
公的資金の合計	63.6	61.0	75.5	62.4	37.2	38.5	34.8	32.3	32.5

たのであろうか。

　非営利法人の半数以上が主務官庁制の枠から脱却したこと自体がそうした自律性を高めている可能性についてはすでに触れた。ここで検討したいのは，日本の非営利法人の収入内訳における公的資金の割合の高さである。これが政府との関係での自律性をどの程度損なっているのかということが問題となる。

　表終-4は，われわれの4回の調査結果と，イギリスのNCVO，アメリカのインデペンデント・セクターの調査結果をもとにした非営利法人全体の収入における公的資金の割合の比較表である（後 2009；後・藤岡 2016）。

　イギリス，アメリカと日本の比較によって確認できるのは，まず1つの重要な共通点である。それは，公的資金のなかでももらった収入（補助金，助成金）の割合が顕著に減少し，稼いだ収入（事業収入）の割合が着実に増加しているということである。アメリカについては，1990年時点で公的資金の割合は29.2％で，その大半が準市場による医療サービスからの収入だと報告されているため，こうした構成はかなり以前から定着していると思われる（サラモン 2007: 134）。

　一般論として，政府から一方的に給付される補助金などよりも，サービスや事業の対価として支払われる事業収入のほうが非営利組織側の自律性は確保されやすいといえる（後 2009; 後 2017a）。

　公的収入のなかで稼いだ収入の割合が高くなる傾向は日本ではより顕著であり，なおかつ，その2017年の内訳が，バウチャー35.9％，事業委託9.8％，指定管理者制度6.7％であり，特に参入が自由で政府との直接的関係の弱いバウチャーがその大半を占めていることは，自律性確保という視点からは重視されるべきである。

　ただし，公的資金の割合自体は英米に比べて日本が約2倍であるという事実も見落とせない。こうして，収入内訳に占める公的資金（特に現状では事業収入）

の割合の高さが非営利組織の自律性にどのような影響を与えているのかという論点が浮かび上がる。

この点に関して，第8章が非常にユニークな結論を導き出している。公的収入の割合と「行政に直接的に働きかけをする」アドボカシー活動をする組織の割合との関係を分析したところ，逆U字の関係がみられた。特に有意性が高いケースとして，市区町村からの収入の比率と行政（課長クラス）への直接的働きかけがある程度以上ある組織の割合の関係は，収入比率0％で組織割合は顕著に低く，収入比率が高くなるにつれて組織割合も高くなり，収入比率が60％を超えると組織割合は低下し始めるが，収入比率80〜100％であっても組織割合は60％弱で，収入割合0〜20％と同程度であった。

これは，収入比率が高くなればそれだけ働きかけの必要性も高くなると考えられるので当然の結果ともいえるが，少なくとも公的収入が80％程度までは直接的働きかけを抑制するような効果はみられないということは確認できる。

行政への直接的働きかけの高さが組織の自律性をどれほど反映するものかについてはさらなる分析が必要であるが，この逆U字仮説は，従来の「抑制」説と「促進」説を総合するものとして興味深い。

さらに，第10章も，非営利組織の財源構成とミッション・ドリフト（活動がミッションから逸脱すること）との関係を分析し，興味深い結論を引き出している。つまり，非営利組織における「商業的活動」への依存や政府委託（バウチャーを含む）への依存がミッション・ドリフトを引き起こすという現象は日本でも確認できたが，日本において深刻なミッション・ドリフトが生じていると推察される組織は1割に満たず，また，組織の成長過程でミッションの広がりや再定義が起こること自体は必ずしもネガティブなものとはいえないと考えれば，日本の現状としてはミッション・ドリフトは深刻な問題とはなっていないというのである。

収入内訳について，もう1点注意を喚起しておきたいのは，脱主務官庁制の非営利法人のうちで最も団体数が多い特活法人と一般社団法人とが非常に対照的な収入内訳を示していることである（⇒第3章）。

つまり，主務官庁制下の非営利法人が，公的資金の割合は85.4％ときわめて高く，そのなかでも「稼いだ収入」が75.9％だったのと比較すると，特活法人

終　章　現代日本の市民社会の課題と展望

と一般社団法人はそうした構成からの対照的な脱却の方向を示している。

　特活法人は，政府行政からの「稼いだ収入」は50.9％にとどまり，「もらった収入」は全体で29.7％となっている。そして，その約3分の2は民間からの「もらった収入」（18.9％）なので，社会的支援を集める方向に向かっていると思われる。認定特活においては，この特徴はより強く，もらった収入は全体で32.7％（民間からは22.4％）で，政府行政から「稼いだ収入」は45.9％である。

　他方，一般社団法人（非営利型）は，民間からの「稼いだ収入」が89.2％で，全体としての公的資金の割合は5.7％にすぎず，「もらった収入」も全体で7.7％にとどまる。つまり，対民間の事業活動でほとんどの収入を得ているということである。

　以上のような公的資金の割合についての考察から，脱主務官庁制の非営利法人においては民間寄付・助成金や民間事業資金の比重が高まることによって，公的資金の比重が低下しており，主務官庁制下の非営利法人においても，比重の高い公的資金の大部分が「稼いだ収入」（特にバウチャー収入）であることが確認できた。これに加えて，主務官庁制からの脱却の方向での公益法人制度改革の影響が主務官庁制下の法人制度にも及びつつあることを考慮すれば，サラモンらがいう「政府とは距離を置いた，そしてある程度は政府に対立して存在する」非営利セクターへ向かう傾向は十分確認できるといってもよいだろう。

　かつて，アメリカのNPOでプログラムマネジャーを経験した須田木綿子は次のように述べた。

　　アメリカの公益活動のすべてが民間主導で自律的なのではない。行政からの資金に依存する社会福祉系の［内国歳入法］五〇一（C）（3）［NPO］は，行政のプレッシャーを押し返そうとチャンスを狙いながら，現実の多くの局面では行政の規制にがんじがらめになっている。最初から行政の肝いりで設置されて，行政の業務を代行するために活動している五〇一（C）（3）団体もある。同じように，日本の公益活動では行政とまるで変わらない民間の団体や，長年にわたって補助金を受けるにつれて当初の志を忘れてしまった団体もあるだろうが，民間的な活動を実現させるために鋭意努力を重ねている団体もある。（須田 2001：188）

　アメリカと日本の非営利セクターの政府からの自律性という点での違いは，もはや質的というより程度の差と考えるべきなのかもしれない。

5 セクター形成への見通し

　ここで，あらためて非営利セクターが社会のなかで1つのセクターとして形成されるというのはどのようなことなのかを考えてみよう。

　当然ながら，量的に一定の存在感をもつことが大前提であろう。この点では，日本の非営利セクターはもともと欧米諸国と比べてもそれほどの遜色はなかったし，近年はさらに成長しつつあると思われる。行政からの自律性についても，政権交代メカニズムの始動や政治主導の強化という大きな環境変化を背景に，1990年代末以降の2つの大きな制度改革も経て欧米諸国との違いは質的というより程度の違いになりつつあるというのが筆者の総合的評価である。

　残る問題は，セクター内の分断性とセクター意識の希薄さであろう。これについても，問題の性格は程度の差と理解すべきである。ある程度の分断性はどの国のセクターにもみられるであろうし，ほとんどの団体がセクター意識をもって活動しているというわけでもないだろう。しかし，まさにこの程度の差により，社会のなかで非営利セクターが1つのセクターとして受け止められるような存在感をもつかどうかが左右される。残念ながら，日本において非営利セクターは，研究上の言葉としては定着しつつあるとしても，マスコミや一般の人の感覚のなかで実感をもって使われる言葉となっていないことは否定しがたい。[1] 何よりも，法人種別を超えたセクター意識は，それぞれの法人の関係者の間でもきわめて弱いというのは筆者自身の観察からも明らかである。いわんや，非営利セクター全体（少なくとも多くの中間支援組織）が連携して何らかのアドボカシー活動を展開するという経験は皆無である。[2]

　その意味で，日本の非営利セクターは依然としてセクター形成の途上にあるといわざるをえないが，それを促進するうえで，主務官庁制を解消するさらなる制度改革が大きな有効性をもつであろうことを，過去の2つの制度改革のインパクトをふまえて指摘しておきたい。

　より具体的にいえば，すでにすべての非営利法人の共通の土台となりうる一般社団，一般財団の制度が導入されている以上，依然として主務官庁制の下で個別の法律にもとづいて設立されている公益法人（社団，財団）もすべて一般

法人として設立されたうえで，各分野の公益的事業を実施する指定事業者への指定はそれとは別個に行うという方向での制度改革である（そのためにも，利益配分型の一般法人は制度的に排除すべきである）。これは，言い換えれば，主務官庁制の法制において合体されている法人法部分と事業（規制）法部分を分離するということである。さらに，寄付税制もまた，事業法とは分離して，統一的な法制を整備すべきである。

こうした方向での制度改革の現実的な突破口として，筆者は以前に各分野の公益的事業への参入の自由化を提案したことがある。それを再録すれば，以下のとおりである。

> こうした将来像から考えると，現状においてまず必要なのは，各分野の公益的事業への参入の自由化にほかならない（しかも，これは現に徐々に実現しつつあるという意味で実現可能性が高い）。これは，それらの事業の効率性や有効性を向上させて「良い公共サービス」を実現するうえで望ましいだけでなく，各主務官庁が特定の公益法人を統制下に置く主務官庁制を事実上空洞化することになるという意味で重要である。
> このようにして，主務官庁制がほぼ完全に空洞化して初めて，統一的非営利法人制度と統一的公益認定制度［寄付税制］を構築できる現実的条件が生まれてくるだろう。（後 2015: 26）

同様の制度改革は，当然ながら同様の主務官庁制の下にある協同組合セクターについても必要である。法人制度に関しては統一的協同組合基本法（そこには，現在欠如している労働者協同組合も導入すべきである）が制定され，そのうえで，それぞれの事業法の条件を満たす法人（協同組合，非営利法人，株式会社を問わず）が各事業分野で活動するという仕組みである（⇒第11章）。

6 参加の衰退，忌避

これまで，日本の市民社会（≒サードセクター）の現状と課題に関して，セクター形成という視点から主務官庁制からの脱却という問題を中心に論じてきたが，最後に，本書の第12章と第13章がサードセクター調査とは別の貴重な調査データを用いて，市民社会組織や社会運動への参加の衰退，忌避という重大な問題点を指摘していることに関しても論じておきたい。これは，日本の市民社会の土台に関わる重要な問題点である。

第12章では，ドイツや韓国と比べて日本では，社会運動への参加経験が著しく少ないことが明らかにされた。また，ドイツや韓国と比べて，運動の代表性・有効性に対する認識が低いために，参加経験が少なく，運動を受容しないのではないかと指摘された。そして，その理由として，日本では社会全体が共有できるような社会運動の目立った成功経験がないことが挙げられている。

このことの背景として，1955年の自由民主党の結成と1960年代以降のその長期単独政権の確立によって政権交代の可能性が事実上消滅していたことが想定されるので，2009年の政権交代を経ることで状況は大きく変わっているとはいえ，そのなかで社会運動の成功体験が積み重ねられるには一定の時間が必要だと考えるしかないだろう。とはいえ，ほかならぬ1998年の特定非営利活動促進法が，非自民連立政権から自民・社会・さきがけの連立政権へという流動的な政治状況において，広範な立法運動を背景に議員立法によって成立したという先駆的事例は忘れられるべきではない（小島 2003）。

第13章では，より基礎的な問題として，日本人の「組織離れ」について考察している。そこで明らかにされたのは，市民団体・NPO，同好会・趣味の団体，宗教団体などが例外的に加入率を増加させている（最近は横ばいではあるが）のを除くと，ほとんどの団体の加入率は1970年代ないし1990年代から急速に低下しており，どの団体にも加入していない人が1990年代には17％前後だったのが，最近では半数近くにまで増加しているということである。それ以上に深刻なのは，日本の団体加入率が諸外国と比較して顕著に低いということである。この章で指摘されているように，団体加入率を向上させるうえでは，ジェンダーバイアスの縮小，労働時間の短縮，世帯収入の格差の是正など，日本社会の構造の改革が求められる。

それに加えて，筆者自身は，地縁系の組織への加入や寄付が社会的圧力によって緩くではあれ強制されてきた経験が日本における自発的な団体加入や寄付を抑制しているのではないかという仮説をもっている。

加入率が低下してきたとはいえ，種々の団体のなかでは自治会・町内会や各種の地縁系組織の加入率は相対的にはまだ高い。また，寄付においても，各種の自発的な団体への寄付者よりも行政や地縁系組織（共同募金会を含む）への寄付者のほうが顕著に多い（日本ファンドレイジング協会編 2017: 21）。このような

義務的性格の強い加入や寄付を経験することが，自発的な団体加入や寄付への忌避感を強めている可能性はないかということである。今後の検証課題としておきたい。

ただ，このような仮説が正しいかどうかを措くとしても，義務的な加入や寄付を迫るような団体を自発的な団体へと転換していくことは，日本における市民社会の強化と基盤形成のために依然として避けて通れない課題であることは疑いない。実際，自治会・町内会やPTAを義務型から自発型に転換することで参加が促進された事例も現れていることは示唆的である（紙屋 2014；紙屋 2017；大塚 2014；山本 2016；黒川 2016）。

本書を総括する議論は以上として，最後に付言しておきたいのは，4回にわたるサードセクター調査についての本格的分析としては，本書はまだその端緒にすぎないということである。われわれとしてはこの調査データは研究者に広く開放したいと考えており，多くの研究者がこれを活用して多様な分析を試みられるよう呼びかけたい。

また，われわれのサードセクター調査は4回で終了したが，今後も，潜在的なサードセクター全体を視野に入れた広範な調査が新たに実施され，日本の市民社会の全体像に迫る実証的研究がさらに進展することを期待して本書の結びとしたい。

注

1) 一時，政府審議会の報告書において，われわれのいうサードセクターに近い意味で「市民セクター」という言葉が用いられたことがある。「市民セクターとは，特定非営利活動法人，一般社団・財団法人，公益社団・財団法人，医療法人，特定公益増進法人（学校法人，社会福祉法人等），協同組合，法人格を持たない地縁団体（自治会・町内会，婦人・老人・子供会，PTA，ボランティア団体等）等の民間非営利組織のほか，公益的な活動を主な目的とする営利組織からなるセクター」（「新しい公共」推進会議・政府と市民セクター等との公契約等のあり方等に関する専門調査会『政府と市民セクターとの関係のあり方等に関する報告』2001年7月，http://www5.cao.go.jp/npc/pdf/tyousakai-houkoku.pdf）。しかし，その後必要な具体的制度改革がまったくともなわないまま，空文となってしまった。

2) この点で日本と対照的な国の1つがイタリアである。イタリアの非営利セクターの収入総額は，1990年のサラモンらの調査によればGDP比1.9%で日本の3.2%よりもかなり小さかったが，その後急速に成長して，2011年の調査では非営利法人数は約10万，収入総額はGDP比約3.9%と日本に迫りつつある。特に注目されるのは，1997年に広くサードセクターを代表する全国組織であるサードセクター・フォーラム（社団，財団，社会的協同組合，社会的企業などを代表する80以上のアンブレラ団体が加入）を結成し，2016年5月にはそのアドボカ

シー活動によって中道左派政権の下でサードセクター改革法を成立させ、各種非営利法人（および無認可の非営利団体）、社会的協同組合、社会的企業を広く包括するサードセクターという概念を法制化するのに成功したことである（後 2017b）。

参考文献

後房雄, 2009, 『NPOは公共サービスを担えるか——次の10年への課題と戦略』法律文化社.
後房雄, 2015, 「公共サービス改革の進展とサードセクター組織——社団法人, 財団法人の新たな展開」RIETI Discussion Paper Series 15–J–023.
後房雄, 2017a, 「バウチャー制度＝準市場の概略と日本における起源と展開」『法政論集』269: 329–364.
後房雄, 2017b, 「イタリアの包括的サードセクター改革とその背景——日本との比較のなかで」RIETI Discussion Paper Series 17–J–018.
後房雄・坂本治也, 2017, 「日本におけるサードセクター組織の現状と課題——平成29年度第4回サードセクター調査による検討」RIETI Discussion Paper Series 17–J–063.
後房雄・藤岡喜美子, 2016, 『稼ぐNPO——利益をあげて社会的使命へ突き進む』カナリアコミュニケーションズ.
大塚玲子, 2014, 『PTAをけっこうラクにたのしくする本』太郎次郎社エディタス.
紙屋高雪, 2014, 『町内会は義務ですか？』小学館.
紙屋高雪, 2017, 『どこまでやるか, 町内会』ポプラ社.
黒川祥子, 2016, 『PTA不要論』新潮社.
公益財団法人公益法人協会, 2018, 「公益法人・一般法人の運営および寄附等に関するアンケート調査結果（1917年10月実施分）」, http://www.kohokyo.or.jp/research/docs/seido1710report.pdf.
厚生労働省社会・援護局福祉基盤課, 2016, 「社会福祉法人制度改革の施行に向けた留意事項について（経営組織の見直しについて）」（平成28年11月11日改訂）, https://www.mhlw.go.jp/file/06-Seisakujouhou-12000000-Shakaiengokyoku-Shakai/file.pdf.
小島廣光, 2003, 『政策形成とNPO法』有斐閣.
サラモン, レスター・M., 2007, 江上哲監訳『NPOと公共サービス——政府と民間のパートナーシップ』ミネルヴァ書房.
サラモン, レスター・M.／H. K. アンハイアー, 1996, 今田忠監訳『台頭する非営利セクター——12ヵ国の規模・構成・制度・資金源の現状と展望』ダイヤモンド社.
須田木綿子, 2001, 『素顔のアメリカNPO』青木書店.
内閣府経済社会総合研究所国民経済計算部, 2009, 「平成19年度非営利サテライト勘定に関する調査研究報告書」, http://www.esri.go.jp/jp/archive/snaq/snaq138/snaq138.html.
日本ファンドレイジング協会編, 2017, 『寄付白書2017』日本ファンドレイジング協会.
林知己夫・入山映, 1997, 『公益法人の実像——統計から見た財団・社団』ダイヤモンド社.
山本浩資, 2016, 『PTA, やらなきゃダメですか？』小学館.
内閣府NPOホームページ「認証・認定数の推移」, http://www.npo-homepage.go.jp/about/toukei-info/ninshou-seni（2018年10月1日アクセス）.
法務省「登記統計統計表（商業・法人——年報）」, http://www.moj.go.jp/housei/toukei/toukei_ichiran_touki.html（2018年10月1日アクセス）.

付録1：各章の元となったRIETIディスカッションペーパーの一覧

＊ 以下のディスカッションペーパー（DP）はいずれも独立行政法人経済産業研究所（RIETI）のウェブサイト上で公開されており，ダウンロードして読むことができる。**第12章**，**第13章**，**終章**については，特に元となるディスカッションペーパーがない，書き下ろしの論稿である。

■ 序　章
- 後房雄・坂本治也，2017，「日本におけるサードセクター組織の現状と課題——平成29年度第4回サードセクター調査による検討」RIETI Discussion Paper Series 17-J-063.

■ 第1章
- 後房雄・坂本治也，2017，「日本におけるサードセクター組織の現状と課題——平成29年度第4回サードセクター調査による検討」RIETI Discussion Paper Series 17-J-063.
- 山本英弘，2017，「団体の設立からみるサードセクターの構成とその変容」RIETI Discussion Paper Series 17-J-065.

■ 第2章
- 後房雄・坂本治也，2017，「日本におけるサードセクター組織の現状と課題——平成29年度第4回サードセクター調査による検討」RIETI Discussion Paper Series 17-J-063.

■ 第3章
- 後房雄・坂本治也，2017，「日本におけるサードセクター組織の現状と課題——平成29年度第4回サードセクター調査による検討」RIETI Discussion Paper Series 17-J-063.

■ 第4章
- 後房雄・坂本治也，2017，「日本におけるサードセクター組織の現状と課題——平成29年度第4回サードセクター調査による検討」RIETI Discussion Paper Series 17-J-063.
- 坂本治也，2016，「政府への財政的依存が市民社会のアドボカシーに与える影響——政府の自律性と逆U字型関係に着目した新しい理論枠組み」RIETI Discussion Paper Series 16-J-036.
- 坂本治也，2015，「サードセクターと政治・行政の相互作用の実態分析——平成26年度サードセクター調査からの検討」RIETI Discussion Paper Series 15-J-025.

■ 第5章
- 後房雄・坂本治也，2017，「日本におけるサードセクター組織の現状と課題——平成29年度第4回サードセクター調査による検討」RIETI Discussion Paper Series 17-J-063.
- 後房雄，2015，「公共サービス改革の進展とサードセクター組織——社団法人，財団法人の新たな展開」RIETI Discussion Paper Series 15-J-023.
- 後房雄，2013，「サードセクター組織の経営実態とセクター構築への課題——分断による多様性から横断的多様性へ」RIETI Discussion Paper Series 13-J-047.
- 後房雄，2011，「日本におけるサードセクターの範囲と経営実態」RIETI Discussion Paper Series 11-J-027.

■ 第6章
・岡本仁宏,2018,「公益社団法人と認定特定非営利活動法人との相違とその意味――日本における公益的社団法人の構造把握に向けて」RIETI Discussion Paper Series 18-J-018.

■ 第7章
・初谷勇,2019,「職業訓練法人の課題――NPO政策の観点から」RIETI Discussion Paper Series 19-J-005.

■ 第8章
・坂本治也,2016,「政府への財政的依存が市民社会のアドボカシーに与える影響――政府の自律性と逆U字型関係に着目した新しい理論枠組み」RIETI Discussion Paper Series 16-J-036.

■ 第9章
・仁平典宏,2018,「サードセクター組織の法人格の差異・商業化・専門化が雇用に与える影響――2014年度サードセクター調査に基づく基礎的分析」RIETI Discussion Paper Series 18-J-011.

■ 第10章
・小田切康彦,2017,「サードセクター組織におけるミッション・ドリフトの発生要因」RIETI Discussion Paper Series 17-J-068.

■ 第11章
・栗本昭,2016,「日本のサードセクターにおける協同組合の課題――ビジビリティの視点から」RIETI Discussion Paper Series 16-J-038.

付録2：RIETIウェブサイト上で公開中のサードセクター調査の概要と関連研究

* 独立行政法人経済産業研究所（RIETI）のウェブサイト上で公開されている，過去4回分の「日本におけるサードセクターの経営実態に関する調査」（サードセクター調査）の調査概要と関連した研究成果のアドレスは，以下に示すとおりである（いずれもアクセス日は2018年11月7日）。

■ 第1回調査　平成22年度「日本におけるサードセクターの経営実態に関する調査」
- 研究プロジェクト名：　日本におけるサードセクターの全体像とその経営実態に関する調査研究（2010年5月24日〜2011年3月31日）
- プロジェクトの概要と主要成果物：　https://www.rieti.go.jp/jp/projects/prd/abra-a/28.html
- 調査概要，調査票，集計結果表：　https://www.rieti.go.jp/jp/projects/research_activity/npo2010/

■ 第2回調査　平成24年度「日本におけるサードセクターの経営実態に関する調査」
- 研究プロジェクト名：　日本におけるサードセクターの経営実態と公共サービス改革に関する調査研究（2011年8月30日〜2013年3月31日）
- プロジェクトの概要と主要成果物：　https://www.rieti.go.jp/jp/projects/program/pg-10/013.html
- 調査概要，調査票，集計結果表：　https://www.rieti.go.jp/jp/projects/research_activity/npo2012/

■ 第3回調査　平成26年度「日本におけるサードセクターの経営実態に関する調査」
- 研究プロジェクト名：　官民関係の自由主義的改革とサードセクターの再構築に関する調査研究（2013年11月5日〜2015年3月31日）
- プロジェクトの概要と主要成果物：　https://www.rieti.go.jp/jp/projects/program/pg-10/016.html
- 調査概要，調査票，集計結果表：　https://www.rieti.go.jp/jp/projects/research_activity/npo2014/

■ 第4回調査　平成29年度「日本におけるサードセクターの経営実態に関する調査」
- 研究プロジェクト名：　官民関係の自由主義的改革とサードセクターの再構築に関する調査研究［第2期］（2015年5月18日〜2018年3月31日）
- プロジェクトの概要と主要成果物：　https://www.rieti.go.jp/jp/projects/program_2016/pg-10/003.html
- 調査概要，調査票，集計結果表：　https://www.rieti.go.jp/jp/projects/research_activity/npo2017/

索　引

【あ　行】

アソシエーション革命 ………… 38, 39, 255, 256
アドボカシー ………… 2, 3, 105-112, 169, 226, 229
アドボカシー機能 ……………………………… 2
天下り ……………………………………… 101
一般財団法人 ……………………………… 257
一般社団法人 ………………… 137, 140, 186
一般法人 …………………… 159, 256, 258
NGO（non-governmental organization）…… 7, 10
NPM（New Public Management）………… 96
NPO（nonprofit organization）……………… 7, 10
NPO法人 …………………………………… 10
NPG（New Public Governance）…………… 96

【か　行】

稼いだ収入 ……………………………… 80-82
価値観（脱物質主義）…………………… 245
活動・事業へのエフォート率 …… 46-49, 79
活動の地理的範囲 ……………………… 46
活動分野 …………………… 44, 45, 120, 121
管理費 …………………………… 128, 129
寄　付 …………………… 82-90, 126, 203
共益性 ………………………………… 149, 150
行政機関との日常的関わり …… 97-99, 109, 111
行政国家化 ………………………………… 110
行政による統制 ………………………… 103-105
行政の下請け化 …………………………… 49
協同組合 …………………… 8, 35, 212-214
協同組合法 ………………… 217, 218, 222, 223
公　益 …………………………… 141, 150, 159
公益社団法人（公社）………… 137, 143-147, 150
公益法人 ……………………………… 159, 256
公益法人制度改革 …………… 34, 159, 185, 258
公共利益団体 …………………………… 46
更生保護法人 …………………………… 160-167
国税庁法人番号公表サイト …………………… 14

【さ　行】

サードセクター ………………………… 8, 10, 212
サードセクター組織 …………………… 30, 31
サードセクター組織数 ………………… 119
サードセクター組織と政府の関係性 ……… 95
サードセクター組織の財政規模 …………… 75
サードセクター組織の収入構造 …………… 82-90
サードセクター組織の労働環境 … 68-70, 192-195
サードセクター調査（日本におけるサードセクターの経営実態に関する調査）
　………………………… 13, 14, 117, 118, 213
サードセクターのジェンダーバイアス ……… 65
サービス供給機能 ………………………… 3
サービス提供 ……………………… 48, 49
財政規模 ……………………………… 76, 80
財　団 ………………………………… 137
ジェンダーバイアス ……………………… 248
自治会・町内会 …………… 240, 242, 243, 266, 267
指定管理者制度 ………………………… 82
市民育成機能 …………………………… 3
市民社会 ……………………………… 1, 2
市民社会セクターの経済規模 ………… 3, 253
市民社会組織 ……………………………… 9
市民社会の概念 ……………………………… 6
市民社会の定義 ……………………… 9, 24
市民社会の二重構造性 …………… 11, 82, 185, 196
諸問機関 ……………………………… 97, 98
社会運動 ……………………………… 226
社会的企業 …………………………… 8, 24
社会的経済 …………………………………… 8
社　団 ………………………………… 136, 137
熟　議 ……………………………………… 4
主務官庁制 …………… 32-34, 148, 149, 157, 255-257
主務官庁制下の非営利法人 ……………… 35
消費生活協同組合（生協）…… 215, 220, 221, 259
情報公開 …………………… 50, 52, 53, 130

273

職員の数 ……………………… 62, 122, 123, 192, 193
職業訓練法人 ……………………………… 160-167
助成金 ……………………………… 82-90, 126, 203
審議会 ………………………………………… 97, 98
新自由主義 ………………………………… 5, 6, 185, 186
新自由主義的改革 …………………………… 4, 6, 96
政治参加 ……………………… 228, 229, 241, 242
政治的社会化 …………………………………… 236
世界価値観調査（World Value Survey, WVS）
　……………………………………… 227, 244, 245
セクター意識 ……………………………… 259, 264
専門的知識 ……………………………………… 66, 67
ソーシャル・キャピタル（社会関係資本）
　……………………………………………… 4, 241
組織ガバナンス …………………………………… 76-79
組織の活動開始年 ………………………………… 37
組織離れ ……………………………………… 239, 266

【た 行】

第三者政府 ……………………………………… 32
脱主務官庁制の非営利法人 ……………………… 35
脱物質主義的価値観 ……………………………… 4
団体加入率 …………………………………… 239
団体サーベイ …………………………………… 11, 12
デ モ …………………………………… 227, 231
特定非営利活動促進法（特活法）
　……………………………… 33, 159, 185, 186, 258
特定非営利活動法人（特活法人）
　…………………………… 10, 33, 137, 141, 186, 257-259

【な 行】

認定特定非営利活動法人（認定特活）
　…………………………………………… 137, 142, 143
年間収入総額 …………………………………… 125
農 協 …………………………………… 215-221

【は 行】

パートナーシップ ……………………… 96, 171, 172
バウチャー制度 ………………………………… 82
ビジネスライク化 ………………………… 186-188
ファンドレイジング（資金調達）……… 67, 89
福祉国家 ………………………………………… 4, 5
法人格取得までにかかった年数 ………………… 40
補助金 ……………………………… 82-90, 126, 127, 261
ボランタリーの失敗 ………………………… 43, 44, 59
ボランティア ……………………………… 64, 65, 193

【ま 行】

ミッション（社会的使命）
　………………………… 58, 74, 80, 169, 200, 201
ミッション・ドリフト ………………………… 200
もらった収入 ……………………………… 80-82

【や 行】

役員の数 ……………………………………… 60, 61
役員の経歴 …………………………………… 61, 62

【ら・わ 行】

利益集団論 …………………………………… 30, 31
ロビイング …………………………………… 2, 105

編者・執筆者紹介

(① 現職，学位，専攻，② 主要業績)

【編　者】

後　房雄（うしろ　ふさお）　序章[共]，第1章[共]，第2章[共]，第3章[共]，第4章[共]，第5章[共]，終章

① 名古屋大学大学院法学研究科教授，政治学／行政学／サードセクター論
② 「イタリアの包括的サードセクター改革とその背景——日本との比較のなかで」（RIETI Discussion Paper Series 17–J–018, 2017年）
　『稼ぐNPO——利益をあげて社会的使命へ突き進む』（共著，カナリアコミュニケーションズ，2016年）
　『NPOは公共サービスを担えるか——次の10年への課題と戦略』（法律文化社，2009年）

坂本　治也（さかもと　はるや）　序章[共]，第1章[共]，第3章[共]，第4章[共]，第8章

① 関西大学法学部教授，博士（法学），政治過程論／市民社会論
② 『市民社会論——理論と実証の最前線』（編著，法律文化社，2017年）
　『現代日本のNPO政治——市民社会の新局面』（共編著，木鐸社，2012年）
　『ソーシャル・キャピタルと活動する市民——新時代日本の市民政治』（有斐閣，2010年）

【執筆者】

山本　英弘（やまもと　ひでひろ）　第2章[共]，第5章[共]，第12章

① 筑波大学人文社会系准教授，博士（文学），政治社会学／市民社会論
② 「サミット・プロテストの受容可能性——質問紙調査から見る傍観者の態度」（『サミット・プロテスト——グローバル化時代の社会運動』新泉社，2016年所収）
　"Civil Society in Japan"（Co-authored, in: *The Sage Handbook of Modern Japanese Studies*, Sage, 2014）
　Neighborhood Associations and Local Governance in Japan（Co-authored, Routledge, 2014）

小田切　康彦（こたぎり　やすひこ）　第5章[共]，第10章

① 徳島大学総合科学部准教授，博士（政策科学），公共政策学／行政学／非営利組織論
② 「協働——官民関係は何を生み出すのか」（『市民社会論——理論と実証の最前線』法律文化社，2017年所収）
　『行政‐市民間協働の効用——実証的接近』（法律文化社，2014年）
　「NPOと官民協働」（『東日本大震災とNPO・ボランティア——市民の力はいかにして立ち現れたか』ミネルヴァ書房，2013年所収）

岡本 仁宏 （おかもと まさひろ） 第6章

① 関西学院大学法学部教授，西洋政治思想史／政治哲学／NPO・NGO論
② 『市民社会セクターの可能性――110年ぶりの大改革の成果と課題』（編著，関西学院大学出版会，2015年）
「法制度――市民社会に対する規定力とその変容」「宗教――市民社会における存在感と宗教法人制度」（『市民社会論――理論と実証の最前線』法律文化社，2017年所収）
『新しい政治主体像を求めて――市民社会・ナショナリズム・グローバリズム』（編著，法政大学出版局，2014年）

初谷 勇 （はつたに いさむ） 第7章

① 大阪商業大学大学院地域政策学研究科教授，博士（国際公共政策），公共経営学／NPO政策論／地方自治論
② 『地域ブランド政策論――地域冠政策方式による都市の魅力創造』（日本評論社，2017年）
『公共マネジメントとNPO政策』（ぎょうせい，2012年）
『NPO政策の理論と展開』（大阪大学出版会，2001年）

仁平 典宏 （にへい のりひろ） 第9章

① 東京大学大学院教育学研究科准教授，博士（教育学），社会学／市民社会論
② 『「ボランティア」の誕生と終焉――〈贈与のパラドックス〉の知識社会学』（名古屋大学出版会，2011年）
『労働再審〈5〉ケア・協働・アンペイドワーク――揺らぐ労働の輪郭』（共編著，大月書店，2011年）
「政治変容――新自由主義と市民社会」（『市民社会論――理論と実証の最前線』法律文化社，2017年所収）

栗本 昭 （くりもと あきら） 第11章

① 法政大学連帯社会インスティテュート教授，協同組合論／社会的経済論
② 「ソーシャル・ガバナンスと日本のサードセクターの課題」（『組合 その力を地域社会の資源へ』イマジン出版，2013年所収）
『協同組合憲章（草案）がめざすもの』（共編著，家の光協会，2012年）
「日本の社会的経済の統計的把握をめざして」（『社会的経済が拓く未来』ミネルヴァ書房，2011年所収）

善教 将大 （ぜんきょう まさひろ） 第13章

① 関西学院大学法学部准教授，博士（政策科学），政治行動論／政治意識論
② 『維新支持の分析――ポピュリズムか，有権者の合理性か』（有斐閣，2018年）
「政治文化と価値観――政治と市民社会をつなぐもの」（『市民社会論――理論と実証の最前線』法律文化社，2017年所収）
『日本における政治への信頼と不信』（木鐸社，2013年）

現代日本の市民社会
―― サードセクター調査による実証分析

2019年3月15日　初版第1刷発行

編　者　　後　　房雄・坂本治也
発行者　　田　靡　純　子
発行所　　株式会社 法律文化社

〒603-8053
京都市北区上賀茂岩ヶ垣内町71
電話 075(791)7131　FAX 075(721)8400
http://www.hou-bun.com/

印刷：亜細亜印刷㈱／製本：㈱藤沢製本
装幀：白沢　正
ISBN 978-4-589-03991-0

Ⓒ2019　F. Ushiro, H. Sakamoto　Printed in Japan

乱丁など不良本がありましたら、ご連絡下さい。送料小社負担にて
お取り替えいたします。
本書についてのご意見・ご感想は、小社ウェブサイト、トップページの
「読者カード」にてお聞かせ下さい。

JCOPY　〈出版者著作権管理機構　委託出版物〉

本書の無断複写は著作権法上での例外を除き禁じられています。複写される
場合は、そのつど事前に、出版者著作権管理機構（電話 03-5244-5088、
FAX 03-5244-5089、e-mail: info@jcopy.or.jp）の許諾を得て下さい。

坂本治也編
市民社会論
―理論と実証の最前線―
A5判・350頁・3200円

市民社会の実態と機能を体系的に学ぶ概説入門書。第一線の研究者たちが各章で①分析視角の重要性、②理論・学説の展開、③日本の現状、④今後の課題の4点をふまえて執筆。〔第16回日本NPO学会林雄二郎賞受賞〕

勝田美穂著
市民立法の研究
A5判・188頁・4300円

市民が立法過程に参画し実現した、児童虐待防止法、性同一性障害者特例法、発達障害者支援法、自殺対策基本法、風営法改正の5つの事例を学術上の論議も整理しつつ検証、考察。〔第16回日本NPO学会優秀賞受賞〕

小田切康彦著
行政－市民間協働の効用
―実証的接近―
A5判・222頁・4600円

協働によって公共サービスの質・水準は変化するのか？ NPOと行政相互の協働の影響を客観的に評価して効用を論証。制度設計や運営方法、評価方法等の確立にむけて指針と根拠を提示する。〔第13回日本NPO学会優秀賞受賞〕

岡本哲和著
日本のネット選挙
―黎明期から18歳選挙権時代まで―
A5判・186頁・4000円

候補者はどのようにネットを使い、またどのような有権者がネットから影響を受けたのか。2000年衆院選から2016年参院選までの国政選挙と一部の地方選挙で実施した調査をもとに分析。〔日本公共政策学会2018年度作品賞受賞〕

市川喜崇著
日本の中央－地方関係
―現代型集権体制の起源と福祉国家―
A5判・278頁・5400円

明治以来の集権体制は、いつ、いかなる要因で、現代福祉国家型の集権体制に変容したのか。その形成時期と形成要因を緻密に探り、いまにつながる日本の中央－地方関係を包括的に解釈し直す。〔日本公共政策学会2013年度著作賞受賞〕

―法律文化社―

表示価格は本体（税別）価格です